༄། །སྐྱིད་དཔལ་ཐུལ་དངས་སྨན་གྱི་རྗེས་ཤུལ་དངོས་བྲིས།

བཀྲ་ཤིས་ཁྲི་སྐྱིད་གེ་སར་ཞིབ་འཇུག་ལྟེ་གནས་ཀྱིས་བརྩམས་ཤིང་བསྒྲིགས།

ཀྲུང་གོའི་བོད་རིག་པ་དཔེ་སྐྲུན་ཁང་།

མགོ་བརྗོད།

སྒྲུང་རབས་ནི་མི་རིགས་རིག་གནས་སྒྱུ་རྩལ་གྱི་ཆེས་མཛེ་བའི་ཡང་རྩེ་ཡིན་ཞིང་། དེ་ཉིད་འགྲོ་བ་མིའི་རིགས་ཤེས་རིག་འཕེལ་འགྱུར་གྱི་གོམ་སྟབས་དང་འགྲོགས་ནས་ཐོག་མར་སྨྲུམ། བར་དུ་བལྟམས། མཐའ་མར་འཕེལ་རྒྱས་བྱུང་བ་ཞིག་ཡིན།

གང་དེས་རྒྱ་ཆེ་ཁྱད་དུ་འཕགས་པའི་བྱུང་བ་བརྗོད། ཐུ་རབས་རིན་ཐང་མ་ཉམས་དྲན་པར་བསྐྱངས། ས་གནས་ཤེས་བྱ་དང་འཚོ་བའི་བསམ་བློ་མ་པོར་མཛོད་དུ་ཉར། གང་དེ་མི་རིགས་རིག་གནས་ཀྱི་གཤིན་ས་ལས་སྐྱེ་འཚར་བྱུང་ཡང་། བློ་སྟོག་དང་རྣམ་ཤེས་འཐིམ་ས་འགྲོ་བ་མིའི་རིགས་སྤྱིའི་ཤེས་རིག་གི་དག་ཞིང་ཡིན། གང་དེས་ཡིད་ཀྱི་དང་བ་འདྲེན་པའི་ཚོག་གི་རིག་གནས་དང་དངོས་པོའི་གཤིས་ལུགས་སྟོན་པའི་དོན་གྱི་རིག་གནས་གཉིས་ཀྱིས་འགྲོ་བ་མིའི་རིགས་ཀྱི་བགྲོད་ལམ་ལ་འོད་སྣང་སྤྲོས། ད་ལྟའི་ཆར། གང་དེ་ཀུང་ཧྲ་མི་རིགས་ཀྱི་ཁྱད་འཕགས་སྲོལ་རྒྱུན་རིག་གནས་ཀྱི་གསར་འཛུགས་དང་གསར་འབྱེད་རང་བཞིན་གྱི་འཕེལ་རྒྱས་ཀྱི་གཞི་རྩའི་སྒྲུལ་ཤུགས་ཀྱང་ཡིན་པ་རེད། དེ་ཡི་ཕྱིར། གང་དེ་སྲོག་བཞིན་གཅེས་ལ་འཛིན་སྐྱོང་སྤེལ་གསུམ་སློད་མེད་གྱིས་ཤིག །

ནོར་བུ་དབང་ལྡན་གྱིས།

2023ལོའི་ཟླ་7པའི་ཚེས་27ཉིན།

前 言

史诗是民族文化艺术的高峰。它的孕育、产生和发展伴随了人类文明的整个进程。它既是宏大神圣的叙事，也是历史的价值性记忆，更是地方性知识和文明思想的宝库。它植根于民族文化的土壤，却暮归于人类文明的净土。秉赋予其中的诗性智慧，与理性智慧一起烛照着人类文明的前路，当下，它依然是中华民族优秀传统文化创造性转化和创新性发展的原动力。故，必惜之，传之，光大之！

诺布旺丹

2023年7月27日

དཀར་ཆག

༄༅། །ཨ་ནུ་ཁྲོ་ཕྲུང་གི་རྗེས་ཤུལ་འདྲི་རྩད་བཅད་པ།

གླེང་སློང་།

རྒྱལ་ཀུན་གསང་གསུམ་འདུས་ཞལ་པདྨ་འབྱུང་། །
གང་གི་སྒྱུ་འཕྲུལ་ནག་ཕྱོགས་བདུད་ཀྱི་གཤེད། །
རིགས་གསུམ་གཅིག་བསྡུས་མ་སང་དགྲ་ལྷའི་རྒྱལ། །
སེང་ཆེན་སྐྱེས་བུས་མཆོག་ཐུན་དངོས་གྲུབ་སྩོལ། །

རབ་འཇིགས་ཁྲག་འཐུང་ཁྲོ་རྒྱལ་རྟ་མགྲིན་གྱི། །
སྒྱུ་འཕྲུལ་མཐུ་སྟོབས་དབང་འགྱུར་རྡོ་རྗེ་ཅན། །
སེང་ཆེན་སྐྱེས་བུའི་ཕྲིན་ལས་སྒྲུབ་པའི་གྲོགས། །
ཨ་ཁུ་ཁྲོ་ཐུང་གྲགས་པས་ཤེས་པ་སྩོལ། །

གང་གི་གསང་གསུམ་མཛད་པའི་རྣམ་པར་ཐར། །
མཁའ་ལྟར་རྒྱ་ཆེ་མཚོ་ལྟར་གཏིང་ཟབ་ལས། །
གདན་སའི་མཐིལ་དང་འབྲེལ་བའི་ལོ་རྒྱུས་དག །
ངག་རྒྱུན་ཡོངས་གྲགས་ལྟར་དུ་ཅུང་ཙམ་སྤྲོ། །

ཞེས་བསྟོད་ཚིག་མེ་ཏོག་གི་ཕྲེང་བ་སྔོན་དུ་བཀྱེགས་ཤིང་དད་གུས་ཡིད་ཀྱི་སྦྱོ་བ་སྔོན་དུ་བཏང་སྟེ། སྐབས་ཚིག་ངག་གི་རྒྱུད་མངས་དང་བསྟེབས་ཏེ་གང་ཞིག་བཤད་པར་བྱ་བ་ནི། དེ་ཡང་ལྷ་མོ་དྲི་མ་མེད་པ་ལུང་བསྟན་པའི་མདོ་ལས། གདོང་དམར་ཅན་གྱི་ཡུལ་དུ་དམ་པའི་ཆོས་རྒྱས་པར་འགྱུར་རོ། །ཞེས་དང་། བཀའ་གདམས་གླེགས་བམ་ལས། ཤར་རྡོ་རྗེ་གདན་གྱི་བྱང་ཕྱོགས་ན། །རི་མཐོ་བ་གནམ་གྱི་ཀ་བ་ཡོད། །གནས་སྨུར་རྒྱལ་བོད་ཅེས་བྱ་བ་ཡོད། །མཚོ་དམའ་མོ་གཡུ་ཡི་མཆྲལ་ཡོད། །གངས་དཀར་པོ་ཤེལ་གྱི་མཆོད་རྟེན་ཡོད། །སྤང་སེར་པོ་གསེར་གྱི་ལྷུན་པོ་ཡོད། །དྲི་ཞིམ་པོ་སྨན་གྱི་བདུག་སྤོས་ཡོད། །སྔོན་བཀྲ་བ་གསེར་གྱི་མེ་ཏོག་ཡོད། །དབྱར་བཀྲ་བ་གཡུ་ཡི་མེ་ཏོག་ཡོད། །ཅེས་སོགས་བཀའ་དང་བསྟན་བཅོས་དག་ལས་ཡང་ཡང་བསྔགས་པ་ལྟར། འཛམ་གླིང་ས་ཡི་ལྟེ་བ་ཤར་རྡོ་རྗེ་གདན་གྱི་བྱང་ཕྱོགས། ཐུགས་བསྐྱེད་དང་སྨོན་ལམ་གྱི་དབང་གིས་འཕགས་མཆོག་འཇིག་རྟེན་དབང་ཕྱུག་གི་གདུལ་ཞིང་དུ་གྱུར་པ། གྲུབ་མཆོག་མཚོ་སྐྱེས་རྡོ་རྗེས་ཐུགས་བརྩེས་བཟུང་ས། ཡབ་མེས་གོང་མ་རྣམས་ཀྱིས་བླ་ན་མེད་པའི་བཀའ་དྲིན་གྱིས་བསྐྱངས་ཏེ། ཆོས་སྲིད་ལུགས་གཉིས་ཀྱི་མངའ་ཐང་རྒྱས་ས། སྟོད་ན་གངས་དཀར་ལྷུན་པོའི་མཛེས་སྡུག་ངོམ་ས། བར་ན་ཚང་ཚིང་ལྗོན་པའི་གཡུ་ལོ་རྒྱས་ས། འདབས་ན་དྭངས་གཙང་ཆུ་བོའི་རླབས་ཕྲེང་གཡོ་ས། ཡངས་པའི་སྤང་ཐང་ལ་དཀར་དམར་མེ་ཏོག་གི་ཚོམ་བུ་བཀྲ་ས། མཛེས་པའི་རི་ཐང་ལ་རང་བྱུང་གི་མཚར་སྡུག་ངོམ་ས། ཧམ་བརྗིད་བྲག་རིའི་བཀོད་པ་མིག་ལ་མཛེས་ས། མ་བཀོད་རང་བྱུང་གི་མཚོ་དང་མཚེའུ་འཁྱིལ་ས། ས་བཅུད་ཡུལ་བཅུད་ལ་སྨན་པའི་རིན་ཆེན་གཏེར་གྱིས་ཕྱུག་ས། ལྷ་དང་བླ་མ་རྣམས་ཀྱིས་ཆོས་འཁོར་བསྐོར་ས། ཆོས་ལུང་རྟོགས་བསྟན་པའི་དབུ་འཕང་མཐོ་ས། ལྷ་དཀར་ཕྱོགས་རྣམས་ཀྱིས་ཁ་འཛིན་དང་སྲོང་རོགས་མཛད་ས། པོ་སྐྱེས་པ་རྣམས་ཀྱི་དཔའ་རྩལ་གོད་ས། སྨན་བུ་མོ་རྣམས་ཀྱི་གཞིས་རྒྱུད་འཛམ་ས། གཞོན་སོ་དཀར་རྣམས་ཀྱི་བློ་རིག་རྣོ་ས། ཕ་ཨ་ཁུ་རྣམས་ཀྱི་ཚེ་ཐག་རིང་ས། མ་སྲུ་མོ་རྣམས་ཀྱི་སྐྱེ་གཟུགས་ཡག་ས། མཐོང་སྨོན་མི་ཡི་ཞིང་ཁམས་བོད་ཁ་བ་ཅན་གྱི་ཡུལ་གྲུ་ན་ཆགས་པའི་གདོང་དམར་བོད་འདི་ལ་རུས་ཆེན་བཞི་ཡོད་པ་ལས།

སླུག་པོ་ཕྲོང་གི་རིགས་རྒྱུད་ལས་མཆེད་པའི་གེ་སར་སྐྱེས་བུ་ཆེན་པོ་གཙོ་བོར་གྱུར་པའི་དཀར་པོ་གླིང་གི་དཔའ་ཐུལ་རྣམས་ཀྱི་འཕྲིན་ལས་ཀྱི་སྣང་བས། བསིལ་ལྗོངས་ཡངས་པོའི་ཁྱོན་ཀུན་ཏུ་ཁྱབ་པར་མཛད་པའི་ངོ་མཚར་ལོ་རྒྱུས་ཀྱི་ཆུ་རྒྱུན་རིང་མོའི་འབབ་སྒོ་ནི། འཛམ་གླིང་གི་མཐོངས་ན་ལྷང་ལྷང་གྲགས་པ་ཡིན་ནོ། །

དེ་ལྟ་བུའི་རྒྱུ་རྐྱེན་རྟེན་འབྲེལ་ལེགས་ཚོགས་སུ་སྨིན་པའི་སྐབས་ཀྱིས་དེང་དུས་སུའང་བོད་ཡུལ་སྟོད་སྨད་བར་གསུམ་གང་ས་གང་ལའང་། གླིང་དཀར་དཔའ་རྟུལ་རྣམས་ཀྱི་བཞུགས་གནས་དང་། མཛད་པ་ཕྲིན་ལས་ཀྱི་རྗེས་ཤུལ། ཞི་རྒྱས་དབང་དྲག་གི་རྣམ་པར་བཞེངས་པའི་སྣང་བརྙན། གདུང་རྒྱུད་སོགས་ངོ་མཚར་བའི་ལོ་རྒྱུས་རིང་མོ་དག་གི་རྒྱུན་མ་ཉམས་པར་ཡོད་པ་ཡིན་ལ། རྩལ་དེ་དག་ནི་གླིང་རྗེ་གེ་སར་སྐྱེས་བུའི་རྟོགས་བརྗོད་དང་འབྲེལ་བའི་སྒྲུང་ཡིག་དང་། ས་གནས་དེ་དང་དེའི་ལོ་རྒྱུས། རིག་གཞུང་དཔྱད་རྩོམ། མ་ཟད་ཡུལ་ཁམས་གང་ན་ཆགས་པའི་སྐྱེ་བོ་རྣམས་ཀྱི་ངག་རྒྱུན་སོགས་སུ་གསལ་བ་ལྟར་ཡིན་ནོ། །

སྐབས་འདིར་བཤད་བྱ་དངོས་ནི། ཚོལ་གསུམ་གངས་ཅན་སྤྲ་ལའི་སྨན་ལྗོངས་ཀྱི་ཆར་གཏོགས། སྡེ་བཞི་དགེ་བཅུའི་དཔལ་ཡོན་གྱིས་མངོན་པར་ཕྱུག་པའི་ཆོས་རིག་ནོར་གྱི་འབྱུང་གནས་ཁམས་སྡེ་དགེའི་ཡུལ་གྱི་ཆ་ཤས། རང་བྱུང་གི་སྐྱིད་ཚལ་དང་མཛེས་ལྗོངས་སོགས་ཕུན་སུམ་ཚོགས་པའི་ཡུལ་གྲུ། མཁས་ཤིང་གྲུབ་པ་བརྙེས་པའི་སྐྱེས་བུ་དམ་པ་ཟམ་མ་ཆད་པར་བྱོན་དང་འབྱོན་པའི་གནས། ཡིད་ལྷུང་ཕོག་ཅེས་གྲགས་པ་དེ་ཉིད་ཀྱི་ས་ཡི་ཆ་ཤས། ཨ་ཁྲ་ཁྲོ་ཐུང་གི་གདན་སའི་མཐིལ་དུ་ཨ་ཁྲ་རང་གིས་མཛད་པ་སྤེལ་བའི་ངོ་མཚར་ལོ་རྒྱུས་རིང་མོའི་རྒྱུན་མ་ཆད་པར་གནའ་ནས་ད་ལྟའི་བར་དུ་ས་གནས་སྐྱེ་བོ་རྣམས་ཀྱི་ངག་རྒྱུན་ལ་གྲགས་པ་མང་དུ་མཆིས་པ་ལས་སྟོང་མེད་ཡོངས་གྲགས་ཡིན་པ་དག་ལས་བརྩམས་ཏེ་ཉུང་ངུ་ཞིག་བརྗོད་པ་དེ་ཉིད་ཡིན་ནོ། །

ཨ་ཁུ་ཁྲོ་ཐུང་གི་ངོ་སྤྲོད་མདོར་བསྡུས།

ཨ་ཁུ་ཁྲོ་ཐུང་གི་སྐུ་བརྙན།

དེ་ལ་དང་པོ། ཨ་ཁུ་རང་གི་ངོ་སྤྲོད་མདོར་བསྡུས་ཤིག་བྱ་ན། ཁོང་གི་རིགས་རུས་ནི། རུས་མཛོད་མེ་ཏོག་སྙིང་ཚལ་ལས། ས་ཡི་ཆ་གླིང་གི་ཡུལ་ཞེས་པ་ནི། སྨད་དྲུག་ལས་ཟལ་མོ་སྨད་དུ་གྲགས་པའི་ས་འདི་ལ། གླིང་ཁྲི་གོང་འོག་བར་གསུམ་ཡོད་པ་ལས། གླིང་ཁྲི་གོང་མའི་ས་ནི་ཁམས་སྟོད་འབྲི་ཟླུང་གི་ས་ཆ་རྣམས་དང་། ཞེས་དང་། གླིང་ཁྲི་བར་མའི་ས་ཆ་ནི་ཤར་ཟླ་རོལ་གྱི་ས་ཆ་རྣམས་དང་། ཞེས་

དང་། གླིང་ཁྲི་འོག་མའི་ས་ཆ་ནི་མདོ་ཁམས་རྨ་ར་རོལ་ཡིན་པར་བཤད་ལ། ཞེས་གསུངས་པ་དང་། གླིང་སྒྲུང་ལས། རྩུ་རྩུ་རྒྱུན་མ་ཆད་གངས་ཀྱི་རྩ། །གདུང་གདུང་རྒྱུད་མ་ཆད་སྨུག་པོ་ལྗོང་། །ཞེས་དང་། གཞན་ཡང་། སྨུག་པོ་ལྗོང་གི་མ་ཡིག་ལུང་བསྟན་ལས། ཏ་ཏ་ཞྭ་གས་སྤྲེལ་རྩལ་ལྡན་གྱི། །སྐྱེས་བུ་ཡབ་ཆེན་ཆོས་འཕེན་དང་། །ཆོས་བཟའི་སྲས་སུ་འཇིགས་རྫམ་ཅན། །འཁྲིལ་ལྡེམ་སྙིག་པ་དཔའ་བའི་ཚུལ། །ཁ་བའི་རྡུལ་བརྩེགས་ལྷ་བུར་མཛེས། །རྫུ་འཕྲུལ་གར་གྱི་རྣམ་རོལ་ལ། །རྫོང་ཆེན་ཕབ་པའི་ལྡེའུ་མིག་ཅེས། །ཁྲོ་ཐུང་བསྟན་པའི་སྲོག་ཤིང་ཤར། །ཞེས་གསུངས་པ་དང་། གཞན་ཡང་། ཉིན་གཅིག་རྟགས་མཚན་བཟང་པོ་འདི་འདྲ་བྱུང་། ཤར་རྨ་ཡུལ་ལྷ་ཐང་དཀར་མོ་ལ། ནམ་མཁའ་སྔོན་མོའི་གཞལ་ཡས་ནས། །སྤྲིན་དཀར་ལ་མ་ལིང་དྲུག་ནང་། །གཡུ་འབྲུག་སྔོན་མོའི་སྐད་དབྱངས་གྲགས། །ནམ་མཁའ་ཐམས་ཅད་འཇའ་ཚོན་འཁྲིགས། །གཡས་རི་སྟག་གི་ལ་མགོ་ལ། །དམར་ཡག་སྟག་གིས་རྒྱང་མཆོངས་བརྒྱབ། །གཡོན་རི་གཟིག་གི་ལ་མགོ་ལ། །ཁྲ་ཡག་གཟིག་གིས་རྒྱང་མཆོངས་བརྒྱབ། །སྟག་གཟིག་གཉིས་ཀྱི་བར་མཚམས་ལ། །གཅན་གཟན་མང་པོ་མཉམ་དུ་འཛོམས། །སྤྲུང་དར་མ་ཐང་ལ་འདུར་རྒྱུག་བྱས། །སྔོ་ཐེམ་སྣང་ལ་སྣེ་མ་སྨིན། །དུང་དཀར་བཀྲ་ཤིས་རྟགས་བརྒྱད་འཁྲུངས། །དགའ་སྐྱིད་རྟེན་འབྲེལ་མང་པོ་འགྲིག །གཟི་ཡི་མེ་རི་དཔུང་འཛོམས་དེ། །འོད་ཟེར་ལྷ་ན་སྡུག་པ་བྱུང་། །ལྷ་ཀླུ་གཉན་གསུམ་མང་པོ་ཡིས། །བཀྲ་ཤིས་པའི་རྟགས་མཚན་མང་པོ་བྱུང་། །ས་མ་བདེ་ཐལ་འཕྱུར་ཉིག་སེ་ཉིག །དགུང་མ་བདེ་སྤྲིན་འཕྱུར་ལྗོགས་སེ་ལྗོག་བྱས་ཀྱང་སྐྱེ་འགྲོ་ལ་གནོད་པ་གང་ཡང་མ་བྱུང་། སྐབས་དེར་བཟང་ངན་གང་ཡིན་མ་ཆོད། དེ་ནི་མ་བཞི་ལ་བུ་བཞི་འཁྲུངས་པའི་རྟེན་འབྲེལ་ཡིན། ཉིན་དེའི་ནམ་སྟོད་ལ་ཆོས་འཕེན་ནག་པོའི་ཁྲི་ལྕམ་རྨ་བཟའ་མ་ལ་བུ་ཞིག་འཁྲུངས། བུ་འཁྲུངས་མ་ཐག་ཏུ། ཆ་ལུགས་ལྡན་ཞིང་དབང་ཐང་མཐོ། ཐོད་པ་འབུར་ལ་ཐོད་ཞིང་ཆེ། རྫེ་སྤྲུ་ནག་པོ་མགོ་ཐོད་ལ་ཟུག །སྟོབས་ཆེ་ལ་བལྟར་མི་བཟོད། ཞལ་རས་ཕ་མ་གཉིས་ལ་མ་འདྲ་ལེ། གྲགས་སྟོབས་ཆེ་བའི་གཟུགས་བརྙན་ཡོད། དེ་འདྲ་ཞིག་བྱུང་བའི་སྐབས་སུ་ནམ་དཀྱིལ་ལ་གསེར་བཟའ་མ་ལ་བུ་ཞིག་འཁྲུངས། བུ་དེ་མདངས་འཛོམས་སྤྱན་མིག་ཁྲ་མོ་ལ། མཛེས་ཤིང་ཆེ་ལ་ཆ་ག་མཛེས། མཁུར་ཤ་རྒྱགས་པ། ལུས་པོ་སྟོབས་ཆེ་བ། དྲག་པོའི་ཞལ་རས་

ཅན། ཡབ་ཡུམ་གཉིས་དང་མ་འདྲ་བ་ཞིག་འཁྲུངས། དེ་ནས་ནམ་སྨད་ཀྱི་དུས་སུ་སྦྱང་བཟའ་མ་ལ་བུ་ཞིག་འཁྲུངས། བུ་དེ་ངོ་ཞིང་ཆེ་ལ་ཁ་སྣ་ཆེ། ཁ་རྫིག་ངོ་རྫིག་དྲག་པོའི་གདོང་པ་ཟུར་བ་ཞིག་འཁྲུངས། ཡང་ནམ་སྐྱ་རེངས་སྐྱ་མདའ་རྒྱུག །ཁྲི་གདུགས་ཉི་མ་ཤར་བའི་སྐབས། ཁྲི་བཟའ་མ་ལ་བུ་ཞིག་འཁྲུངས། གདོང་ཟུར་བྱ་ཡི་གདོང་པ་ལ། དཀར་དྭངས་ཆེ་ལ་ཤ་རྩ་དཀར་བ། དྲག་པོའི་གཟུགས་བརྙན་ཅན་ཞིག་འཁྲུངས། དེ་ལྟར་ནམ་སྟོད་ནས་ཉི་མ་ཤར་བར་དུ། མ་བཞི་ལ་བུ་བཞི་འཁྲུངས་པས་ཡབ་ཆོས་འཕེན་ནག་པོ་ཤིན་ཏུ་དགའ། ཉིན་དེའི་ཕྱི་ཉིན། བུ་བཞི་འཁྲུངས་པའི་བཙས་སྟོན་རྒྱ་ཆེན་བྱས། བུ་བཞི་གདན་ཁ་གང་གྲུ་བཞིའི་སྟེང་ལ་བཞག །དགའ་སྐྱིད་ཀྱི་སྟོན་མོ་བྱེད་སྐབས། དུས་ཡུན་ཅུང་ཙམ་སོང་རྗེས་སྲས་བཞི་ཞལ་གདོང་རྫིག་རྫིག་པོར་སོང་། སྤྱན་རྣམས་མདངས་འཛུམ་ཉིགས་སེ། རྫི་མ་ཚག་སྡེབ་ཉེ་སེ། བུ་བཞི་བར་ཐག་ཉེ་ཏུ་ཉེ་ཏུ་སོང་ནས། གཅིག་ལུས་གཅིག་ལ་འབྱུར་ནས་སྲས་བཞི་པོ་ཕྲུ་གུ་གཅིག་ལ་གྱུར། དབུ་བཞི་སྤྱན་མིག་བརྒྱད། གཡས་གཡོན་ཕྱག་བརྒྱད་ཞབས་བརྒྱད་གྱུར། ཁོག་སྟོད་ལ་མེ་རི་འབར། དབུ་སྐྲའི་སྟེང་མེ་རི་ཡི་ཟེར་མདའ་ཡར། ཕྱག་གཉིས་སྡིགས་མཛུབ་མཛད། ཁྲི་ལྷམ་བཞི་དང་ཡབ་ཆོས་འཕེན་ནག་པོ་སོགས་ཀྱིས་འཐེན་ཡང་བཀོག་མ་ཐུབ། དེ་ནས་ཡབ་ཆོས་འཕེན་ནག་པོས་ཨ་ཁ་ཁ། རྟགས་བཟང་པོའི་རྟེན་འབྲེལ་འགྲིག་ས་ལ། ལས་ངན་པའི་བར་ཆད་འདི་འདྲ་ཅི་ཡིན་ཟེར། ཟེར་ལོང་ལོང་གིས་ཅི་དྲག་གང་དྲག་གི་ལབ་གླེང་མང་པོ་བྱས། དེ་ནས་མེ་རི་མཁར་དམར་གཞལ་ཡས་ནས། ཡི་དམ་རྟ་མགྲིན་དམར་པོ་ཕེབ། མེ་རི་དམར་པོའི་ཟེར་མདའ་ཡར། མཐུ་སྟོབས་རླུང་གི་པ་དན་ཁྱེར། སྤྲིན་རླུང་ཟེར་མདའ་ཡ་ལ་ལ། གློག་གི་ཟེལ་ཞགས་སྤྱུངས་སེ་སྤྱུང་། ཁྲོ་བོའི་འཛུམ་མདངས་ཤ་ར་ར། མེ་ཡི་ཟེར་སྐད་ཉིགས་སེ་ཉིག །རླུང་གི་དཀྱིལ་འཁོར་སྒོ་རོ་རོ། མཐོ་བ་སྤྲིན་གྱི་དཀྱིལ་འཁོར་ལ་ཕྱག་གཡས་བདུད་འཇོམས་གསེར་གྱི་མེ་ལོང་བསྣམས། ཕྱག་གཡོན་གྱིས་སྨན་དཀར་པོའི་དར་དཀར་ཁྱེར། དར་དཀར་སྨན་རྩིས་ལུས་པོ་བཏེམ། སྲིད་གསུམ་གསེར་གྱི་མེ་ལོང་མགོ་ལ་བཞག །ཞལ་ཁྲོ་བོ་མཉམ་བཞག་ཆེན་པོའི་བྱིན་གྱིས་རློབ་བཞིན་ཡབ་ཡུམ་སྐྱེ་འཁོར་རྣམས་ལ་འདི་སྐད་གསུངས། སེམས་ལ་དོགས་པ་ཅི་ལ་དགོས། བུ་བཞི་ཨ་མའི་པང་ལ་འཁྲུངས། མཉམ་

བཞག་སྐུ་མདོག་གཅིག་ལ་གྱུར། ཞབས་བརྒྱད་ཕྱག་བརྒྱད་དབུ་བཞི་གྱུར། སྐད་གྲགས་འཛམ་བུ་གླིང་ལ་ཁྱབ། མིང་ལ་གེ་ཟུར་ཁྲོ་རྒྱལ་ཐོགས། བཀྲ་ཤིས་སྨོན་ལམ་འདི་འདྲ་ཡོད། ཅེས་བྱུང་ལྷ་རྟ་མགྲིན་དམར་པོ་སྐུ་མདོན་སུམ་གྱིས་བདུད་འཇོམས་གསེར་གྱི་མེ་ལོང་མགོ་ལ་བཞག །བྱིན་རླབས་དང་ཁྱུས་གསོལ་ལེགས་པར་མཛད་ནས་ཉིད་ཀྱི་སྤྲུལ་པ་བསྟན་འགྲོའི་དོན་དུ་མི་ཡུལ་དུ་བྱོན་པ་ཡིན་ཚུལ་དང་སྐུ་ཚེའི་འགྲོ་དོན་སོགས་ལུང་བསྟན་ནས། མིང་ལ་གེ་ཟུར་ཁྲོ་རྒྱལ་བཏགས། དེ་ནས་རང་བཞིན་དུ་ཕྱག་གཉིས་ཞབས་གཅིག་བཅས་རང་བཞིན་གྱི་མི་ལུས་སུ་གྱུར། རྟ་མགྲིན་དམར་པོ་དེ་བར་སྣང་འཇའ་ཚོན་འཁྲིགས་པའི་དཀྱིལ་དུ་འོད་སྒོར་རོ་རོ་མཐོ་རུ་མཐོ་རུ་སོང་ནས་ཡལ་སོང་བ་གདའ་འོ། །ཞེས་གསུངས་པ་ལྟར། ཕ་ར་ཁྲི་དཔོན་དང་རུ་ཁྲི་གཉིས་ལས་རྒྱུད་པ་བུ་ཆོས་ལྷ་དཔོན་དང་། ཆོས་འཕེན་ནག་པོ་ཞེས་པ་གཉིས་ཡོད་པ་ལས་ཡོངས་གྲགས་སུ་བཤད་པ་ལྟར་ཁྲོ་ཟུར་དེ་ཉིད་ནི་ཆོས་འཕེན་ནག་པོ་དང་། དགའ་བཟའ་ལྷ་མོ་གཉིས་ཀྱི་སྲས་སུ་སྐུ་འཁྲུངས། ཁོང་ལ་མ་བཞི་དཔོན་པོ་ཞེས་པའི་མིང་ཐོགས་དོན་ནི། ཚུང་སྐྱེས་མེ་ཏོག་གཙོམ་ལག་མ་རྒྱས་གོང༔ རྡོ་རྗེ་སྲིན་འཛིན་མ་དང་ཀླུང་ལྷ་མ༔ དབང་འཛིན་པདྨ་མ་དང་དྲག་འཛིན་མ༔ སྡེ་བཞིའི་མ་མོས་སྲུང་དང་ཟག་མེད་རྫས༔ བདེ་བའི་ནུ་སྟེར་མ་བཞིའི་ཁྲོ་ཟུར་གྲགས༔ ཞེས་གསུངས་པ་དང་། ཁྲོ་བ་དགྲ་ལ་བྱེད་མི་ཡིན། །ཟུར་ཟུར་རྟིང་མ་ངོམ་མི་ཡིན། །ཞེས་སོགས་གསུངས་ལྟར་ཡིན་ནོ། །ཁོང་ནི་གླིང་ཆེ་རྒྱུད་སྟག་རོང་ཤོག་གི་དཔོན་པོ་དང་། ཕུ་ནུ་སུམ་ཅུ་དང་གླིང་གི་ཕ་ཁུ་མཆེད་བཞིའི་ཡ་གྱལ་དང་། གེ་སར་སྐྱེས་བུའི་ཁུ་བོ། གླིང་དཀར་པོའི་ཕ་ཆོས་སྐྱབ་པ་ལ་མེད་དུ་མི་རུང་བའི་མི་སྣ་ཁྱད་དུ་འཕགས་པ། ལྷ་རྟ་མགྲིན་དམར་པོའི་སྤྲུལ་པ་མཐུ་དང་རྫུ་འཕྲུལ་ལ་རང་དབང་ཐོབ་པ་ཞིག་ཡིན། ཁོང་གིས་སྤྱིར་བསྟན་པ་དང་འགྲོ་བའི་དོན་དང་། ལྷག་པར་དུ་ཁྲ་མོ་གླིང་གི་སྤྱི་ཚུས་དང་། གླིང་རྗེ་གེ་སར་སྐྱེས་བུའི་སྒེར་ཚུས་ཀྱི་ཆེད་དུ་ཐུགས་བསྐྱེད་བླ་མེད་གནང་སྟེ་ཞི་རྒྱས་དབང་དྲག་གི་མཛད་པ་ལ་བརྟེན་ནས་ནག་ཕྱོགས་བདུད་ཀྱི་སྡེ་ཚོགས་མང་པོ་དམ་ལ་བཏགས། དཀར་ཕྱོགས་ཀྱི་དབུ་འཕང་བསྟོད། ཡུལ་ཁམས་མང་པོ་ཆོས་ལ་བཀོད་པ་སོགས་བསྡུབ་ཏུ་མེད་པའི་མཛད་པ་རླབས་པོ་ཆེ་བསྒྲུབས།

བཀྲ་ཤིས་ཁྲི་སྒྲིང་དུ་ཡོད་པའི་ཨ་ཁུ་ཁྲོ་ཐུང་གི་སྐུ་བརྙན།

དེ་ཡང་དཔེ་མཚོན་ཞིག་བཀོད་ན། སྟག་གཟིག་ནོར་རྫོང་ལས། ཉི་མ་དེའི་ཕྱིར་ནངས་རི་རྩེ་ལ་ཉི་མ་ཐོག་པ་དང་ལྷན་ཅིག་ཏུ་གོང་མངགས་ཀྱི་བློན་པོ་གསུམ་ནས་འཁོར་གསུམ་བསྐོར་ཏེ། རང་རང་གི་རྟ་ལ་བཞོན་ནས་གྱད་ཀྱི་མི་བརྒྱ་རྟ་བརྒྱ་ཁྲིད་དེ་སྦྲ་སྒོ་ནས་འཚུབ་ཆིལ་ལེར་གཤར། དེར་འཁོད་པ་རྣམས་ཀྱིས་ལྟད་མོ་ལྟ་ཞིང་སྐྱིལ་མ་ཐུབ། དེ་ནས་དམག་རྣམས་རིམ་གྱིས་སོང་སྟེ་དེ་ནུབ་ཞང་ལའི་གོད་ཚང་སུམ་མདོར་བསྡད། དེ་ནས་ཆུ་སྟོད་ཟླ་བའི་ཚེས་བཅོ་ལྔའི་ཐོ་རེངས་ཁར་སྟག་ཐང་ཁྲ་མོའི་ཡང་གོང་། གདོང་མ་བཞི་དཔོན་གྱི་ཏུ་ཐོག་དེར་སླེབས། དེ་ཉིན་སྟག་རོང་ཚང་རྨ་རྒྱལ་སྤོམ་ར་བསྡོད་པར་འགྲོ་རྩིས་ཀྱིས་གཡོག་མོ་ལྷ་སྐྱིད་དཔལ་འཛོམས་དེས། ཐལ་བ་སླེ་གང་འཁྱེར་ནས་སྒོ་ལ་ཡོང་བར་རྟ་ཡི་སྣ་སྒྲ་ཞིག་རྣ་ལམ་དུ་ཐོས་པས། ཅི་ཡིན་སྙམ་ནས་ཡར་བལྟས་པས་སྟག་རོང་དར་སྐྱེ་ཁྲ་མོའི་ཏུ་བ་དེ། རྟ་དམག་སྟོང་ཙམ་གྱིས་བསྐོར་ཚར་འདུག་པ་མཐོང་བས་ལ་མོར་སྦྲ་ནང་དུ་ཡར་བརྒྱུགས་ནས་ན་རེ། སྟག་རོང་དཔོན་དང་ལྷ་རྒོད་བཅས་མགྱོགས་པར་ཡར་བཞེངས། ང་རང་ཚང་གི་ཏུ་བ་དེ་རྟ་

དམག་མང་པོས་བསྐོར་ཚར་འདུག །ད་ཅི་བྱེད་ཟེར་ནས་པོས་པས། ཨ་ཁུས་ཐོས་པས་ད་ཧེ་ལྷར་བྱས་ན་དྲག །ང་རང་ནི་བསད་ཚར་ལེ་རེད་བསམས་ནས། ཅི་ཆ་མེད་པར་གཅེར་བུར་ལངས་ནས་ཕྱུར་བ་བསྐོལ་སའི་ཁྲོ་ཆེན་པོ་ཞིག་ཡོད་པ་དེའི་འོག་ལ་གབ་ནས་བསྡད། སྲས་ལྷ་རྒོད་འབུམ་ལུས་བསམ་པར། ཕ་ཁྲོ་ཐུང་གི་བྱ་བ་དེ་ག་རང་ཡིན། ར་མདའ་སླེབས་ཡོད་པ་འདྲ་དགོངས་ནས་ལ་མོ་ཡར་བཞེངས་ཏེ་འཁོར་གསུམ་ཐོགས་ནས་སྦྲ་སྒོར་ཐོན་པ་དང་། སྲས་མ་ནེ་ག་ར་དང་བློན་པོ་ཨ་འགྲུབ་གཞུ་སྦོན། སྙེར་བློན་སྟག་ཚ་ངོ་ལུག །ཡང་རྒོད་སེར་ཚ་དཔུང་རིང་ཚང་མས་རང་གི་གོ་ཆ་ཅི་ཟིན་གྱིས་བགོས་ལ་ཟིང་ལོང་ངེར་སོང་། སྟོད་ཀྱི་ཙ་བ་རྣམས་ནས་ལན་འདེབས་པའི་དུས་ཤེས་མ་བྱུང་བར་ཀུ་ཅོ་དི་རི་བྱེ་ཕུང་རྒྱས་བཤལ་བ་བཞིན་དུ་བཏང་། དེ་ནས་སྟག་རོང་དཔོན་གྱི་སྦྲ་སྒོར་བྱུང་བ་དང་མཉམ་དུ་སྲས་ལྷ་རྒོད་ཀྱིས་མདའ་དྲུག་འཕངས་པས་མི་དགུ་བསད། མ་ནེ་ག་རས་མདུང་བརྒྱབ་པས་མི་ལྔ་བསད། གཡོན་ཟུར་ནས་བློན་ཆེན་ཨ་འགྲུབ་ཀྱིས་མདའ་འཕེན་བཞིན་ཡོད་པའི་སྐབས་དེར་སྟོང་ཁྲིའི་མདུང་གིས་དེ་ཉིད་དུ་བསད། དེར་ཕོང་རྣམས་ནས་གྲི་འཐབ་བྱས་པས་ཇ་ཡུན་ཙམ་བརྟན། མཐར་གྲི་གཡུགས་པས་མ་བརྟན་ནས་སྦྲ་ནང་དུ་ཤོར། ཙ་ཟོག་དངོས་པོ་གང་ཡོད་རྣམས་ཏབ་ཐོབ་ཀྱིས་ཁྱེར། ཨ་ཁུ་གབ་པའི་ཁྲོ་དེ་ཡང་ཡར་བླངས་པས་ཨ་ཁུ་ཁྲོ་འོག་ནས་དོན་པས་ཨ་ཁུ་ཤེ་ཁྲེལ་བྱས་ནས་བསྡད། དམག་མི་ལ་ལས་མི་རོ་འདི་ཅི་ཡིན་ཟེར། ལ་ལས་ཤེ་རྫུན་བྱེད་པ་རེད་ཟེར། བར་དེར་སྟོང་ཁྲི་ལྷ་ལོད་ནས་ངོ་ཤེས་ཏེ་ལ་མོ་པང་དུ་བླངས་ནས། ད་རེས་ས་འདིར་འོང་བའི་དགོས་དོན་འདི་ཡིན་ཟེར་ནས་གཅེར་བུར་བཀྱིག་ཐག་གིས་བསྡམས་ནས་རྟ་ལ་བཀལ། ནོར་ལུག་མང་པོ་དང་རྟ་དྲུག་བརྒྱ་དེད་ནས་ཤོར། དེར་སྟག་རོང་གི་སྲས་བློན་རྣམས་དཔུང་དང་བཅས་པས་གསེར་ཆུའི་རབ་ཁ་བར་རྗེས་དེད་ཀྱང་། ཕ་རོལ་པོ་ལ་ཅི་ཐུབ་མ་བྱུང་བར་རང་བཞིན་ཕྱིར་ལོག་བྱེད་དགོས་བྱུང་བ་དང་། དེ་ནས་སྟག་གཟིག་གི་དམག་རྣམས་ཉིན་མཚན་ལྷོས་མེད་ཀྱིས་བཤར་ནས་ཞག་པོ་གཉིས་ཀྱི་ཕྱི་དྲོ་བྱང་གི་ཐང་ཐང་སྨུག་པོར་སླེབས་པས་སྐར་གྲལ་བསྒྲིགས་པ་དང་ལྷན་དུ། སྟག་རོང་དཔོན་པོ་བཀྱིག་ཐག་གིས་བསྡམས་ཏེ་བློན་པོ་གསུམ་གྱི་མདུན་དེར་ཁྲིད། དེར་ཨ་ཁུས་ཕུས་མོ་བཙུགས། ཨག་ཚོམ་འདར་ཤིག་

ཤིག་བྱེད་བཞིན་པའི་ངང་མི་ཐུང་གཉིས་ཀྱིས་བཟུང་ནས་བསྡད། དེར་གུང་སློན་ནམ་མཁའ་ཐོག་འབེབས་ཟེར་བ་དེས་དྲི་བ་དང་སྒྲིགས་མོ་བྱེད་པའི་གླུ་འདི་ལྟར་བླངས་སོ། །

གླུ་ཐ་ལ་ཐ་ལ་ཐ་ལ་ལེན། །གནམ་གྱི་འབྲུག་ལྷ་ཐོག་རྗེ་མཁྱེན། །བར་གྱི་སྟག་ལ་མེ་འབར་མཁྱེན། །འོག་གི་དྲིད་ལེ་སོག་དཀར་མཁྱེན། །བླ་རི་རྫོང་ལྷ་དཀར་ཆུང་མཁྱེན། །རྨ་བྱའི་ཐྲག་དམར་མཆེད་དགུ་མཁྱེན། །རྨ་མཚོ་གླུ་རི་སྔོན་མོ་མཁྱེན། །ས་འདི་ས་ངོ་མ་ཤེས་ན། །ཁྱུང་གི་སྤང་ཐང་སྨུག་པོ་རེད། །ང་འདྲ་ང་ངོ་མ་ཤེས་ན། །ནུབ་སྟག་གཟིག་ཡུལ་གྱི་ས་ཆ་ཡི། །རྨ་ཤོད་པད་མ་ཡར་འཁྱིལ་ནས། །ཁྱུང་སྦྲ་གཡུ་གཤོག་གོང་དགུ་ནས། །ངར་ཆེན་སྟག་མོའི་དཔའ་སྙིང་དེ། །ང་གུང་སྔོན་ནམ་མཁའ་ཐོག་འབེབས་ཟེར། །བང་ཁ་རླུང་ལ་འགྲན་མི་དེ། །འདོ་བ་དམར་པོ་རླུང་འཁྲུམས་ཟེར། །འཛུམ་དྲུག་ཟུར་ནས་རྒྱུས་མི་ལ། །ཞལ་དཀར་སྟོང་ཁྲི་ལྷ་ལོད་ཟེར། །བདུད་དམག་གཉེད་ལ་བབ་འདྲ་འདི། །གྱོད་ཀྱི་མི་བརྒྱ་རྟ་བརྒྱ་ཟེར། །དེ་ནས་ང་ལ་ཉན་རྒྱུ་ལ། །ཁྱུང་རྗེ་འདབ་རྒྱས་རྩེ་མོ་རེད། །ཉི་མས་གཡས་སྐོར་རྒྱག་ས་རེད། །ཟེར་ཚད་བོད་ལ་མི་བདེན་ཏེ། །འགྲམ་བཅར་ན་བྱེ་རི་དེལ་ཆུང་རེད། །མ་ཕམ་གཡུ་མཚོའི་སྐོར་བ་དེ། །རྟ་ལམ་དྲུག་གིས་མི་འཁོར་ཟེར། །ཟེར་ཚད་བོད་ལ་མི་བདེན་ཏེ། །ཉེ་བཅར་ན་ཀོ་མོ་འཁྱིལ་ལེ་འདུག །རྒྱ་ཡི་ན་བ་ཁྲ་ལེབ་དེ། །བྱ་ཁྱུང་གི་གཤོག་པས་མི་ཁེབས་ཟེར། །ཟེར་ཚད་བོད་ལ་མི་བདེན་ཏེ། །བལྟས་ན་འདོ་བའི་བང་གང་གདའ། །གླིང་སྟག་རོང་བཙན་པོའི་དཔའ་རྒོད་དེ། །དགྲ་འཆི་བདག་ཡིན་ཀྱང་མི་འཇིགས་ཟེར། །ཟེར་ཚད་བོད་ལ་མི་བདེན་ཏེ། །འགྲམ་བཅར་ན་སྤྲང་ཉོབ་ཐར་གང་རེད། །ང་སྔོན་པོས་སྙིང་རྗེ་ཅི་ལྟས་རེད། །མ་སང་གེ་སར་སྐྱེས་བུ་དེ། །རྫུ་འཕྲུལ་ཡ་མ་ཟུང་པས་ཟེར། །ཁོས་ར་མདའ་མེད་ལེ་ཅི་འདྲ་རེད། །གླིང་གི་དཔའ་རྟུལ་བརྒྱད་ཅུ་དེས། །ཕོ་གསོན་ཚད་བློ་སྙིང་ལེན་པས་ཟེར། །དུས་ད་རེས་མེད་ལེ་ཅི་གོ་རེད། །འོང་ནག་པོའི་ཞབས་ལ་གབ་ནས་སྡོད། །སྟག་རོང་དར་སྡེ་ཁྲ་མོ་དེ། །ཁྲི་བུད་མེད་གཉིས་ཀྱིས་ཅུ་འབོད་བྱས། །རྩྭ་གོ་པོ་གཉིས་ཀྱིས་བཤུད་གླུ་བླངས། །བྱ་ཁྭ་སྐྱུག་གཉིས་ཀྱིས་རྩེད་བྲོ་འཁྲབ། །དགྲ་ཤ་པས་མཐོང་ན་སྙིང་ཆུང་ལངས། །གཉེན་ཉེ་

བས་རིག་ན་མཆེ་མ་ཤོར། །ཐུགས་སྤྲོ་མོ་ཨེ་བྱུང་སྟག་རོང་དཔོན། །དབྱར་ཟླ་གསུམ་གོས་མེད་མི་སྡུག་སྟེ། །བྱང་ཡང་ཐང་ལྷགས་པ་མདའ་བས་ཚ། །ལུས་དར་གོས་ཨེ་མནབ་སྟག་རོང་དཔོན། །ལས་རང་བྱས་རང་ཐོག་སྨིན་ལེ་ལ། །ཁྱོད་ཉལ་རོགས་བྲལ་བས་མི་སྡུག་སྟེ། །ཟས་ཞིམ་པོ་ཨེ་ཟ་སྟག་རོང་དཔོན། །དེ་སྔེ་གནའ་མིའི་གཏམ་དཔེ་ལ། །དཔོན་པོས་བྱུས་ཚོད་མ་ཟིན་ན། །མངའ་ཐང་མི་ལ་ཤོར་ལེ་ཡོང་། །ཕྱུག་པོ་སྤྱོད་ལུགས་མ་མཁས་ན། །རང་ནོར་རང་གིས་ཕབ་ལེ་ཡོང་། །མེད་པོས་ཟ་ཚོད་མ་ཟིན་ན། །ལུས་ཕུང་མི་ལག་ཚུད་ལེ་ཡོང་། །ཟེར་བའི་གཏམ་དེ་བདེན་ལུགས་ལ། །ཁྱོད་དེ་སྔ་དེ་བྱས་ལང་ཤོར་དེས། །དུས་ཐ་མ་ད་རེས་ཨེ་འདྲ་ཡོང་། །དེ་ནས་ར་རྒན་ཨོག་ཚོམ་ཅན། །དེ་སྔ་ཉེ་མ་ཕན་ཆད་ལ། །ཁྲ་མོ་གླིང་དང་སྟག་གཟིག་རྒྱལ། །ཕར་སོང་མི་ཤ་ཟོད་རྒྱུ་མེད། །ཚུར་འོང་ཇག་ལམ་བཏོད་རབས་མེད། །སྟག་རོང་ཨ་ཁུ་ཁྲོ་ཐུང་ཁྱོད། །མི་བྱེད་དགུ་བྱེད་བྱེད་མི་རེད། །ཚེབས་ཏ་ནོར་བུ་གཡུ་སྔང་དེ། །མཁའ་ལྡིང་ཁྱུང་གི་ཕྲུ་གུ་རེད། །འགྲན་མེད་རྫེ་ཡི་ཚེབས་ཏ་རེད། །ཡོག་པའི་རྐུན་བྱེད་ཕ་ར་ཞོག །ཁྲ་ཆུང་མིག་གིས་བལྟ་ཐོད་མེད། །ཁ་མང་གཏམ་གྱིས་གླིང་ཐོད་མེད། །ཁྱོད་རྨ་ཁམས་གླིང་པས་བརྐུས་ནས་སོང་། །ད་ལྟ་ལག་ཏུ་ཞོག་དང་དགའ། །རྐུ་ངན་དང་ལེན་བྱས་པས་ན། །འཛམ་བུ་ཆུ་ཡིས་ཆོག་ཀྱང་ཟེར། །སྤྱི་ཏྲོ་ར་ཡིས་འཛལ་ས་ན། །ཕྱི་ཏྲོ་ཏ་ཡིས་མི་ཁེབ་ཡོང་། །ཚེབས་ཏ་རང་ལག་བྱུང་བས་ན། །རྐན་པོ་རང་ཡུལ་མངགས་པས་ཆོག །རྒྱུ་ཟོག་ཕར་ལ་སྤྲད་པས་ཆོག །མི་ལ་སྟོང་འཛལ་བྱས་པས་ཆོག །ཁ་མཆུ་ཏ་ཐོག་འདུམ་མ་བྱེད། །ས་བྱུང་ཉེ་མ་ཕན་ཆད་ལ། །གཞད་ཀྱི་མི་བརྒྱ་ཏ་བརྒྱ་འདེད། །རལ་གྲི་ངར་མས་ཁམ་བགོས་བྱེད། །ཉག་ཕྲན་འབེན་ལ་མི་འཛོག་རེ། །མདུང་སྐྱུ་རིང་སོ་ལ་མི་བསྐྱོན་རེ། །དེ་བས་ཅི་དགའ་བསམ་བློ་ཐོང་། །ཁྱོད་རང་ཡིད་ལ་དེ་འདྲ་ཞོག །ཅེས་གླུ་དེ་ལྟར་བླངས་པས། ཨ་ཁྲུ་སྐྲག་སྟེ་ཁ་སྤུ་འདར་ཤིག་ཤིག་བྱས། རེ་ཞིག་ཅི་ཡང་ཞུ་མ་ཐོད། ཡུད་ཙམ་སོང་བ་ན་བློན་པོ་རྣམས་ལ་གླུ་ཞུས་འདི་བླངས་སོ། །

ཨོཾ་མ་ཎི་པདྨེ་ཧཱུྃ་ཧྲཱིཿ གླུ་ཐ་ལ་ཐ་ལ་ཐ་ལ་ལེན། །བླ་མ་ཆེ་དབང་རིག་འཛིན་མཁྱེན། །བོན་སྲས་

བླ་མའི་ཚོགས་དང་བཅས། །གསོལ་བ་འདེབས་སོ་ཐུགས་རྗེས་གཟིགས། །འགྲོ་དྲུག་བདེ་ལ་འགོད་པར་
ཤོག །ས་འདི་ས་ངོ་མ་ཤེས་ན། །བྱང་གི་རྒྱང་ཐང་སྨུག་པོ་རེད། །ང་འདྲ་ང་ངོ་མ་ཤེས་ན། །རྨ་ཁམས་
གླིང་ཡུལ་ཁྲ་མོ་ནས། །དབྱར་ས་སྤྲག་ཐང་ཁྲ་མོ་ནས། །འབྲི་མ་བརྒྱའི་རྒྱབ་ལ་བུ་བརྒྱ་འགྲོ། །ནོར་ལོངས་
སྤྱོད་མེད་དེ་ཕྱུག་པོའི་གྲས། །དགུན་ས་རྫ་མ་ཡར་འགག་ནས། །རླུང་ཟེར་མ་ཡིན་ཀྱང་ཐར་ས་མེད། །ཕོ་
རྩལ་ཆེན་ཡིན་ཀྱང་ཐར་ས་མེད། །བདུད་དམག་དུག་མཚོ་ཁོལ་མ་ནས། །ཁྱོད་སློན་ཆེན་མི་གསུམ་ཚུར་
གསོན་དང་། །ངག་འདར་བའི་གླུ་ལ་མི་སྙན་ཏེ། །དོན་བདེན་པའི་ཚིག་ལ་ཨེ་འདྲ་ཡོད། །དགུང་གི་
གནམ་ལྷུགས་ཐོག་མདའ་དེས། །དགྲ་འདྲེ་འབྱུང་པོ་མི་བཅོམ་ནས། །ཐག་དོན་མེད་ཐལ་ཕྱུང་ཅི་ལ་
བཟོ། །གཙང་ཆབ་སྔོན་མོའི་འབབ་ལམ་དེ། །ས་ནག་འོག་ལ་མ་དྲངས་ན། །རྒྱ་ཞིང་ཁྲ་མོ་ཅི་ལ་
འདེབས། །ཁྱོད་མ་སང་འཕྲུལ་གྱི་དཔུང་རྐོད་དེས། །ཇག་རྟ་དེད་ར་མདའ་མི་བཅད་ནས། །དོན་མེད་
སྟག་རོང་ཅི་ལ་དེད། །ལ་ཞེན་གནའ་མིའི་ངག་གཏམ་ལ། །བྱ་ཁྭ་ཏ་ནག་ལུའི་སྡིག་སྒྲིབ་ཀྱིས། །ངང་པ་
གསེར་པོ་འདམ་ལ་ཟུག །བྲེལ་མེད་བྱི་མོའི་སྤྲ་ལག་གིས། །ཆོས་སློན་བླ་མ་འཁོར་བར་འཁྱམས། །ཉེས་
ཆེན་ཁྲམ་པའི་གཏམ་ཁག་གིས། །ཡུལ་མི་བདེན་ཆེན་ཁྲིམས་ལ་བཙུད། །ཟེར་བའི་གཏམ་དེ་བདེན་
ལུགས་ཡོད། །ང་སྟག་རོང་དཔོན་གྱི་ལོ་རྒྱུས་འདྲ། །ཁྱོད་སློན་ཆེན་རྣམས་ལ་ཡོན་ཤེས་ཆུང་། །ཆུང་སོ་
བཞི་ཟླ་བའི་སྟོད་དཀར་ལ། །སྟོད་རྒྱ་གར་རྒྱལ་པོའི་ཆོས་གྲྭ་གཏོར། །སེར་པོ་ཏོར་ལ་རྟ་ཇག་བཏང་། །ཨ་
བསེ་ཁེ་ཚེ་རལ་པ་བཏུལ། །ཕོ་སར་དཔུང་པ་ཁྲག་ལ་སྦྲེལ། །མོ་སར་བུ་མོ་བཙན་འཕྲོག་བྱས། །མ་བྱས་
ང་ཡིས་ཡོད་པ་མིན། །ཕོ་ལོ་བཞི་བཅུའི་གོང་ཐོག་ནས། །སྤྲུལ་སྐུ་ཚེ་དབང་རིག་འཛིན་ལས། །ཚེ་ཕྱི་མ་
ཕན་པའི་ཆོས་གཅིག་ཞུས། །ཐར་བྱས་བཤགས་ལ་ཕྱི་མ་སྨོས། །ལྷ་ཁང་གཡུང་དྲུང་འཁྱིལ་བ་
ལ། །མཚམས་དང་སྒྲུབ་པ་ཅི་ནུས་བྱས། །དགུན་ཟླ་གསུམ་གོས་མེད་གཅེར་བུ་བྱས། །ལུས་ལ་གཏུམ་མོ་
མེ་དྲོད་འབར། །གོས་དྲོན་པོ་གྱོན་འདོད་ང་ལ་མེད། །དཔྱིད་ཟླ་གསུམ་ཏིང་ངེ་འཛིན་ལ་སྒོམ། །མ་
མཁའ་འགྲོས་བྱིན་རླབས་འཚོ་བ་དྲངས། །ཟས་ཞིམ་པོ་ཟ་འདོད་ང་ལ་མེད། །དབྱར་ཟླ་གསུམ་ཐང་ལ་
མི་རྟག་སྒོམ། །སྟན་མེད་གཅིག་པུར་ལུས་གནད་སྒྲོང་། །ལུས་བདེ་འཇམ་ངོ་བོ་ཁོག་ནས་ཤར། །གདན་

མཐུག་པོ་འདིང་འདོད་ང་ལ་མེད། །བླ་མའི་བྱིན་རླབས་ལུས་ལ་ཞུགས། །ལུས་ཐ་མལ་ཞིག་པའི་སྒོམ་ཆེན་མིན། །ཕ་བླ་མའི་བྱིན་རླབས་ངག་ལ་ཞུགས། །ངག་འཆལ་ཚིག་སྨྲ་བའི་སྒོམ་ཆེན་མིན། །བླ་མའི་བྱིན་རླབས་ཡིད་ལ་ཞུགས། །ཡིད་རྟོག་ངན་ཤར་བའི་སྒོམ་ཆེན་མིན། །རང་རིག་སེམས་ཀྱི་ཏིང་འཛིན་གྱིས། །བདག་འཛིན་འགོང་པོ་འོག་ཏུ་མནན། །འགྲོ་བ་འཁོར་བའི་འདམ་ལས་བསྒྲལ། །ང་སྒོམ་ཆེན་རང་དབང་འཐུས་ལེ་ཡིན། །ལུས་ངག་ཡིད་ཀྱིས་སྒྲུབ་པ་བྱས། །སྙིང་ཕྱོགས་ལྷ་ཡུལ་འཕུར་ལ་ཁད། །ཐབས་ཤེས་སེམས་ཀྱི་རྟ་ཕོ་ལ། །རང་རིག་གསལ་བའི་སྒ་ཆས་སྤྲས། །གདམས་ངག་ཟབ་མོའི་ཡོབ་ཆེན་བཏགས། །འགྲོ་ན་འདོ་བས་དོ་ས་མེད། །སྒོམ་ཆེན་རྟ་ཕོ་དེ་ལ་བྱས། །བོད་ལ་དཀྲུག་པ་རྣམ་གསུམ་ཡོད། །བླ་མའི་དམ་ཚིག་གྲྭ་པས་དཀྲུག །རྗེ་རྒྱལ་པོའི་སྐུ་བྱུས་འབངས་ཀྱིས་དཀྲུག །ནང་བཟའ་ཚང་བུ་སྤུན་མནའ་མས་དཀྲུག །ཟེར་ལེ་དེ་ཡི་བདེན་ལུགས་ཡོད། །ད་རུང་གསོན་དང་ཞུ་རྒྱུ་ཡོད། །གླིང་སྡེ་དཀྲུག་རྐུན་པོ་མི་གསུམ་ཡོད། །གོང་དཔོན་པོའི་བདག་རྐྱེན་དེ་ལ་ཡོད། །བསྐལ་པ་དུས་ཀྱི་ཐ་མ་ལ། །ལས་བདེན་པ་མི་ཁྲིན་རྫུན་པ་ཁྲིན། །མི་དྲང་པོ་མི་ཁྲིན་རྐུན་པོ་ཁྲིན། །ཁ་སང་དབྱར་ཟླ་འབྲིང་པོ་ལ། །རྒྱ་ཁ་ཤག་བེ་ཡི་ཐོག་རྫུན་གཅིག །སྟོང་མཐོང་ཐོབ་མི་རྐན་རྗེས་མེད་གཉིས། །རྒྱ་ལེ་བེ་བུ་ཡི་ཁྲ་མིག་གསུམ། །སྡེ་གླིང་དཀྲུག་རྐུན་མ་མི་གསུམ་དེས། །སྟོད་ལ་དྭགས་ཡུལ་ལ་སོང་བས་ཟེར། །རྟ་སྔོན་པོ་འདྲ་གསུམ་འཁྲིད་ནས་བྱུང་། །དེ་གསུམ་ནང་ནས་ཆུང་བ་དེ། །ཚོ་དྲུག་གླིང་ལ་ཨེ་ཉོ་ཟེར། །འདན་མ་ཚང་གིས་མ་ཉོས་ཟེར། །ཨ་སྐྱིད་ཚང་དང་མ་འགྲིག་ཟེར། །ངེད་སྟག་རོང་ཚང་གིས་ཉོས་ལེ་ཡིན། །དེ་རྗེས་ལྷ་སྲས་དགྲ་ལྷ་ཡིས། །ཆིབས་རྟ་ཁོང་ལ་དགོས་སོ་ཟེར། །སྔ་དྲོ་གངས་སྟོད་རྩེ་ལ་ཁྲིད། །ཕོ་ཐང་སེང་དང་བང་ཁ་བསྡུར། །སྔ་དྲོ་གངས་སེང་མགྱོགས་འདུག་ཟེར། །ཕྱི་དྲོ་རླུང་གཤོག་མགྱོགས་འདུག་ཟེར། །ཉིན་ཕྱེད་ཁྲ་ཡག་རྫ་ལ་འཁྲིད། །བྲི་སེར་འབྲོང་དང་བང་ཁ་བསྡུར། །སྔ་དྲོ་འབྲོང་རྒྱལ་མགྱོགས་འདུག་ཟེར། །ཕྱི་དྲོ་རླུང་གཤོག་མགྱོགས་འདུག་ཟེར། །ཕྱི་དྲོ་ན་དམར་གཞུང་ལ་འཁྲིད། །ཁ་དཀར་རྐྱང་ལ་བང་ཁ་བསྡུར། །སྔ་དྲོ་ཁ་དཀར་མགྱོགས་འདུག་ཟེར། །ཕྱི་དྲོ་རླུང་གཤོག་མགྱོགས་འདུག་ཟེར། །གསེར་སྒོར་མོ་བཅོ་ལྔ་གནང་ནས་བྱུང་། །མ་ཕན་བཙན་འཕྲོག་བྱས་ནས་ཐལ། །དེ་ནས་ལྷ་སློན་

ནོར་བུ་གསུམ། །ང་མི་རྒན་མ་གསོད་ཚེ་ཐར་ཐོང་། །བྱི་ཁྱི་ཏ་བསད་དང་ཁྱད་པར་མེད། །ཟ་ཉེན་ཤ་ལ་བལྟ་རྒྱུ་མེད། །མགོ་ངེས་སྒྲོ་ལ་བལྟ་རྒྱུ་མེད། །སྒོམ་ཆེན་བསད་ན་ལྷ་ཡིས་འགོན། །དེ་བས་རང་གར་བཏང་བར་ཞུ། །མིན་གཅིག་དེ་འདྲ་མ་གནང་ན། །ཕ་སྟག་རོང་ཤོག་དགུའི་ནོར་རྫས་འདི། །གནང་ཁྲ་མོའི་གཏམ་གདན་འཇོག་པས་ཆོག །ཀླ་བ་གཅིག་གི་ཚུན་ཆོད་ལ། །བྱང་གི་གཡུ་མོ་ཨེ་ཐང་ལ། །འཛོམ་རྒྱུའི་འབབ་དང་ཡི་གེ་བྱེད། །ཆིབས་རྟ་གཡུ་སྔོང་རྐུན་པོ་བཅས། །ང་ཁྲོ་ལུས་ལག་བཞག་བྱེད་པས་ཆོག །དུས་ད་གང་སྐྱག་པའི་འབབ་ཞིག་འཇོག །འབབ་ཡར་ལོག་གསེར་སྡེ་ཁྲི་སྐོར་བཞག །ཚེ་ཕྱི་མ་གཞན་པའི་མནའ་ཞིག་འཇོག །མནའ་དཔང་སྟག་ལྷ་མེ་འབར་བཞག །ཁྱོད་བློན་ཆེན་ཐུགས་ལ་དེ་འདྲ་ཞོག །

ཅེས་གླུ་དེ་ལྟར་ཕུལ་བ་དང་། བློན་ཞལ་དཀར་དེ་ཡི་དགོངས་པར་དགོས་པའི་ནོར་རྫས་གཡང་དུ་འཁོར་ཞིང་སྡེ་བྱས་ཕན་ཚུན་འཁྲུག་མ་དགོས་པ་ཞིག་བྱུང་ན་རྗེ་ཡི་ཐུགས་ལ་མི་འབབ་པ་མི་ཡོང་དགོངས་ནས་ན་རེ། འོ་ན་སྟག་རོང་དཔོན་པོ་ཁྱོད་ད་རེས་གསོད་པ་ལས་མི་འོས་ཀྱང་། དགྲ་མཆན་འོག་ཚུད་ན་བུ་ལས་བྱམས་ཟེར་བ་ལྟར་ཁྱོད་ཀྱི་གཏམ་དོན་ངེས་གནས་ལེགས་པོ་བྱུང་ཕྱིན་རེ་ཞིག་ཁྱོད་རང་ཕ་ཡུལ་དུ་བཏང་བས་ཆོག །དེ་མིན་ངན་སྤྱོད་གཡོ་འཁྲུལ་བློ་ངན་སླེབ་བཞིན་འཚུབ་པའི་ལས་བྱུང་ན། ངེད་སྟག་གཟིག་ཡུལ་གྱི་དམག་དྲངས་ཏེ་གླིང་ཡུལ་ཁྲ་མོ་བྱུང་ཤུལ་མེད་པ་བྱེད་དགོས་བྱུང་ཚེ་མི་ལེགས་པས་དེ་དོན་ཁྱོད་རང་ནས་བསམ་བློ་ལེགས་པར་སྐོར་ཟེར། དེ་ནས་བློན་པོ་ཚོས་འབབ་གན་ལེགས་པར་བྱས། ཁྲོ་ཐུང་ལ་གོས་ལྷམ་ལེགས་པར་གཡོགས། རྟ་རྐང་པོ་ཞིག་དང་རྒྱགས་ དུམ་བཅས་བསྐུར་ཏེ་གླིང་ལ་མངགས་པར་གདའོ། །

དེར་ཞག་བརྒྱད་ཙམ་ལ་སྟག་གླིང་གཉིས་པོ་ཕར་དགྲ་རྩུར་གཤེད་མེད་པའི་ངང་དེར་བསྡད། ཞག་དགུ་སོང་བ་ན་སྟག་གཟིག་གི་བློན་ཆེན་བཞི་པོས་བཀའ་གྲོས་ལ། ངེད་རང་དམག་དཔོན་བཞི་

ལ་ཁྲི་དམག་རེས་བསྐོར་ནས་གླིང་སྐར་གྱི་ཤར་རྫོ་ནུབ་བྱང་ཕོར་ཡུག་བསྐོར་ཏེ། གླིང་དམག་གཅིག་ཀྱང་མ་ལུས་པ་བྱས་ནས་གསོད་བཏང་ཟེར་ནས་འགྲོ་རྒྱུ་གྲོས་འཆམས་པ་ན་དམག་དཔོན་བཙན་ལྷ་ན་རེ། ད་རེས་ཀྱི་བྱ་བ་དེ་ལེགས་ཉེས་ཅི་ཡོང་མོ་མ་སྒྲི་སེ་སྣ་ནག་ལ་མོ་ཞིག་བཏབ་ན་མི་ལེགས་སམ་ཟེར་ནས་མོ་འདེབས་པར་བཅུག་པས། རྨ་རྒྱལ་སྤོམ་ར་དེ་གཡུ་སྤྲང་གསེར་གྱི་གཞོག་པ་ཅན་ཞིག་ཏུ་སྤྲུལ་ནས་ཧྲུ་ཐིག་སྟེང་དུ་བབ་ནས་མོ་བསྒྱུར་པས། མོ་ཡི་དོན་འབྲས་ལ་འདི་ལྟར་ཟེར་བ་བབ། དཔུང་དམག་གཡུལ་ལ་མ་རྫོངས། སེང་དཀར་མོ་གངས་ནས་ལྷུང་། ཇག་ཆུང་དཔུང་གདང་བསྒྲིགས་ན། རྟེང་མ་རིམ་གྱིས་ལོན་ཡོང་ཞེས་བབ་སྟེ་ལོ་རྒྱུས་དེ་ལྟར་ཐུས། དེ་ནས་དཔུང་དམག་བསྒྲིག་བཀོད་བྱས་པ་རྣམས་འཛིན་ཏེ། ཞག་བཅུ་གཅིག་གི་གོང་ཐོག་ཏུ་ནུབ་ཀྱི་དམག་དཔོན་བཙན་ལྷ་རྡོ་རྗེ་དང་། བྱང་གི་གུང་རྗེ་མེ་སྟག་མཆོལ་ལྭ། ཤར་གྱི་ཞལ་དཀར་ལྡན་པ་བཅས་གསུམ་དཔུང་བསྒྲིགས། གོ་འཇོམས་ཀྱི་ལེར་གླིང་དམག་ཕྱོགས་སུ་ཆས་པའི་སྐབས་དེར། གླིང་སྐར་དུ་ཉི་མ་ཤར་བ་དང་ལྷན་དུ་སྲས་ལྷ་རྐོད་ཀྱི་དམག་ཤོག་གི་བཅུ་དཔོན་ཞིག་ལ་ཤར་གྱི་རྨ་རྒྱལ་སྤོམ་ར་ཡིན་ཟེར་བའི་ལྷ་ཞིག་བབ་སྟེ། དེ་རིང་སྟག་གཟིག་དམག་དཔོན་ཆེ་བཞི་དེས་ལས་དམག་ཁྲི་ཚོ་ཁྲིད་ནས་གླིང་སྐར་བསྐོར་རྩིས་ཀྱིས་མོ་མ་སྒྲོ་སེ་སྣ་ནག་ལ་མོ་རྩིས་བྱེད་འདུག་པ། ངས་མོ་བསྒྱུར་བས་ད་ཆ་དམག་མང་རྣམས་ཕྱིར་བཤོལ་ཐུབ་ཀྱང་། སྔོན་པོ་གསུམ་ཡོང་བ་ཡོད་པས། ད་རེས་སྟག་རོང་གིས་རྫུ་འཕྲུལ་ཞིག་འགྲན་མ་ནུས་ན་ཉི་ཟླ་ཐང་ལ་ལྷུང་ཟེར་བ་ཡོད་པས་ཡིད་ལ་ཟུང་ཟེར། དེར་ཐམས་ཅད་སྐྲག་ནས་འཕྲུལ་ག་འདྲ་དགོས་ཞུས་པས། ཅི་ཡང་མི་ཟེར་བར་གཡག་གི་ངར་སྒྲ་ཞིག་རྒྱབ་ནས་སྐྱུ་ཡལ་སོང་། དེར་ཡུད་ཙམ་སོང་བ་ན་སྔོན་ཆེན་གསུམ་ཡོང་བ་མཐོང་བས། ཨ་ཁྲུ་གེ་ཐུང་གིས་འབྲོང་གཡག་ནག་པོ་འཛིགས་སུ་རུང་བ། ལྕགས་ཀྱི་རུ་ཐུར་འདོམ་ལྔ་རེ་ཡོད་པ། རྭ་གཉིས་ཀྱི་རྩེ་མོ་ནས་མེ་ལྕེ་འབར་བ་ཙམ་མཆེད་པ། ཁ་གདང་ཞིང་ལྕེ་གློག་ལྟར་བསྐྱོད་ནས་སོ་སྒྲ་ཐེར་ཞིང་ངར་སྒྲ་འབྲུག་སྟོང་གྲག་པ་ཙམ་གྱིས་ས་གཞི་ཤིག་ཤིག་ཡོམ་ཡོམ་དུ་འདར་བར་བྱེད་པ། ལུས་པོངས་ཆེ་ཡང་མི་ཆེ་རི་བོ་ཙམ། ཆུང་ཡང་མི་ཆུང་རི་བོ་ཙམ་ཞིག་ཏུ་སྤྲུལ་ནས་གླིང་སྐར་གཡོག་ཐུབ་པ་འདྲ་ཞིག་ཡོད་པར། དེར་སྔོན་པོ་རྣམས་ཉེ་བར་སླེབས་ནས་

ཁོ་ཚོས་ཏ་ཁ་འཛིན་ཏེ་བཙན་ལྷ་ན་རེ། འབྲོང་གཡག་འདི་འདྲ་བ་བྱུང་ལ་རྩ་བ་ནས་མི་ཡོང་། འདི་ལྷའི་སྤྲུལ་པའམ་བདུད་ཀྱི་ཆོ་འཕྲུལ་ཅི་ཞིག་ཡིན་དངོས་བསྟན་རེད། ད་ཁོས་ཅི་བྱེད་བལྟ་རྒྱུར་ང་རང་ཚོས་མདའ་རེ་གཏོང་ཟེར་ནས་ཏ་རྒྱུག་བཏང་བས་འབྲོང་གཡག་གིས་ཛ་མ་འཕུར་ཞིང་ངར་སྒྲ་ས་འདར་བ་ཙམ་གྱིས་ཁོ་ཚོ་མི་ཏ་ཟིང་ཐ་རེ་བཏང་། ཁོ་ཚོས་མདའ་གཉིས་རེ་བཏང་ཡང་འགུལ་ཙམ་ཡང་མ་ཐུབ། དེ་ནས་དམག་དཔོན་བཙན་ལྷས་ངར་ཆེན་གྱི་རལ་གྲི་བཏོན་ནས་ཉེ་བར་བཅར་ཏེ་ལན་གསུམ་བཏབ་ཀྱང་བར་སྣང་འཛའ་ལ་བཏབ་པ་འདྲ་མ་གཏོགས་ཅི་ཡང་མ་ཐུབ། དེ་ནས་འབྲོང་གཡག་དེས་ངར་སྒྲ་དང་བཅས་ཁོང་ཚོའི་སྟེང་དུ་མཆོངས་པས། གུང་རྗེ་དེས་ཛམ་སྟབས་སུ་བྱུང་བར་ཏ་མེ་རི་འཚུབ་ཤེས་དེ་རྣ་གཡས་པའི་རྩེ་ལ་འཛེར་ནས་མི་ཏ་ཐལ་ནས་བྱུང་། དེར་ཁོ་ཚོ་དཔའ་ཆག་སྟེ་སྟག་སྐར་དུ་ཐལ་ཚུབ་ཕྱུར་རེ་བྲོས་སོང་། གླིང་པ་རྣམས་ཀྱིས་སྟག་རོང་དཔོན་ལ་གཟེངས་བསྟོད་ཕུན་སུམ་ཚོགས་པར་བྱས་སོ། །ཞེས་སོགས་ཀྱིས་མཚོན་ནས་ཤེས་པར་བྱའོ། །

གཞན་ཡང་སྲིན་ཁེ་ཚེ་རལ་བ་སོ་དང་སེན་མོས་གསོན་ཞགས་བཤུས་ཏེ་བཏུལ་བ་དང་། མི་ཉུབ་སློན་ཆེན་སྣབ་པའི་སྲིན་ནག་ལག་རིང་བསད་པ་དང་། ཡང་ཁྲོ་ཐུང་ཁྲོ་མ་ཐུང་ན་གེ་སར་གེ་མི་སར་ཞེས་བཤད་པ་ལྟར་སྐབས་འགར་གེ་སར་སྐྱེས་བུའི་མཛད་པ་དང་། ཕྲིན་ལས་ཕྱོགས་མེད་དུ་རྒྱས་པའི་ཕྱིར་དུ། མ་ངེས་པའི་མཛད་པ་སྣ་ཚོགས་ཤིག་ཀྱང་བསྟན་པར་མཛད། མདོར་ན་སྐུ་ཚེ་གང་པོར་བསྟན་པ་དང་འགྲོ་བའི་དོན་འབའ་ཞིག་བསྒྲུབས་ཏེ། མཐར་དམྱལ་གླིང་རྫོགས་པ་ཆེན་པོ་ལས་བསྟན་པ་ལྟར་སྐུ་མྱ་ངན་ལས་འདས་སྐབས་ངན་སོང་གི་སེམས་ཅན་དུང་ཕྱུར་བཅུ་གཅིག་ཙམ་དག་པའི་ཞིང་དུ་དྲངས་པར་མཛད་དོ། །

ཨ་ཁུ་ཁྲོ་ཐུང་གི་ས་ཆ། ས་ཡི་མིང་ལ་ཡང་ཁྲོ་ཐུང་ཟེར།

ཨ་ཁུ་ཁྲོ་ཐུང་གི་གདན་སའི་མཐིལ།

གཉིས་པ། ཁོང་གི་རྩ་བའི་གདན་སའི་སྐོར་ནས་ཅུང་ཟད་བཤད་པ་ལ། དེ་ཡང་གངས་རང་བྱུང་གི་མཆོད་རྟེན། སྨན་ནགས་ཚལ་གྱི་གཡུ་ལོ། རྒྱ་དྭངས་གཙང་གི་སྐྱ་རགས། སྤང་མེ་ཏོག་གི་ཚོམ་བུ་བཀྲ་བ་སོགས་མཛེས་སྡུག་ཡིད་འོང་གིས་མངོན་པར་མྱུག་པའི་ཡིད་ལྗུང་སྨད་ཀྱི་ས་ཆ། དེང་གི་དུས་སུ་ལུགས་གཉིས་སྲོལ་བཟང་གིས་ཡུན་གྱིས་འཚོ་བའི་ཁྲོ་ཐུང་སྡེ་བ་ཆགས་པའི་ས་ཆ་ནི། ཨ་ཁུ་ཁྲོ་ཐུང་གི་གཞིས་ཀ་ཉིད་ལ་རྟོད་མེད་ཡོངས་གྲགས་སུ་གྱུར་པ་དང་། དེའི་དབང་གིས་སྡེ་བ་ལའང་ཁྲོ་ཐུང་སྡེ་བ་ཞེས་སྤྱི་ཚོགས་གསར་རྙིང་རྣམས་སུ་མིང་དེ་སྐད་དུ་ཆགས་སོ། །

ཨ་ཁུ་ཁྲོ་ཐུང་གི་མཁར་ཤུལ།

ཁོང་གི་སྐུ་མཁར་ཆགས་སའི་ས་གནས་དངོས་ནི། ཁྲོ་ཐུང་མདའ་ནས་ཡར་གཡས་གཡོན་ན་ལུང་པ་ཆེན་པོ་གཉིས་སུ་ཡོད་པ་ལས། གཡས་ཀྱི་ལུང་པ་ཁྲོ་ཐུང་ཁོག་ནས་ཡར་སྤྱི་ལེ་གཉིས་མ་ཟིན་ཙམ་གྱི་མཚམས་སུ་ཡུལ་མི་རྣམས་ཀྱིས་བསང་མཆོད་བྱེད་སའི་ལབ་རྩེ་ཞིག་ཡོད་ལ། དེ་ནས་གཡས་ཕྱོགས་སུ་ཡར་སོང་ས་ན་སྔོན་ཤིང་སྣ་ཚོགས་ཀྱིས་བར་མེད་ཁེངས་པ། རྫ་རྡོས་རི་ལུང་འགེངས་པའི་བར་གསེང་ནས་དྭངས་གཙང་གི་ཆུ་རྒྱུན་ལྷུང་ལྷུང་དུ་བཞུར་སའི་འགག་འཕྲང་དོག་མོ། ཆ་རྒྱུས་མེད་པའི་སྐྱེ་བོ་དག་རང་བཞིན་གྱིས་བགྲོད་པར་དཀའ་བའི་གནས་སུ་གྱུར་པ་ཞིག་ཡོད། ལུང་པ་དེའི་ཕུ་ན་བསང་ལྟེམ་ལག་པའི་ཁྱོར་མཐིལ་འདྲ་བ་ཞིག་ཡོད་པ་དེ་ནི། སྔོན་ཁྲོ་ཐུང་གི་སྐུ་མཁར་ཕོ་རོག་སྙིང་རྫོང་ཡོད་སའི་མཁར་ཤུལ་དངོས་ཡིན་པར་ངག་རྒྱུན་དུ་མ་ཉམས་པར་ཡོད་པ་དེ་ག་ཡིན་ནོ། །

སྟེང་། སྐུ་མཁར་ཕོ་རོག་སྙིང་རྫོང་གི་རྒྱབ་རི་ཕོ་རོག་གཟུགས། འོག བང་བ་ཡཀྲ་གཟི་འབར།

དེ་ནི་གནའ་སྔོན་ཆད་རྩིག་རྨང་གི་དབྱིབས་གསལ་པོར་མངལ་དུ་ཡོད་ཀྱང་ཕྱིས་སུ་རིམ་གྱིས་མེད་པར་གྱུར་སོང་བར་འདུག །ད་སྐབས་དེ་ན་ བྲག་རྫོ་ཕྲ་རགས་མང་པོ་འབྱུར་བ་དང་། ལྗོན་ཤིང་གི་རིགས་སྣ་ཚོགས་ཐར་ཐོར་རྒྱས་ཏེ་དབྱར་དུས་སུ་ཉམས་དགའ་བའི་གནས་ཤིག་ཏུ་གྱུར་འདུག་ལ། དེ་ལ་དེང་དུས་སུ་ཡུལ་མི་རྣམས་ཀྱིས་མཁར་ཤུལ་འོབས་ཞེས་འབོད་བཞིན་ཡོད། རྒྱབ་ན་བྲག་རི་དམར་གཏོར་འདྲ་བ་རྒྱང་ནས་བལྟས་ཚེ་བྱ་ཕོ་རོག་ཅིག་གི་གཤོག་སྒྲོ་བརྒྱངས་པ་དང་མཚུངས་པ་ཞིག་ཡོད་པས། ཁྲོ་ཐུང་གི་སྐུ་མཁར་ལའང་ཕོ་རོག་སྙིང་རྫོང་ཞེས་མིང་ཐོགས་དོན་དེ་ལྟར་ཡིན་པར་བཤད་དོ། །

ཁྲོ་ཐུང་བང་བ་མའི་མཚོ་ཡི་མཛེས་ལྗོངས།

རྒྱབ་ཀྱི་བྲག་རི་དེ་ནི་ཡུལ་སྐྱོང་གཞི་བདག་དྲག་རྩལ་ཅན་བང་བ་ཡཀྴ་གཟི་འབར་ཞུ་བ་དེ་ཡིན་ལ། གཡས་ཟུར་ན་མཛེས་སྡུག་ལྡན་པའི་མཚོ་ཆེ་ཆུང་མི་འདྲ་བ་གསུམ་ཕྲེང་ལྟར་བསྒྲིགས་ནས་ཡོད། དེ་དག་ལ་ཁྲོ་ཐུང་གི་བླ་མཚོའམ། བང་བ་མའི་མཚོ་ཞེས་འབོད།

དེ་ནས་ཡར་སོང་བའི་ལུང་པའི་ཕུ་ན་ཤུག་ག་ཞིག་ཡོད་ལ། དེ་ནི་རྒྱ་ཨ་ཟུར་སྟག་ལ་ཁྲ་བོ་དང་། ཤུག་ག་སྟེང་ནས་ཤར་ཕྱོགས་མཚམས་སུ་ལི་དབར་བཙུ་ཡས་མས་སུ་སླེབས་པ་ན་མགོ་མང་ལུང་པ་ཟེར་བའི་ས་ཆ་ཞིག་ཡོད། དེ་ན་རི་སྟག་སྙིང་འདྲ་བ་ཞིག་ཡོད་པས། སྟག་རོང་ཐོགས་དོན་དེ་

༡ སྟག་ལ་ཁྲ་བོའི་ལ་རྒྱབ། ༢ དབྱར་ས་ཀུན་དགའ་ར་བ། ༣ རྫས་འདུལ་ཕ་བོང་། ༤ འདོ་བ་ཁྱུང་གཤོག་བསྐྱངས་གནས།

ཡིན་པར་གྲགས། ས་ཕྱོགས་དེ་ན་སྟག་ལུང་ན་ལྕེམ་གོང་མཐའམ། ཁྲོ་ཐུང་ཚང་གི་དབྱར་རྭ་འདུག་སའི་མཚེར་ས་ཀུན་དགའ་ར་བ་དང་། ཏྲ་མཚེར། རྫས་འདུལ་སའི་ཕ་བོང་ཡོད་ས་ཞིག་ལ་རྫས་འདུལ་ལྕེམ་ཟེར་བ་དག་ཀྱང་ངག་རྒྱུན་ལ་མ་ཉམས་པར་འདི་དང་འདིའོ་ཞེས་བཤད་དུ་ཡོད་ལ། རི་རྒྱབ་ནས་མར་ཐུར་དུ་སོང་ས་ན་ཁྲོ་ཐུང་ཕུ་ཞེས་པའི་ལུང་པ་ཡངས་པོ་ཞིག་དང་ཐུག་ནས་ཡོད། མཁར་ཤུལ་ཡོད་སའི་མ་ཟུར་ན་རྫ་ཕུག་གོང་འགབ་ཟེར་ས་ཞིག་ཡོད་ལ། དེའི་ཐད་ཀ་ཆུ་བོའི་ཕ་རོལ་དེ་སྔོན་ཆད་ཨ་ཁུ་ཁྲོ་ཐུང་གིས་སྟག་གཟིག་གི་ཚིབས་པ་འདོ་བ་ཁྱུང་གཤོག་སྔོན་པོ་བརྒྱུས་ཏེ་བསྐྱང་སའི་གནས་ཡིན་པར་ཡོངས་སུ་གྲགས་ལ། ཚུལ་འདི་ཉིད་སྟག་གཟིག་ནོར་རྫོང་ལས། དེ་ནས་སྟག་གཟིག་ཞལ་དཀར་ལྡན་པ་དང་ཚིབས་རྗེ་སྟོང་ཁྲི་ལྷ་ལོད་གཉིས་སྟོན་མོ་བྱེད་སར་ལྟོ་སློང་བ་དང་ལ་ལུང་ལ་འགྲོ་ལུགས་ཅི་དགོས་པ་རྒྱས་ལྟ་བར་སྟག་ལུང་ན་ལྕེམ་གོང་མར་སླེབས་པ་ན། རོང་གི་མི་ཚོ་དམར་མོ་རྣན་གཞོན་སེར་སྐྱ་ཚང་མ་ནམ་མཁའི་སྐར་ཚོགས་ལྟར་འཛོམས་འདུག་པས།

ཁྲོ་ཐུང་ཆུ།

མི་ཆེན་གྱི་གྲལ་དང་སྐྱེ་མང་གི་གྲལ་དུ་སྡོད་མ་ཕོད་པར་སྤྲང་པོ་རྣམས་ཀྱི་གྲལ་དེར་བསྡད། ཅེས་དང་། གཡས་ལུང་སྟག་ལུང་ཁྲ་མོ་ཟེར། །སྟག་རོང་ཚང་གི་ཏུ་ས་རེད། །ཅེས་གསུངས་པ་སོགས་ཀྱི་བསྟན་དོན་དང་མཐུན་པ་དང་། ཡང་སྲིབ་པ་ཁོལ་མོའི་རོང་རྫོང་ཟེར་བ་དང་། དབྱར་དགུན་མེད་པར་བུ་ཡུག་འཚུབ་ས་ཟེར་བ་སོགས་ནི་གནས་འདིར་དབྱར་ཁ་ལའང་ཁ་ཆར་འབབ་རྒྱུ་མང་ས། ལྷག་པར་དགུན་དུས་སུ་རྒྱུན་དུ་བུ་ཡུག་འཚུབ་ས། ཉེ་འཁོར་ཐམས་ཅད་ས་བཙན་ཞིང་འགག་དོག་པོ་ཡོད་པས། གླིང་སྒྲུང་ཚད་ལྡན་རྣམས་ལས་གསུངས་པའི་ས་ཡི་ཆགས་ཚུལ་སོགས་གནས་འདི་ན་མངོན་སུམ་མིག་གི་དགའ་སྟོན་དུ་གྱུར་ཡོད་དོ། །

སྤྱིར་ཁྲོ་ཐུང་ཁོག་ཅེས་པ་དེར་ལྗོན་ཤིང་དང་བྲག་རི། ཆུ་ཀླུང་དང་ཆུ་ཕྲན་མང་པོ་འབབ་པ་སོགས་སྣོད་བཅུད་དཔལ་ཡོན་གྱིས་ཕྱུག་ཅིང་། མཛེས་སྡུག་ལྡན་པའི་ལུང་པ་ཆེན་པོ་ཕུ་ཐག་རིང་བ་ལུང་ཤུར་མང་པོའི་འདབ་ལག་རྒྱས་པ་ཞིག་ཡིན་ལ། ཡང་ལུང་པ་དེའི་མདའ་ནས་ཡར་སྤྱི་ལེ་གསུམ་ཙམ་གྱི་མཚམས་ན་ཁྲོ་ཆུ་ལྷུང་ལྷུང་འབབ་པའི་གཡས་ཟུར། ནགས་ཀྱི་ལྗོན་ཤིང་དག་གི་བར་གསེང་ན་རང་བྱུང་གི་ཆུ་ཚན་ཁྲོ་ཐུང་ཚ་ཆུ་ཞེས་པ་ཞིག་ཡོད།

དེ་ནི་སྔོན་ཨ་ཁུ་ཁྲོ་ཐུང་གི་སྐུ་ལུས་ལ་རྨ་ནད་བྱུང་བ་ན། དེ་ཞི་བྱེད་ཀྱི་གཉེན་པོ་ལ་ཁོང་རང་

ཨ་ཁྲུ་གྲོ་ཐུང་གི་གཏེར་ཚ་གྲོ་ཐུང་ཚ་ཆུ།

ཉིད་ཀྱིས་གཏེར་ནས་བཞེས་པར་ས་འདིའི་སྐྱེ་བོ་ཐམས་ཅད་ཀྱིས་མགྲིན་གཅིག་ཏུ་སྨྲ་བ་ལྟར། ད་ལྟའི་བར་དུ་ཡུལ་ཕྱོགས་གཞན་པ་ཐག་རིང་པོ་ནས་དེ་ན་ཁྲུས་བྱེད་མཁན་མང་པོ་ཡོང་བཞིན་ཡོད་ལ། མ་ཟད་བཅོས་དཀའ་བའི་འབྲུམ་ནད་པ་མི་ཉུང་བས་ཁྲུས་བྱས་པས་དངོས་སུ་སངས་དྭག་སོང་བའི་ཕན་ནུས་མངོན་གསལ་དོད་པོ་བྱུང་བ་ནི་དོན་དངོས་ཡིན། དེའི་ཕ་རི་ན་གྲོ་ཐུང་གི་ཆོས་བརྩེགས་སའི་གནས། ཆོས་བརྩེགས་བྲག་ཅེས་པ་ཞིག་ཀྱང་ཡོད་དོ། །

དེ་ནས་གྲོ་ཐུང་ཕོག་གི་ལུང་པའི་ཕུ་ན་ཤུག་ལྷས་ཟེར་བའི་གནས་རི་དཔེན་པ་རིའི་མགོ་རྫ་རི་མཐོན་པོ་ལས་གྲུབ་པ་ཞིག་ཡོད་ལ། དེའི་རྒྱབ་ན་གངས་རི་ཏ་ཙང་མཐོ་ཞིང་རྩེ་མོ་རྣོ་བ་ཨ་ཁྲུའི་གར་གཟི་ཟེར་བ་ཞིག་ཡོད། དེ་ནི་སྔོན་གྱི་དུས་ནས་ཨ་ཁྲུ་གྲོ་ཐུང་ཚང་གི་བླ་རི་ཡིན་ལ། དེའི་མགོ་ན་དབྱར་དུས་སུའང་གངས་དཀར་བར་མེད་དུ་ཆགས་ཏེ་དཀར་དུང་དུང་ཡོད་པ་ཞིག་ཡིན་མོད། བཟང་ངན་གང་ཞིག་ཡིན་ན་དེང་དུས་སུ་ཨ་ཁྲུའི་གར་གཟི་མགོ་ཡི་གངས་ཐམས་ཅད་ཞུ་བཞིན་འདུག་ཅེས་ཡུལ་མི་རྒན་རབས་པ་ཚོས་བརྗོད།

ཨ་ཁུའི་གར་གཟིའི།

ཨ་ཁུའི་གར་གཟིའི་ཤར་ཕྱོགས་ཀྱི་ཛ་རི་མཐོན་པོ་དག་གི་མདུན་ཞོལ་ནས་མ་ར་རི་གདོང་ཞིག་ཡོད། དེའི་རི་སྣ་ཁྲོ་ཐུང་མདའ་ཙ་ཟུག་པ། རྒྱང་ནས་བལྟས་ཚེ་ས་དབྱིབས་ཙུས་སྤྲལ་གྱི་རྣམ་པར་འདྲ་བ་རྩེ་མོ་ཛ་རི་དང་སྤང་རི་ལས་གྲུབ་པའི་མཛེས་སྡུག་ལྡན་པ། ཉིན་ཕྱོགས་སུ་གཙོ་བོ་ཤུག་པའི་ལྗོན་ལོ་རླུང་གིས་གཡོ་ཞིང་དྲི་བསུང་ཕྱོགས་སུ་འཐུལ་བ། སྲིབ་ངོས་སུ་ལྗོན་ཤིང་སྣ་ཚོགས་ཀྱིས་ཁ་འཐམ་ནས་ཡོད་ལ། དེའི་བར་སྐེད་དུ་དགོ་ལ་ཟེར་བའི་ལ་མཐོན་པོ་ཞིག་ཡོད། དེ་ནི་ཁྲོ་ཐུང་གི་ལམ་ཡིན་པར་བཤད་དོ། །སྨད་ཀྱི་གདོང་སྟེ་ནོར་བུའི་དབྱིབས་འདྲ་བ་ཞིག་ཡོད་པ་དེ་ནི་དཔལ་ལྡན་མགོན་པོ་ཚོགས་ཀྱི་བདག་པོའི་གནས་རི་ཡིན། ལྷག་པར་དུ་བཀྲ་ཤིས་ཁྲི་གླིང་ཆགས་པ་ནས་བཟུང་ཡུལ་མི་རྣམས་ཀྱིས་གནས་རི་དང་། ཁོར་ཡུག་ལ་སྲུང་སྐྱོབ་བྱས་ཏེ་ཡུལ་མི་ཚོས་ཀྱང་གནས་འདིའི་ངོས་ནས་ངང་ངམ་ཤུགས་ཀྱིས་ཤིང་ཐུར་གཅིག་ཀྱང་གཅོད་སྲོལ་མེད་པར་གྱུར། གནས་རི་འདི་ཡི་ངོས་སུ་ད་སྐབས་ནགས་ཚལ་གཞོན་པའི་གཡུ་ལོ་བར་མེད་དུ་ཁེངས་བཞིན་ཡོད། རི་གདོང་གི་གཡོན་ཕྱོགས་སུ་ཨ་ཁུའི་ཁོག་ཅེས་པའི་ལུང་པ་ཕུ་ཐག་རིང་ཙང་རིང་བ་རང་བྱུང་གི་མཛེས་ལྗོངས་སྣ་ཚོགས་ཀྱིས་ཕྱུག་པ་ཞིག་ཡོད་ལ། དེའི་ནང་ནས་ཆུ་ཀླུང་དྭངས་མོ་ཞིག་འབབ་

བཞིན་ཡོད། དབྱར་དུས་སུ་ཆར་འབབ་དྲགས་པ་སོགས་ཀྱི་སྐབས་སུ་ཆུ་ཀླུང་དེ་རཀྟའི་མདོག་ལྟར་དམར་པོར་འགྱུར་བ་ཞིག་ཡིན། དེ་ལ་ཨ་ཁྲུའི་ཆུ་དང་། ལུང་པའི་གཡོན་ཟུར་ན་ཡོད་པའི་རི་སྣང་དེ་ལ་ཨ་ཁྲུའི་སྣང་ཞེས་བྱའོ། །

ཚ་ཤུལ་གཏེར་སྟོན་བསོད་ནམས་རྒྱ་མཚོས་ཨ་ཁྲུའི་སྣང་སྟེ་ད་ལྟའི་ཧྲ་མགྲིན་རོལ་པའི་སྒྲུབ་

ཁྲོ་ཕུང་གི་ས་ཆ།

ཁང་གི་ཉེ་འགྲམ་དུ་ལབ་རྩེ་གསུམ་ཞིག་གསོ་མཛད་སྐྱོང་བར་བཤད་ལ། དེ་དག་ནི་སྔོན་ཨ་ཁྱུ་ཁྲོ་ཕུང་གིས་ཏྲ་མགྲིན་གསོལ་མཆོད་དུ་བཙུགས་པའི་ལབ་རྩེ་ཡིན་སྐམ། ཕྱིས་སུ་མཁན་ཆེན་དམ་པ་ཤེས་རབ་བཟང་པོ་མཆོག་གིས་དགོས་དབང་ཁྱད་པར་ཅན་དུ་མར་གཟིགས་ནས་ས་བཅུད་གསོ་བའི་བུམ་གཏེར་སྦས་ཏེ། ཨ་ཁྱུའི་སྒང་ལ་བཀྲ་ཤིས་གཡང་སྒང་ཞེས་མིང་བཏགས་ཤིང་ལབ་རྩེ་གསོལ་བ་ཡིན། རི་གདོང་གི་རྩེ་མོ་ཛ་རི་མཐོན་པོ་དེ་ནི་རྡོ་རྗེ་གཡུ་སྒྲོན་ཞེས་པའི་གཞི་བདག་ཅིག་ཡིན་ལ། སྲིབ་ངོས་སུ་ཁྲོ་ཕུང་བསྐྱངས་ལམ་ཞེས་པའི་ལམ་འོབས་ཟབ་མོ་དོད་པ་དག་ཀྱང་ཡོད། དེ་ནི་འདོ་བ་ཁྲུང་གཤོག་སྔོན་མོ་བསྐྱངས་ཏེ་ཁྲིད་སའི་ལམ་ཡིན་པས་ཁྲོ་ཕུང་བསྐྱངས་ལམ་ཞེས་བརྗོད་པའོ། །

ཁྲོ་ཕུང་དང་བཀྲ་ཤིས་ཁྲི་གླིང་།

གདོང་གི་ཞོལ་དུ། ལྷ་རྟ་མགྲིན་དམར་པོའི་གནས་རི་སྒོམ་ཆེན་གདན་ལ་བཞུགས་འདྲའི་ས་དབྱིབས་སུ་གྲུབ་པའི་གནས་ཀྱི་ཐང་བ་འདི་ནི་ཨ་ཁྱུའི་གད་སྟེང་ཟེར་བ་ཡིན་ལ། གནས་འདི་ནི་ཨ་ཁྱུ་ཁྲོ་ཕུང་གི་བཞུགས་ས་དང་ལྷ་མགྲིན་དམར་པོའི་སྒྲུབ་གནས་དངོས་སུ་གྱུར་པ་ཡིན་ནོ།།

ཚུལ་འདི་ནི་ཡིད་ལྷུང་འཇའ་ལུས་པ་བསོད་ནམས་རྣམ་རྒྱལ་གྱི་གདུང་ས྄ྲས། རྫོགས་པ་ཆེན་པོའི་རྣལ་འབྱོར་པ་མཁན་ཆེན་ཚེ་དབང་འགྱུར་མེད་ཀྱི་ཞལ་རྒྱུན་ལྟར། སི་ཐོད་སློབ་གྲྭའི་དགེ་རྒན་ཆེན་མོ་དཔལ་བསྟུས་ལགས་ཀྱིས་སྤྱི་ལོ་2012ལོར་ཁམས་པའི་འཛམ་རིས་སུ་བཀོད་པའི་གླིང་དང་

འབྲེལ་ཡོད་ཀྱི་དཔྱད་རྩོམ་ལས། སྲིབ་ལུང་རོང་ཆེན་ཞེས་པའི་ས་ཆར་ས་བཙན་རྫ་མ་གཡང་དཀར་དང་གསེབ་བཙན་སུ་རུ་ནགས་ཚལ། བྲག་དམར་མདུང་རྩེ་འདྲ་བའི་མར་གཤམ་རྨ་ཆུ་གཡས་ནས་རྒྱུག་ས། ཁྲོ་ཆུ་གཡོན་ནས་བཞུར་ས། བྲག་གཉིས་མདའ་སྒྲོ་གཤིབ་འདྲའི་མར་གཤམ་ཁྲོ་ཁྲུང་ཁོག་དང་ཨ་ཁུ་ཁོག་གཉིས་ཀྱི་ལུང་མདའ་རུ་ཤར་གླིང་དཀར་ལྷ་ཡི་དཀྱིལ་འཁོར། གནས་རྟ་མཆོག་རོལ་བའི་ཞིང་ཁམས། དེང་དུས་མཁན་ཤེས་རབ་བཟང་པོའི་རི་ཁྲོད་བཀྲ་ཤིས་ཁྲི་གླིང་ཆགས་ས་ནི་གླིང་གེ་སར་གྱི་ཁུ་བོ་གེ་ཁྲུང་ཁྲོ་རྒྱལ་གྱི་མཁར་ཤུལ་དངོས་ཡིན། ཁྲོ་ཁྲུང་གིས་ལྷ་རྟ་མགྲིན་དམར་པོ་སྒྲུབ་པའི་གནས་མཆོག་ཀུ་རུ་པདྨའི་གསུང་གི་གནས་སུ་བྱིན་གྱིས་བརླབས་པ་དང་། ཁྱད་པར་དུ་ལོ་ཆེན་བཻ་རོ་ཙ་ནས་སྒྲུབ་པ་མཛད་དེ་སྤྲུལ་པའི་གྲུབ་ཆེན་བརྒྱད་ཅུའི་སྒྲུབ་གནས་སུ་བྱིན་གྱིས་བརླབས་པའི་གནས་ཡིན་པ་སྟག་རོང་མཁན་ཆེན་ཚེ་དབང་འགྱུར་མེད་ཀྱི་ཞལ་ལས་ཐོས་པ་ཡིན། ཞེས་བཀོད་པ་དེས་བསྟན་ལ། དེ་ལྟ་བུའི་གནས་ཕུན་སུམ་ཚོགས་པ་ན་ལས་སྨོན་རྟེན་འབྱུང་གི་ནུས་མཐུ་དང་གིས་འཛོམས་པ་ལས། 1994ལོའི་སྟོན་ཁར་མཁན་ཆེན་དམ་པ་ལ་ཤེས་རབ་བཟང་པོ་མཆོག་གིས་གདན་ས་དབེན་གནས་བཀྲ་ཤིས་ཁྲི་གླིང་འདེབས་མགོ་ཚུགས།

དེའི་སྐབས་སུ་མཁར་དམར་སྤྲུལ་སྐུའི་གཟིམ་ཁང་གི་རྒྱབ་རིའི་སྟེང་ཁ་ཁྲིགས་ཁྲིགས་ན་འབུར་ཀ་ཐོ་ཐོ་ཞིག་ལ། མཐའ་སྐོར་དུ་འོབས་ཤུར་ཡངས་པ་ཡུར་བུ་འདྲ་བ་ཡོད་པའི་ས་དབྱིབས་དམིགས་བསལ་བ་ཞིག་ཡོད། དེ་ན་སྔོན་གྱི་དུས་སུ་ཨ་ཁུ་ཁྲོ་ཁྲུང་གིས་སྐབས་སྐབས་སུ་སྒྲོ་གསེང་དང་རྟ་མགྲིན་དབང་གི་དཀྱིལ་འཁོར་ཞལ་ཕྱེས་ཏེ་སྒྲུབ་པ་ཉམས་ལེན་མཛད་ནས་བཞུགས་ས་དངོས་རེད་ཅེས་མཁར་དམར་སྤྲུལ་སྐུ་ཁོང་ཉིད་ཀྱི་ཞལ་རྒྱུན་ཡོད་པར་མ་ཟད། ད་ལྟའི་ཡུལ་མི་ཀུན་པ་རྣམས་ལའང་དེ་བཞིན་དུ་ངག་རྒྱུན་མ་ཉམས་པར་བཤད་རྒྱུ་འདུག །ཚུལ་དེ་དག་གི་སྐོར་རྣམས་ཡུལ་མི་ཀུན་པ་འགའ་མཁན་ཆེན་ཤེས་རབ་བཟང་པོ་མཆོག་ལ་ཡང་ཡང་ཞུས་པས། ཁོང་གིས་ཐུགས་དགྱེས་ཚོར་ཆེན་པོས། འབུར་ཀ་དེའི་སྟེང་དུ་མིང་ལ་མཆོག་གསུམ་པོ་བྲང་དུ་བཏགས་

པའི་ལྷ་ཁང་བརྟེགས་གཉིས་ཡོད་པ་ཞིག་བཞེངས། སྟེང་དུ་རྒྱལ་བའི་བཀའ་འགྱུར་རིན་པོ་ཆེ་སོགས་གཟུངས་གཞུགས་ཀྱི་ཚུལ་དུ་ཕུལ་ལ། དེ་ནི་བཀྲ་ཤིས་ཁྲི་གླིང་གི་རྟེན་བཞེངས་དང་པོར་གྱུར་ཅིང་། སྐབས་དེ་དུས་ལས་ཀ་པ་རྣམས་ཀྱིས་ས་སློག་སྟེ་རྨང་གཞི་ཕོད་སློམས་བྱེད་པའི་སྐབས་སུ་ས་འོག་ནས་རྩིག་རྨང་གི་རྒྱུ་ཆ་འདྲ་བའི་བྲག་རྡོ་དང་། ཛ་གྲོའི་ཆག་དུམ། སོལ་བ་སོགས་གནའ་དུས་སུ་ས་འོག་ཏུ་ནུབ་སོང་བའི་རྗེས་ཤུལ་མང་པོ་བྱུང་པ་ལ་བརྟེན་ནས། ཐམས་ཅད་ཁྲོ་ཕུང་གི་མཁར་ཤུལ་ཡིན་པར་ཡིད་ཆེས་ལྷག་པར་སྐྱེས། ས་གནད་འདི་ནི་ཁྲོ་ཕུང་གི་མཁར་ཤུལ་དངོས་ཡིན་པའི་དབང་གིས་ད་སྐབས་གནས་འདིར་ཁྲོ་ཕུང་གི་སྐུ་ཞིག་ཀྱང་བཞེངས་ཡོད། བཀྲ་ཤིས་ཁྲི་གླིང་ཆགས་རྗེས། མཁན་ཆེན་མཆོག་གིས་ཡིད་ལྷུང་ཁོག་གཙོ་བོར་གྱུར་པའི་ཐག་རིང་ཕུང་གི་དད་ལྡན་སྐྱ་སེར་གྱི་འདུ་བ་རྒྱ་ཆེར་འཚོགས་པར་ཐེངས་དང་པོ་བླང་དོར་གྱི་ལམ་སྟོན་དང་། དགེ་བའི་བསྐུལ་མ་རྒྱ་ཆེར་གནང་ས་དེ་ཡང་ཁྲོ་ཕུང་གི་མཁར་ཤུལ་འདི་ཉིད་གྱུར་ལ། མ་ཟད་སྐབས་འགར་འཁོར་ཚོགས་དང་ལྷན་དུ་སྤྲོ་གསེང་མཛད་ནས་བཞུགས་སའང་གནས་དེར་མཛད་པའི་སྲོལ་ཡོད་དོ། །

སྤྱི་ལོ་1994ལོའི་སོས་དུས་སུ་འདན་སྲས་ཚུང་གཡུ་འོད་འབུམ་མེའི་སྐུ་སྐྱེ་ལཆོས་རྗེ་དམ་པ་ཡིད་བཞིན་ནོར་བུ་གནས་འདིའི་ཉེ་ཟུར་ཨ་ཁུ་ཁྲོ་ཕུང་གིས་རྟ་འཚོ་སྐྱོང་བྱེད་སའི་རྟ་ར་ཡིན་པར་གྲགས་པའི་སྟེང་སྐྱ་གད་སྟེང་ཟེར་ས་ལ་དངོས་སུ་ཕེབས་ཏེ། ཐུགས་དགྱེས་སྤྲོ་ཚད་མེད་པའི་ངང་ནས་ཞག་མ་གཉིས་ཀྱི་བར་དུ་བཞུགས་ལ། སྔ་ཕྱི་དྲོ་རྣམས་སུ་སྐལ་ལྡན་གྱི་སློབ་འབངས་སྐྱ་སེར་ཐམས་ཅད་ལ་གཙོ་བོ་བདེ་ཆེན་དག་པའི་ཞིང་དུ་འདྲེན་པའི་ཆེད་དུ་སྨིན་གྲོལ་གྱི་ཆོས་འཁོར་ཡང་ཡང་བསྐོར་ཏེ་དགེ་སྡིག་བླང་དོར་གྱི་གནས་རྒྱ་ཆེར་བསྟན་པས། དེ་ན་ད་སྐབས་ཆོས་རྗེ་མཆོག་གི་རྗེས་དྲན་མཆོད་རྟེན་ཞིག་ཀྱང་བཞེངས་ཡོད། དེའི་སྐབས་སུ་ཁོང་གིས་ཐུགས་སྲས་མཁན་ཆེན་དམ་པ་ཤེས་རབ་བཟང་པོ་སོགས་འཁོར་སློབ་རྣམས་ལ། ག་ནས་བལྟས་ཀྱང་གནས་འདི་ནི་གླིང་གི་དུས་སུ་ཨ་ཁུ་ཁྲོ་ཕུང་གི་ས་ཆ་ཡིན་ས་རེད་ཅེས་ཡང་ཡང་གསུངས་པ་དང་། མ་ཟད་གོང་དུ

༡༩༩༤ལོར། སྐྱབས་རྗེ་ཡིད་བཞིན་ནོར་བུ་བློ་ཐུབ་ས་ཆར་བྱོན་པ།

ཨ་ཁུ་བློ་ཐུབ་གི་མཁར་ཤུལ།

བཤད་པའི་བློ་ཐུབ་མཁར་ཤུལ་ཡོད་སའི་ཞོལ་དུ་ཀར་རྣམ་ཚང་གི་ཁང་ཁྱིམ་དུ་ཡིད་བཞིན་ནོར་བུ་སྐུ་འཁོར་བཅས་གདན་ཞུས་ལྟར་བྱོན་ཏེ་གནས་འདི་ལ་རབ་གནས་དང་བྱིན་རླབས་རྒྱ་ཆེར་མཛད། དེ་ནི་ད་སྐབས་བཀྲ་ཤིས་ཁྲི་སླེང་ཆར་འབེབས་སླེང་ཆགས་ས་ཡིན་ལ། དེ་དུས་ཀྱི་ཆོས་རྗེ་མཆོག་གི་གཟིམ་ཁྲིའང་རྗེས་དྲན་དང་དད་པའི་རྟེན་དུ་ད་སྐབས་བྱམས་ཆེན་ལྷ་ཁང་དུ་གཅེས་ཉར་བྱས་ཡོད་དོ། །

གེ་སར་ཞིབ་འཇུག་གནས་གཞི།

དེ་ལྟར་ས་གནས་འདི་ནི། གེ་སར་རིག་གནས་ཆེད་ཞིབ་པ་ཚོས་ཞིབ་འཇུག་བྱས་པའི་ཤེས་རྟོགས་ཀྱི་ཁྲོད་ནས་ཀྱང་། གླིང་གི་ས་གནས་ཁྱད་པར་ཅན་ཡིན་པར་ངོས་འཛིན་བྱས་པ་སོགས་ཀྱི་སྐབས་ཀྱིས། སྤྱི་ལོ་2013ལོར་གོང་རིམ་གྱིས་ཀྱང་བཀྲ་ཤིས་ཁྲི་གླིང་དུ་གེ་སར་ཞིབ་འཇུག་གནས་གཞིའི་ཚོག་མཚན་གནང་བ་ལྟར་ཕྱིས་སུ་བཀྲ་ཤིས་ཁྲི་གླིང་དུ་གེ་སར་ཞིབ་འཇུག་བྱེད་སའི་གནས་གཞི་བསྐྲུན།

གེ་སར་རིག་གནས་ཞིབ་འཇུག་གནས་གཞི།

ནང་རྟེན་ལ་རིགས་གསུམ་པདྨའི་སྒྱུ་འཕྲུལ་གླིང་རྗེ་མི་ཡི་ཉི་མ་སེང་ཆེན་ནོར་བུ་དགྲ་འདུལ་དང་། ལྷ་སྒྲོལ་མ་དཀར་མོའི་རྣམ་སྤྲུལ་སྨ་སྐྱ་ལོའི་སེང་ལྕམ་འབྲུག་མོ། ཕུ་བོ་རྒྱ་ཚ་ཞལ་དཀར། ནུ་བོ་རོང་ཚ་དམར་ལེབ། སྲས་ཆུང་དགྲ་ལྷ་རྩེ་རྒྱལ། སྤྱི་དཔོན་སྣང་ཆུང་གཡུ་ཡི་མེ་ཏོག །བཀའ་བློན་འདན་མ་བྱང་ཁྲ། འདན་སྲས་གཡུ་འོད་འབུམ་མེ། ནེའུ་ཆུང་ལུ་གུའི་ཚར་ཡག །སྤྱི་དཔོན་རོང་ཚ་ཁྲ་ཀན། ཨ་ཁུ་ཁྲོ་ཁྲུང་། གཟུ་ཆེན་ཕྱེར་མའི་ལྷ་དར། དར་འཕེན་དུག་གི་སྡོང་པོ། སྟག་རོང་ཉ་ཚ་ཨ་བརྟན། སྟག་རོང་ཨ་ནུ་གཟིག་འཕེན། སྨ་བདེ་ཆོས་སྐྱོང་བེར་ནག །དཔའ་ཡ་མེད་སེང་སྟག་ཨ་དོམ། མ་ཡུམ་འགོག་བཟའ་ལྷ་མོ། འདན་བཟའ་ལྷ་སྒྲོན་ཆོས་མཚོ་རྣམས་ཀྱི་སྐུ་སྤུས་ལེགས་རྒྱུ་ཆ་ཟངས་དམར་ལས་གྲུབ་པ་ཤ་སྟག་བཞེངས་ཡོད་ལ། མི་སྣ་དེ་དག་ངོ་སྤྲོད་བཟུས་པ་ཙམ་བྱས་ན། གེ་སར་སྐྱེས་བུ་ཆེན་པོ་ནི་གླིང་གི་སྤྱི་རྗེ་ཡིན་པ་དང་། འགོག་བཟའ་ལྷ་མོ་ནི་གེ་སར་གྱི་མ་ཡུམ་ཡིན། སྐྱ་ལོའི་སེང་ལྕམ་འབྲུག་མོ་ནི་གླིང་རྗེ་གེ་སར་སྐྱེས་བུའི་བཙུན་མོའམ་རྒྱལ་མོ་ཡིན་པ་དང་། འདན་སྲས་གཡུ་འོད་འབུམ་མེ་ནི་ཆོས་རྗེ་དམ་པ་ཡིད་བཞིན་ནོར་བུའི་སྐུ་སྐྱེ་ཐུ་མ་ཡིན། ནེའུ་ཆུང་ལུ་གུའི་ཚར་ཡག་ནི་འདན་སྲས་ཀྱི་ཡུམ་ཡིན་ལ་གླིང་གི་མོ་སྨན་གྱི་ནང་ནས་རྩ་ཆེན་ཡིན་པ་དང་། སྤྱི་དཔོན་རོང་ཚ་ཁྲ་ཀན་ནི་གླིང་གི་བློ་འདོན་པ་ཆེན་པོའམ་ཤེས་ཆེན་ཡིན། ཨ་ཁུ་ཁྲོ་ཁྲུང་ནི་གླིང་གེ་སར་གྱི་ཁུ་བོ་དང་ས་གནས་འདིའི་བདག་པོའང་ཡིན་ནོ། །དེ་བཞིན་དུ་འདན་མ་བྱང་ཁྲ་དང་། སེང་སྟག་ཨ་དོམ། སྨ་བདེ་བེར་ནག་གསུམ་ནི་གླིང་གི་ཁྲ་གླག་སྤྱང་གསུམ་ཞེས་མི་སྣ་གལ་ཆེན་ཡིན་པ་དང་། རྒྱ་ཚ་ཞལ་དཀར་དང་། ཉ་ཚ་ཨ་བརྟན། ཨ་ནུ་གཟིག་འཕེན་དང་། དར་འཕེན་རྣམས་ནི་དཔའ་ཡང་ཐུལ་དམ་པའི་མི་བདུན་གྱི་ནང་གི་ཡིན་ནོ། །གཞན་ཡང་ལོགས་ངོས་རྣམས་སུ་ཆེད་དུ་གླིང་དཀར་ཕུ་ནུའི་རྟ་རྒྱུག་སོགས་ཀྱི་ཞལ་ཐང་སྤུས་ལེགས་ཀྱི་ལོགས་རིས་མང་པོ་བཞེངས་བསྐྲུན་བྱས་ཡོད། བརྩེགས་གཉིས་པའི་ཤར་ཕྱོགས། སྒོ་གླེགས་ཀྱི་སྟེང་ན་གཙོ་བོ་གླིང་གེ་སར་གྱི་མཛད་རྣམ་དང་འབྲེལ་བའི་གླིང་སྒྲུང་སྐོར་སོགས་འཛོག་སའི་དཔེ་མཛོད་ཁང་ཡོད་དོ། །

དཀྲ་ལྷ་རྩེ་རྒྱལ།
སེང་ལྕམ་འབྲུག་མོ།
སྣང་ཚ་གཡུ་སྟག
སྤྱི་དཔོན་རོང་ཚ་ཁྲ་རྒན།

ཕྱུ་པོ་རྒྱ་ཚ་ཞལ་དཀར།
གླིང་རྗེ་གེ་སར་སྐྱེས་བུ།
ནུ་པོ་རོང་ཚ་དམར་ལེབ།
མ་ཡུམ་འགོག་མོ།
ཡབ་ཆེན་སེང་བློན།
ཆོས་ལུ་དར་འཕེན།

ཚ་ཞང་འདན་མ་བྱང་ཁྲ།
ནེའུ་ཆུང་ལུ་གུའི་ཚར་ཡག
སྐྱ་བདེ་ཆོས་སྐྱོང་བེར་ནག
སེང་སྟག་ཨ་དོམ།

ཨ་ཁུ་ཁྲོ་ཐུང་།
འདན་སྲས་གཡུ་འོད་འབུམ་མེ།
གཙུ་ཆེན་ལྗེར་མའི་ལྷ་དར།
མ་ཡུམ་ལྷ་སྒྲོན་ཆོས་མཚོ།
སྟག་རོང་ཨ་ནུ་གཟིག་འཕེན།
ཉ་ཚ་ཨ་བརྟན།

བཀྲ་ཤིས་ཁྲི་གླིང་གེ་སར་གླིང་ཁ།

གེ་སར་གླིང་ཁ།

ད་ཙུང་བཀྲ་ཤིས་ཁྲི་གླིང་དུ་གེ་སར་རིག་གནས་ཀྱི་བྱེད་སྒོ་སྤེལ་བ་དང་གེ་སར་ཞིབ་འཇུག་སོགས་ལ་ཉེ་བར་མཁོ་བའི་ར་སྐོར་གྱི་རྣམ་པའི་གེ་སར་གླིང་ཁ་ཞིག་ཀྱང་བཞེངས་བསྐྲུན་བྱས་ཡོད། དེ་ཡང་ར་སྐོར་གྱི་ངོས་སུ་གེ་སར་སྐྱེས་བུ་ཆེན་པོའི་མཛད་རྣམ་གྱི་ཆ་ཤས་དང་འབྲེལ་བའི་གླིང་གི་དཔའ་རྟུལ་རྣམས་ཀྱི་སྣང་བརྙན་ཐམས་ཅད་འབུར་བླུག་བྱས་ཏེ། རྒྱུ་ཆ་ནི་རིན་ཐང་ཤིན་ཏུ་ཆེ་བ་དང་རྒྱུ་སྤུས་ལེགས་པའི་ཕྱུལ་བྱུང་གི་ལི་ཡིན་ལ། དེ་ལ་རང་བཞིན་གྱིས་གནོད་མེད་དུ་གནས་པ་ཡིན་ན་མི་ལོ་སྟོང་ཕྲག་བཞིའི་ཡུན་ལ་ཉམས་རྒུད་དུ་མི་འགྲོ་བར་འདུག་ཐུབ་པ་ཡིན་ནོ། །

གེ་སར་གླིང་ཁའི་འབུར་བླུག འཁྲུངས་གླིང་།

བཞེངས་སྐྲངས་ཀྱང་གཡས་ཕྱོགས་ནས། རིམ་བཞིན་དང་པོ་གླིང་རྗེ་གེ་སར་འཁྲུངས་སྐོར་གྱི་མཛད་པ་འཁྲུངས་གླིང་མེ་ཏོག་ར་བ་ལ་གཞིར་བྱས་ཏེ། ཐོག་མར་མ་ཡུམ་འགོག་བཟའ་ལྷ་མོ་འགོག་ནས་གླིང་དཀར་སྟོད་དུ་བག་མར་བསུས། དེ་ནས་ཡབ་ཆེན་སེང་བློན་གྱི་ཁྱིམ་ཚང་དུ་འཁྱོར། ཐེངས་ཤིག་ཀླུ་རྒྱལ་གཙུག་ན་རིན་ཆེན་བུ་མོ་འགོག་བཟའ་ལྷ་མོ་ལ་ཆེད་དུ་ལྟ་རུ་ཐོན། ལྷུམས་སུ་ཞུགས་པ། ས་ཐོ་སྟག་གི་ལོའི་རྒྱལ་ཟླ་བའི་ཚེས་པ་བཅོ་ལྔ་ཉིན་ས་སྐྱིད་སོས་ཡག་གི་ཁ་མདོ་རུ་ལྷ་སྲས་ཇོ་རུ་སྐུ་འཁྲུངས། དེ་དང་མཉམ་དུ་ཕུ་བོ་དུང་ཁྱུང་དཀར་པོ། ནུ་བོ་ཀླུ་སྦྲུལ་འོད་ཆུང་། སྲིང་ལྕམ་ཐ་ལེ་འོད་དཀར་དག་ཀྱང་རིམ་བཞིན་མ་ཡུམ་འགོག་མོ་ལས་འཁྲུངས།

གླིང་ཁུ་བོ་སྤྱི་དཔོན་རོང་ཚ་ཁྲ་རྒན་དང་། ཨ་ཁུ་ཁྲོ་ཐུང་། ཕུ་བོ་རྒྱ་ཚ་སོགས་ཀྱིས་ལྷ་སྲས་ཇོ་རུ་སྐུ་འཁྲུངས་པ་ལ་འཚམས་འདྲི་ཞུས། ཇོ་རུས་བདུད་ཀྱི་བྱ་ནག་སྤུན་གསུམ་སོགས་བདུད་རིགས་

གླིང་རྗེ་གེ་སར་འཁྲུངས་གནས། ཨ་ཕྱུག་རྫ་ཐང་།

མང་པོ་བཏུལ། རིམ་གྱིས་ཛོ་རུས་ངོ་མཚར་གྱི་མཛད་པ་མང་དུ་བསྟན་པས་ཨ་ཁུ་ཁྲོ་ཐུང་སོགས་ཀྱིས་དགོས་དབང་གིས་ཅུང་ཐུགས་མི་བདེ་བའི་ཚུལ་བསྟན། སྐབས་དེར་མཐུ་དང་ངན་སྔགས་ཀྱི་སྦྱོར་བ་ལ་བརྟེན་ནས་སེམས་ཅན་ལ་འཚེ་བའི་ཨ་མྱེ་སྒོམ་པ་ར་ཛ་ལ་ཛོ་རུ་མེད་པར་བྱེད་དགོས་པའི་རེ་ཞུ་བྱས་ཀྱང་། རེ་འབྲས་མ་འགྲུབ་པར་ལྷ་སྲས་ཛོ་རུས་སྒྱུ་སྟེགས་སྒོམ་པ་ར་ཛ་བཏུལ། མ་ཟད་ཁྲོ་ཐུང་གི་མདུན་དུ་སྒོམ་པ་ར་ཛ་ལ་རྫུས། ཁྲོད་ཀྱི་བསམ་སྤྱོད་ངང་ལ་ཕུད་རྒྱུ་ཡིན་ཚུལ་སོགས་ཀྱིས་འཇིགས་སྐྲག་བསླངས། ཀྲུང་དཀར་བེ་སྔ་དང་གཡང་སྐྱི་སོགས་གླིང་གི་ཕ་ནོར་རྫ་ཆེན་འགའ་ཐབས་ཀྱིས་བླངས། བར་མཚམས་སུ་ཛོ་རུ་མ་བུ་གཉིས་སྤྱུལ་མགོ་ལུང་པའི་མདའ་རུ་གནས་སྤོས།

སྦྲ་ཆུང་ཐེད་པོ་ཞིག་ཕུབ་ནས་མ་ངེས་པའི་རྟུལ་ཞུགས་ཀྱི་སྤྱོད་པ་སྣ་ཚོགས་སྟོན་བཞིན་ལོ་འགར་བཞུགས། བདུད་རིགས་མང་པོ་ཆམ་ལ་ཕབ། ཛོ་རུས་མཛད་པ་སྣ་ཚོགས་ཀྱིས་ཆེད་དུ་གླིང་གི་དཔའ་རྟུལ་རྣམས་ལ་འདུག་མི་བདེ་བ་ཐེངས་མང་དུ་བྱས། ཁོང་རྣམས་ཐབས་ཟད་ནས་བཀའ་བགྲོས་ཏེ་ཛོ་རུ་མ་བུ་གཉིས་རྨ་ཡུལ་དུ་རྒྱང་ཕུད་བཏང་། རྨ་ཡུལ་དུ་ལོ་འགར་བཞུགས་ཏེ་ཨ་བདུད་སོགས་བདུད་རིགས་མང་པོ་བཏུལ། ཛོ་རུས་ཐབས་ལ་བརྟེན་ཏེ་གླིང་ཡུལ་དུ་ཁ་བ་ཆེན་པོ་ཕབ། ཡུན་རིང་མ་ཞུ་བའི་སྟབས་ཀྱིས་རྒྱ་ཚ་དང་འདན་མ་སོགས་གླིང་གི་དཔའ་ཐུལ་སྐོར་ཅིག་རྨ་

ཡུལ་དུ་ཇོ་རུ་མ་བུ་གཉིས་ཡོད་སར་ས་གཡར་དུ་ཕེབས་དགོས་བྱུང་། ཇོ་རུས་ཞུར་རྗོ་འཕངས་ཏེ་དཔའ་ཐུལ་རྣམས་ལ་ཉམས་མཚར་གྱི་ཚུལ་དུ་འཛིགས་རྫམ་བསྟན། མཇུག་ཏུ་ཁོང་གིས་ས་གཡར་ཏེ་གླིང་གི་དཔའ་རྟུལ་རྣམས་ལ་ས་བགོས་ཀྱང་མཛད། དེ་དག་ནི་གེ་སར་གླིང་ཁའི་ངོས་དང་པོ་ལ་འཁོད་པའི་མཛད་པ་རགས་བསྡུས་སུ་བཀོད་པའོ། །

གཉིས་པ་རྟ་རྒྱུག་ནོར་བུ་ཆ་བདུན་ལས་བྱུང་བའི་མཛད་རྣམ་གྱི་སྐོར། གླིང་ཁུ་བོ་ཁྲོ་ཐུང་ལ་ཇོ་རུས་ལྷ་རྟ་མགྲིན་དམར་པོར་བརྫུས་ནས་རྟ་རྒྱུག་དགོས་ཚུལ་དང་། མགྱོགས་འདོད་པའི་རྒྱན་ལ་སྒྲ་སྒྱུ་ལོའི་སེང་ལྷམ་འབྲུག་མོ་དང་། གཏེར་ནོར་ནོར་བུ་ཆ་བདུན་དང་། གླིང་གི་རྒྱལ་ས་བཅས་བཞག་ན་ཁྱོད་ཁྲོ་ཐུང་མ་གཏོགས་བདག་པོ་མེད་ཚུལ་ཐམས་ཅད་གསུངས། དེ་ནས་ཁྲོ་ཐུང་གིས་ཐེ་ཚོམ་མེད་པར་རྟ་མགྲིན་གྱི་ལུང་བསྟན་ཉིད་དུ་ཡིད་ཆེས་ཤིང་། ཨ་ཁོད་ཐར་བའི་ཟློར་སྣ་བང་ཆེན་ལ་མངགས་ཏེ་ས་སྣང་གི་ལོ་མགོར་རྒྱལ་ཟླའི་ཚེས་པ་བཅོ་ལྔའི་ཉིན་སྟག་རོང་གི་ལས་གྲུར་དུ་སྟོན་མོ་ལ་གླིང་གི་འདུ་ར་བསྡུས། ལོ་འདིར་གླིང་གིས་རྟ་རྒྱུག་རྒྱལ་འཛོག་དགོས་པའི་གཏམ་ཐམས་ཅད་དཔའ་རྟུལ་རྣམས་འདུས་པའི་གྲལ་དུ་བཤད། དཔའ་རྟུལ་རྣམས་ཀྱི་ཐུགས་དགོངས་དང་། ལྷག་པར་སྤྱི་དཔོན་གྱིས། སྔར་བཅུ་གཉིས་ལོ་ལ་ཅང་ཤེས་བཀུག །རྒྱན་ཤ་རིའི་རྩེ་ནས་ཉི་མ་འཆར། །དེའི་བར་དུ་མཆོན་སྔོན་ཤུབས་ལ་དྲངས། །ཞེས་གསུངས་པའི་ལུང་བསྟན་དུས་ལ་བབས་པར་ཤེས་ཤིང་། ཁྲོ་ཐུང་གིས་བླུ་བླངས་པ་ལྟར་མ་གཏོགས་མ་རེད་བསམ་མཁན་མ་བྱུང་། འོན་ཀྱང་རྟ་རྒྱུག་སའི་གནས་དང་རྒྱུག་ཚུལ་གྱི་ཐད་ལ་གྲོས་ཚུང་ཟད་མ་འཆམ་པར་བྱུང་ཚེ་སྤྱི་དཔོན་རོང་ཚ་ཁྲ་ཀན་གྱི་ཐུགས་དགོངས་བཞིན་ཐམས་ཅད་ཀྱིས་ཐག་བཅད། སྤྱི་དཔོན་གྱི་བཀའ་ལྟར་དབང་གཙོད་དབང་པོ་དར་འཕེན་གྱིས་རྟ་རྒྱུག་སའི་གནས་དང་རྒྱུག་ཚུལ་སོགས་ལ་ཐུགས་བཀོད་གསལ་པོར་བཞག་པ་མ་ཟད་ཟླ་བ་བཞིའི་བར་དུ་རྟ་རྒྱུག་གི་དུས་ཚོད་ཕྱིར་སྣུར་བྱས། སྤྱི་དཔོན་དང་རྒྱ་ཚ་སོགས་ཀྱི་བཀའ་བཞིན་སེང་ལྷམ་འབྲུག་མོ་རྨ་སྨད་དུ་ཇོ་རུ་འབོད་སར་མངགས། ལམ་ཐག་རིང་

གེ་སར་གླིང་ཁའི་འབུར་བྲུག ཧྲ་རྒྱུག

བས་ལམ་བར་ནས་དུས་ཡུན་ངེས་ཅན་ཞིག་གིས་རྩ་ཡུལ་དུ་འབྱོར། ཇོ་རུ་མ་བུ་གཉིས་ཀྱི་ཁྲིམ་དུ་འཛུལ་སྐབས་སྟྲ་སྔོའི་ཨ་བྲའི་ཤ་དང་རྒྱ་མ་སོགས་ལ་འབྲུག་མོས་བཙོག་ཏུ་བལྟས། ཉིན་ཞིག་མ་ཡུམ་འགོག་བཟའ་ལྷ་མོ་དང་། སྐྱ་ལོའི་སེང་ལྕམ་འབྲུག་མོ་གཉིས་རི་མགོ་ན་རྒྱ་ཡན་དུ་ཡོད་པའི་ལྷ་རྟ་རྐྱང་རྒོད་འཛིན་སར་ཕེབས། མངོན་ཤེས་དང་རྫུ་འཕྲུལ་ལ་ཐོགས་པ་མེད་པའི་ངོ་མཚར་བའི་ལྷ་རྟ་རྐྱང་རྒོད་ནི་གོང་མ་ལྷ་ཡུལ་ནས་ཆེད་དུ་གླིང་རྗེ་གེ་སར་སྐྱེས་བུའི་ཆིབས་པ་དང་འཁྲིན་ལས་སྒྲུབ་པའི་གྲོགས་སུ་བསམ་བཞིན་ཕེབས་པ་ཞིག་ཡིན། འོན་ཀྱང་སྐབས་དེ་དུས་མ་གཏོགས་ཇོ་རུས་དངོས་སུ་བདག་སྐྱོང་བྱས་སྐྱོང་མེད། འགོག་མོ་དང་འབྲུག་མོ་གཉིས་ལྷ་རྟ་རྐྱང་རྒོད་དང་ཕྲད་དེ་ཁོང་ཚོས་ལབ་གླེང་མང་དུ་བྱས་མཐར་ལྷ་རྟ་རྐྱང་རྒོད་ཁྲིད་ནས་སླར་གླིང་ཡུལ་དུ་འབྱོར། གླིང་དཀར་དཔའ་རྟུལ་རྣམས་ཀྱིས་ཇོ་རུ་དབུལ་པོ་ཞིག་གིས་རྟ་འདི་གང་ནས་རྙེད་པ་ཡིན་ནམ་ཞེས་ལབ་གླེང་མང་པོ་བྱེད་ཞོར་ཐམས་ཅད་ངོ་མཚར་བར་གྱུར། སེང་ལྕམ་འབྲུག་མོས་གསེར་སྒ་སོགས་

སྐུ་ལོའི་ལོངས་སྤྱོད་འགའ་ཞིག་ཛོ་ཏུ་ལ་ཕུལ་ཏེ་ལྷ་ཏ་ཀྲུང་གོད་ཀྱི་ཆེ་བ་བརྗོད་པས་ཏེན་འབྲེལ་ལེགས་ཕྱོགས་སུ་སྨིན། དེ་ནས་ལོ་དེའི་དབྱར་ཟླ་ར་བའི་ཚེས་བཅུ་གསུམ་ཉིན་གླིང་དཀར་ཕུ་ནུ་རྣམས་ཀྱིས་དངོས་སུ་ཏ་རྒྱུག་རྒྱལ་འཛོག་གི་བང་རྩལ་འགྲན། ཐོག་མར་རྒྱུག་ཏེང་གི་ས་ནི་ཨ་ཡུ་དེལ་ཟེར་ས་དེ་ན་བྱས། རྒྱུག་མགོ་གུ་ར་ཛ་ལ་གཏད། གླིང་གི་ལྷད་མོ་པ་རྣམས་ཀྱིས་ལྷ་དེལ་མགོ་ནས་བསང་ཆེན་ཕུད། འབྲུག་མོས་གླིང་གི་དཔལ་ཐུལ་རྣམས་མི་རྩིས་ཏ་རྩིས་ཞིབ་པར་སྤྲད། ལམ་བར་ནས་ཛོ་ཏུས་ཐོག་མར་སྐུ་ཏུ་ལ་ཀུ་རེ་དང་ཉམས་མཚར་མང་དུ་བརྩེས། དཔའ་རྒོད་དུ་གྲགས་པའི་གདོང་བེ་རི་ཉི་མ་རྒྱལ་མཚན་ལ་སྤྲུལ་ཏེ་ཕུ་བོ་རྒྱ་ཚ་ལ་དཔའ་ཅི་འདུག་གི་ཉམས་ཚོད་བླངས། མོ་པ་ལ་མོ་བཏབ་བཙུག་སྟེ་མོ་ཐིག་མིན་ལ་ཚོད་ལྟ་བྱས། སྨན་པ་ལ་ལག་རྩ་བསྟན་ནས་རྒྱུས་ལོན་བྱས། ཁྲོ་ཐུང་ལ་ཐུགས་སྨོ་བའི་ཕྱིར་དུ་གླུ་ལེན་གླུ་སྐོར་མཛད་དེ་ཡུད་ཙམ་མཉམ་དུ་བརྒྱུགས། གདོང་བཙན་གྱི་ཏ་ས་ལ་བསྐྱིལ་ནས་ཛོ་ཏུས་བཤའ་གྲབས་བྱེད་སྐབས་ཁྲོ་ཐུང་ཕ་བུ་གཉིས་ཀྱིས་ཏ་སྐར་གསོན་དུ་བཙུག་པའི་རེ་ཞུ་ཕུལ་བས་ཛོ་ཏུས་ཁོང་ཕ་བུ་གཉིས་ཀྱི་རེ་འདོད་བསྐངས། ཉིན་དེར་ཏ་རྒྱུག་གི་ཏེང་མ་ཛོ་ཏུས་བླངས་པས་གསེར་ཁྲི་ཁམས་གསུམ་ཟིལ་གནོན་སོགས་ཀྱི་རྒྱལ་ཁ་ཐོབ་ནས་གླིང་གི་རྗེ་བོར་བཞུགས་ཏེ་དམག་བཀོད་མཛད་ཅིང་། ཐམས་ཅད་ཀྱིས་དགའ་སྟོན་དང་འབྲེལ་བའི་བདེ་སྐྱིད་ཀྱི་དཔལ་ལ་རོལ་ནས་བཞུགས་པ་སྟེ། ངོས་གཉིས་པ་ཏ་རྒྱུག་རྒྱལ་འཛོག་གི་སྐོར་གྱི་མཛད་རྣམ་རགས་བསྡུས་སུ་བཀོད་པའོ། །

གསུམ་པ་ལ་གླིང་རྗེ་གེ་སར་སྐྱེས་བུའི་ཕྲིན་ལས་ཀྱི་བྱེད་པོ་ནང་བློན་བརྒྱ་དང་གླིང་ལྷ་བཅུ་གསུམ་དང་བཅས་པ་བཞེངས་ཡོད། དེ་ཡང་དབུས་སུ་གེ་སར་སྐྱེས་བུ་ཆེན་པོ་རྡོ་རྗེ་ཚེ་རྒྱལ་རོལ་སྟབས་སུ་བཞུགས་པ། ཕྱག་གཡས་ཀྱིས་བསམ་འཕེལ་ནོར་བུའི་རྒྱལ་པོ་སྦྲ་ལྕག་བསམ་པའི་དོན་གྲུབ་དང་། ཕྱག་གཡོན་ན་མདའ་གཞུ་བསྣམས་པ། འཁོར་གསུམ་སྐུ་ལ་གསོལ་བ་བཞེངས་ཡོད་ལ། མཐའ་སྐོར་དུ་སྟེང་ནས་རིམ་པ་བཞིན་དུ། འདམ་ཤོད་གཉན་ཆེན་ཐང་ལྷ། དགྲ་ལྷའི་གཉན་སྟག

གེ་སར་གླིང་ཁའི་འབུར་བླུག གླིང་དཀར་ནང་བློན་བརྒྱ།

དམར་པོ། བཙན་རྒྱལ་ཡམ་ཤུད་དམར་པོ། དགྲ་བླ་དྲག་དམར་ཆེ་དགུ། ཀླུ་རྒྱལ་གཙུག་ན་རིན་ཆེན། ཕུ་བོ་དུང་ཁྱུང་དཀར་པོ། ལྷ་ཆེན་ཚངས་པ་དཀར་པོ། ཟླངས་ཨ་མེས་བྱང་ཆུབ་འདྲེ་བཀོལ། གཉན་ཆེན་སྐུ་ལ་གེ་མཛོ། ནུ་བོ་ཀླུ་སྦྲུལ་འོད་ཆུང་། སེང་ལྕམ་ཐ་ལེ་འོད་དཀར། ནེ་ནེ་གནམ་སྨན་དཀར་མོ། རྡོ་རྗེ་ཟུལ་ལེ་མ། ཤར་སྟོད་རྨ་ཆེན་སྤོམ་ར། རྒྱལ་སྲས་མ་ཧེ་ག་ར། འབྲུ་སྲས་ནམ་མཁའ་ཐོག་རྒྱལ། བཅོ་ལྔའི་དཔའ་གསལ་ཟླ་བ། སྤྱི་དཔོན་སྣང་ཆུང་གཡུ་སྟག །སྟག་ཕྲུག་ནོར་བུ་རྩེ་རྒྱལ། ལྷ་བུ་ཉི་མ་གྲགས་པ། ལྷ་སྲས་དགྲ་ལྷ་རྩེ་རྒྱལ། སྟག་སྲས་དགྲ་ལྷ་ནོར་བུ། གུང་པའི་ཨ་ནུ་ཁྲ་ཤོག །ཟྲོ་ལོའི་སྲས་པོ་ནོར་བཟང་། ཀྲོ་ལོའི་མོན་ཆུང་འོད་དཀར། སྐྱ་ལོའི་སྣང་གསལ་གཡུ་སྟག །ཆོས་ལུ་རིན་ཆེན་གྲགས་པ། སྐྱ་ལོའི་བུ་ཡག་འབྲུག་རྒྱལ། འོམ་བུ་སྤྱང་ཁྲི་ཇམ་ཆེན། མུ་པའི་ཤེལ་དཀར་རྒྱང་གྲགས། རྒོད་པོ་ཉི་མ་ལྷུན་གྲུབ། གཡུ་ཡག་མགོན་པོ་སྟོང་ཁྱབ། རོང་སྲས་ལྷ་རྒོད་འབུམ་ལྟ། འདན་སྲས་གཡུ་འོད་འབུམ་མེ། སྤྱི་དཔོན་གླེན་པ་ཆོས་རྒྱལ། འདན་ཁ་ར་སྲས་པོ་ནོར་བཟང་། འདན་མ་གྲུ་གུ་བཙན་

བདུད། ཨུ་སྲས་རིན་ཆེན་གྲགས་པ། སྐྱ་ལོའི་རྡོ་རྗེ་གྲགས་རྒྱས། མི་ཆེན་རྒྱལ་བའི་ལྷུན་འགྲུབ། ལྷ་བུ་ནམ་མཁའ་སེན་ཞལ། གླིང་ཆེན་ཐར་པའི་བསོད་ནམས། གཟུ་ཆེན་ཕྱེར་མའི་ལྷ་དར། དབང་གཙོད་དབང་པོ་དར་འཕེན། སྐྱ་ལོ་སྟོན་པ་རྒྱལ་མཚན། འདན་མ་གུ་རུ་རྒྱལ་མཚན། སྣ་སྡེ་ཆོས་སྐྱོང་བེར་ནག །ཀྲུ་བོ་རོང་ཚ་དམར་ལེབ། སྟག་རོང་ཨ་ནུ་གཟིག་འཕེན། དར་འཕེན་དུག་གི་སྤོང་པོ། སྟག་རོང་ཉ་ཚ་ཨ་བརྟན། འབུམ་དཔོན་ཐོག་རྒོད་འབར་བ། སྐྱེས་ཡག་ཉི་མ་རང་ཤར། སྐྱེས་མཆོག་ཐར་པ་རྒྱལ་མཚན། དཀར་རུ་ཉི་མ་རྒྱལ་མཚན། གོ་འཇོ་བླ་མ་རྒྱལ་མཚན། སྤྱི་དཔོན་རོང་ཚ་ཁྲ་རྒན། ཨ་ཡག་ཤཱཀྱ་རྒྱལ་མཚན། སྟོང་དཔོན་དཔའ་རྟུལ་ཞི་ལུ། བྱ་ཆེན་སྐར་མ་དགྲ་འདུལ། བཙན་རྒོད་འབར་བ་ཁེར་སྐྱེས། འབྲུ་མི་དཀར་ལྷ་བུ་བསམ་འགྲུབ། རྨ་ཉིན་རྫོང་དཔོན་པོ་ལྷ་ཀླུ། འབུམ་པའི་རྒྱ་ཚ་ཞལ་དཀར། ཁྲ་གདོང་བསྟན་འཛིན་གྲགས་པ། ཞོང་མ་ཕྲུག་སྟོང་དཔོན་ཨ་གྲགས། སྟག་རོང་ཁྲོ་རྒྱལ་བེར་དམར། སྟག་རོང་ཨ་ནུ་ཁྲ་ཤོག །ཞོང་རྗེ་འབྲུ་དམར། ཨ་ཁུ་ཁྲོ་ཐུང་། ཡབ་ཆེན་སེང་བློན། ཀ་བཞི་དཔོན་པོ་ལྷུན་གྲུབ། དམུ་པའི་དར་འཕེན་ནག་པོ། ཨ་སྐྱིད་སྐྱ་ཁྲིའི་ལྷ་དར། ཨ་ཁོད་སྤྱང་ཐང་སྤོན་མོ། ཚ་ཞང་འདན་མ་བྱང་ཁྲ། དཔའ་ལ་སེང་སྟག་ཨ་དོམ། བེ་རིའི་ཉི་མ་ལྷ་བཙན། རྒོད་པོ་ཁྱུང་ནག་མཐིང་རྒོད། ཞོང་གི་སྟག་ལྷ་བཙན་པོ། ཞོང་ཡ་ཐའི་དཔོན་པོ་ཉི་མ། ཤེས་ཆེན་ར་དཀར་སྟོན་པ། གླིང་གི་ཨ་ཁུ་སྒོམ་ཆེན། ཁྱི་ཤེ་བུ་ཡི་སྨུ་རུ། མ་ཡུམ་འགོག་བཟའ་ལྷ་མོ། སྟོང་ཉིད་མགར་བཟའ་ཆོས་སྒྲོན། འདན་འབྲུ་དམར་བུ་ཡི་སློག་ལྡེ། འདན་བློན་ཤོག་ཕྱའི་ཟླ་གྲགས། ཨུ་པའི་སེང་རྒོད་འཇུམ་ཤོར། རྩེ་ལྷ་གཡུ་འབྲུག་གྲགས་པ། ཁྲོ་ཚ་སེར་རྒོད་འབར་བ། གདོང་བཙན་སྣང་ཏུ་ཨ་དཔལ། ཨ་གེ་ཚངས་པའི་ངོ་ལུག །ཨུ་པའི་དར་འཛམ་ངོ་ལུག །སྟག་རོང་ཁྲིན་ཚ་ངོ་ལུག །སྟོང་དཔོན་ཡ་མི་སོ་ཁྲ། ཨ་འབར་བུ་ཡི་འཕེན་སྟག །གསེར་པའི་ཉི་འབུམ་དར་ཡག །ལྕགས་ནག་དཔོན་པོ་སེང་སེང་། ཁང་ལེ་གཡུ་ཐོད་པདྨ། བརྒྱ་དཔོན་གསེར་གྱི་ཨཾ། སྟོང་དཔོན་གྲལ་རྩེ་ཤེས་མཆོག །རྟ་པ་རྒྱལ་མཚན་ཆོས་གྲགས། འབྲོང་བཟང་མཚལ་དམར་ལྷ་རྒོད། འདམ་ཚུར་ཤོད་ཟླ་བ་ལྷུན་གྲུབ། བྱ་གྲགས་དུང་སེམས་དཀར་ལུ། ཁྲ་ཚང་བཙན་སྐྱ་ཡ་མེད། འོམ་བུའི་ཨ་ནུ་དཔའ་སེང་། ཨུ་སྲུང་

རིན་ཆེན་དར་ལྕུ། གསེར་སྒྲིང་རྟ་ཁྲི་རྨོག་དཀར། ཉེ་ཁྲི་ཁྲུང་ཕྲུག་རྩེ་རྒྱས། མངའ་རིས་དཔོན་པོ་ནོར་བཟང་། ཁྲི་ཚ་སྟག་མོ་ཐོག་གདུག །གངས་རི་ཨ་སྟག་རྩེ་རྒོད། འབྲོང་ཕྲུག་རྒོད་རྒྱལ་གྲགས་པ། བརྒྱ་དཔོན་བན་དེ་དམར་ལྕུ་བཅས་བཞེངས་ཡོད་ལ། དེ་དག་གི་ཕྱག་མཚན་དང་ཆིབས་པ་སོགས་ནི་གླིང་སྒྲུང་སོ་སོའི་ནང་དུ་གསལ་བ་ལ་གཞི་བཅོལ་ཅི་ཐུབ་གང་ཐུབ་བྱས་ཏེ་བཞེངས་བསྐྲུན་བྱས་པ་ཡིན། འདི་ནི་གེ་སར་གླིང་ཁའི་ངོས་གསུམ་པའི་མི་སྣ་རྣམས་ཀྱི་མཚན་ཙམ་སྨོས་པའོ། །

བཞི་པ་ལ། དབུས་སུ་གེ་སར་ནོར་བུ་དགྲ་འདུལ་འདོ་རྗེ་ཁྱུང་རྒོད་འཕེལ་པོ་ལ་ཆིབས་ཏེ། ཕྱག་གཡས་སྲ་ལྕག་བསམ་པའི་དོན་གྲུབ་མཁའ་ལ་འཕྱར་བ་དང་། གཡོན་པས་མདུང་མོ་ཁམས་གསུམ་དགྲ་འདུལ་བསྣམས་པ། སྐུ་ལ་དགྲ་ལྷའི་སྐུ་ཆས་ཡོངས་སུ་གསོལ་བ། དགྲ་བླ་ཞེར་མ་བཅུ་གསུམ་གྱིས་མཐའ་ནས་བསྐོར་བ་ནི། གེ་སར་སྐྱེས་བུ་ཆེན་པོའི་བསོད་ནམས་སྐན་གྲགས་སོགས་མཚོན་བྱེད་ཀྱི་དགྲ་བླ་སྤོག་ཆགས་ཀྱི་གཟུགས་འཛིན་པ། ཆོས་སྐྱོང་འཁོར་བའི་དགྲ་བླ་ལྕགས་ཀྱི་ཕོ་རོག་ནག་པོ། མུན་པ་སེལ་བའི་དགྲ་བླ་གསེར་གྱི་ཝུག་པ་སེར་པོ། ནམ་འཕང་ཆོད་པའི་དགྲ་བླ་ཤ་གཟན་ཐང་དཀར་རྒོད་པོ། བློ་གྲོས་རྒྱས་པའི་དགྲ་བླ་ལྕགས་ཀྱི་བྱ་ཁྲ་ཧོར་པ། གཞན་མགོ་ནོན་པའི་དགྲ་བླ་རྩལ་ཆེན་སེང་གེ་དཀར་མོ། དགྲ་སྙིང་ཟ་བའི་དགྲ་བླ་ཁྲག་འཐུང་རྒྱ་སྟག་དམར་པོ། ཟ་ཁ་དར་བའི་དགྲ་བླ་འདུར་རོགས་སྤྱང་ཐང་སྔོན་མོ། ཞེ་སྡང་ཅན་གྱི་དགྲ་བླ་འབྲིལ་རོགས་གསེར་སྦྲུལ་སེར་པོ། བདུད་རྩི་སྨན་གྱི་དགྲ་བླ་འཕགས་རོགས་སླ་བ་སྨུག་ཆུང་། ཉ་མཚོག་ཅན་གྱི་དགྲ་བླ་གབ་རོགས་རི་བོང་དཀར་ལྕུ། ཁྲོ་གཏུམ་ཅན་གྱི་དགྲ་བླ་ཇམ་བརྗིད་དྲེད་མོང་སོག་དཀར། སྐྱུར་མགྱོགས་ཅན་གྱི་དགྲ་བླ་རྒྱུག་རོགས་ཁྱུང་ཆུང་ཁ་དཀར། ཆབ་སྲིད་མཚོ་ལྟར་རྒྱས་པའི་དགྲ་བླ་འཁྱུག་རོགས་ཉ་ཆུང་གསེར་གཞོག་བཅས་ཀྱིས་བསྐོར་བ་ཡིན། སྟེང་གི་གཡས་ནས་རིམ་བཞིན། འཇམ་དབྱངས་མཁྱེན་བརྩེ་དབང་པོ། རིག་འཛིན་བདུད་འདུད་རྡོ་རྗེ། འཇམ་མགོན་མི་ཕམ་རྒྱ་མཚོ། ལོངས་སྐུ་ཐུགས་རྗེ་ཆེན་པོ། ཆོས་སྐུ་སྣང་བ་མཐའ་ཡས། སྤྲུལ་སྐུ་པདྨ་འབྱུང་གནས། ཆོས་རྗེ་

གེ་སར་གླིང་ཁའི་འབུར་བླུག གླིང་དཀར་ཕྱི་བློན་བརྒྱ།

ཡིད་བཞིན་ནོར་བུ། ཙ་གཉེར་བསོད་ནམས་རྒྱ་མཚོ། ཀོང་སྤྲུལ་བློ་གྲོས་མཐའ་ཡས། དཀར་པོ་གནམ་ལྷ་ཐོག་འབེབས། ཤན་ཚ་ཀླུང་ལྷ་མགྱོགས་ལྡན། སེར་པོ་ཧམ་ཆེན་འབྲུག་སྒྲ། དམར་པོ་སྒྲ་གཅན་ཁ་དམར། མགར་པའི་གནམ་ལྕགས་འབྲུག་སྒྲ། འབུམ་ཤོག་བུ་ཡི་ཐོག་རྒོད། ཧྲིག་གཙོད་ཤན་པ་རྨེ་རུ། བཀའ་བློན་གནམ་ལྷ་གློག་ལྡེ། ཧོར་མི་ཁྲུང་ནག་མཐིང་རྒོད། ཁྲི་དཔོན་ཁྲུང་ཁྲི་བཙན་པོ། བཙན་ལྷ་ནམ་མཁའ་ཐོག་རྒྱལ། གྲ་ཆེའི་སྟག་མོ་ཁེར་སྐྱེས། མགར་པའི་སྟོང་དཔོན་གཡུ་རྒྱལ། སྟག་ཐུག་ཐོག་བཙན་གློག་དམར། ཤན་པ་སྟོང་ཤོང་འབྲུག་སྒྲ། བླ་ཐུལ་ཐང་དཀར་རྩེ་རྒོད། རེ་པའི་དཀར་ཚོགས་ཁྲ་ཡག །དམག་དཔོན་མཐིང་རྒོད་གཡུ་རྩེ། མགར་པ་ཆོས་དར་རྒྱལ་པོ། དཔའ་གསར་ཐང་རྩེ་གཡུ་འབྲུག །སྒྲ་ཤོད་དཔོན་པོ་ཐོག་རྒྱལ། ཁྲ་བོའི་སྐར་ཚོགས་ཁྲ་རིས། བླ་ཐུལ་ཁྲུང་རྒོད་གློག་འོད། སྟོང་ཤོག་སྨུག་པོ་རྩེ་རྒྱས། ཤན་པ་ཁྲུང་རྒོད་གློག་དམར། གསེར་གླིང་སེང་གེ་གྲགས་པ། མོན་བུ་གཡུ་འབྲུག་ཐོག་རྒྱལ། ཆོས་ཁའི་གནམ་ལྕགས་ནོར་བཟང་། མི་ནུབ་ཁེར་རྫོང་རྨ་བྱ། སོག་སྲས་

སྐུ་ཁྲི་ཟླ་འོད། གཉན་རྗེ་བཙན་རྒོད་ཁ་ཤོ། སོག་པོ་སྟག་མ་སྟོབས་ཆེན། བྱང་སྲས་ཨུ་དྲི་ལེགས་པ། ནང་བློན་དཀར་དར་ཕྱིང་ཐོན། འབུམ་དཔོན་ལྷགས་ར་ཐོག་རྒྱལ། ཁྲི་ཐུབ་དཀར་མོའི་འཛོམ་རྒྱས། སྐུ་ཁྲི་ཨ་ནུ་གཡུ་དཔལ། ཁྲི་དཔོན་རླུང་དམར་ཁྲག་འཐུང་། ཁ་སྲས་གཡུ་འབྲུག་ཐོག་རྒོད། སྟོབས་རྒྱལ་རིན་ཆེན་གྲགས་པ། ལྷ་ཁྲི་ཉི་མ་ཀུན་གསལ། སོག་བློན་མི་ནག་པོངས་རིང་། དུང་སྐྱོང་སྟག་ལྷ་འཕྲུ་དཀར། སོག་བེ་སེར་བུ་ཡི་ཤེད་ཆེན། སོག་བློན་ནམ་མཁའ་ཐོག་བཙུང་། གྲོ་མོའི་ཤི་བདུད་ནག་མགོ། ཧ་ར་མཐིང་ཤོག་ཁྲི་ལྡེ། ཡ་མེད་རྡོ་ར་བཙན་རྒོད། སྟག་གཟིག་ཞལ་དཀར་ལྡན་པ། དཔའ་མོ་ཨ་སྟག་སྐུ་མོ། དམག་དཔོན་མཐིང་རོང་ལྷ་རྒོད། ཏའུ་སྐར་ཆེན་རང་ཤར། འབུམ་དཔོན་གཡུ་འབྲུག་གྲགས་པ། ལ་ཕྲུ་ལུང་སྟོད་ཞལ་དཀར། ཟླེ་སོག་སྟག་མོ་རྩེ་རྒྱལ། ཨ་གྲགས་ཉི་མ་གྲགས་པ། དམག་དཔོན་སྟག་རྒོད་ཁྱུང་ལྡིང་། མོན་ཕྲུག་ཟླ་བ་ཁྲབ་བཙན། སོག་བློན་ཤུགས་ཆེན་ངོ་ནག །སྤྲེ་སྲས་སྟོབས་ཆེན་ཕྱུག་རིང་། བདུད་རི་ཤན་པ་དམར་པོ། མཐིང་རྒྱལ་སྟག་རྒོད་ཛམ་བཙན། ར་འདྲ་འཆི་བདག་ཡ་མེད། སྟག་དམར་བུ་ཡི་བཙན་རྒྱལ། ཁྲི་དཔོན་བཙན་རྒོད་གློག་དམར། སོག་སྲས་དུང་ཁྱུང་འོད་དཀར། སྟོབས་ནག་སྟག་མོ་ཁྲི་རྒྱལ། ཨ་སྟག་བུ་ཡི་མིག་འཕྲུལ། བྲག་དཀར་ཐང་སྲས་འཇིགས་མེད། སྐྱེན་པོ་བྲག་དམར་ཐོག་རྒོད། ནག་པོ་ཁྲབ་ཆེན་རབ་འབར། ཨ་བསེ་མེ་རི་འཁྱིལ་བ། བྱང་རྗེ་ཁྲོ་བོ་བཙན་དམར། སྟག་ཕྲུག་ཐོག་རྒོད་བཙན་དམར། གཡུ་འབྲུག་ཨ་སྟག་རྒོད་པོ། འཇང་ཁུ་བྱུག་པདྨ་ཉི་གྲགས། འཇང་མི་ཉག་ཆོས་ཀྱི་དབང་ཕྱུག །བེ་ཐུལ་དཔོན་པོ་ལྷ་རྒོད། ལ་དག་དཔལ་ལྡན་འཇིགས་མེད། ཁུ་བྱུག་དཔོན་པོ་གཡུ་ཁྲབ། འཆི་མེད་ལྷགས་རྡོ་ནག་པོ། འཇང་ཕྲུག་གཡུ་ལྷ་ཐོག་འགྱུར། ཞང་ཞུང་སྟག་མོ་ཁྲི་བཙན། བྱེར་བློན་ཨ་རྒོད་ཡ་མེད། བྱེར་བློན་དཔའ་བོ་ཆོས་འགྲུབ། མངའ་རིས་གཡུ་ལྷ་ཐོག་རྒོད། ནང་བློན་བྲག་ལྷ་རྒོད་རྒྱལ། དམག་དཔོན་དུག་རི་མེ་འབར། ལྷགས་རྡོ་སེར་བ་ཡ་མེད། ལ་སྟོད་གྲགས་པ་རྣམ་རྒྱལ། གདོང་ཚ་འབྲོང་རྒྱས་ཞལ་དཀར། ཤིང་རོང་རྨ་བྱ་བཙན་པོ། སྟག་གསར་རྡོ་རྗེ་ཐོག་དམར། འཇང་སྲས་གཡུ་ཁྲི་གུང་རྗེ། མི་ལིའི་དཔོན་པོ་གྲགས་བཙན། བྱང་མི་གནམ་ལྷ་ཐོག་བཙན། བྱུ་ལྷའི་ཛམ་ཆེན་མེ་འོད། ནམ་མཁའ་གཡུ་འབྲུག་ཐོག་རྒྱལ།

མེ་ཉག་དམ་པ་ག་ར། འཇང་ཤོད་གཡུ་འབྲུག་ཐོག་རྒྱལ། སྨྲ་མཁན་ཁ་ཆེན་མིག་དམར། ལྷ་རྗེ་ཀུན་དགའ་ཉི་མ། མོ་མ་ཀུན་ཤེས་ཐིག་པོ། རྩིས་པ་ལྷ་བུ་གཡང་དཀར། ཁྲི་ཐུང་བུ་མོ་ཁྲི་མོ་མཚོ། སྤྱི་དཔོན་བུ་མོ་གཡུ་སྒྲོན། སྤོ་ལོའི་བུ་མོ་ནེའུ་ཆུང་། སྐ་སྐྱ་ལོའི་སེང་ལྷམ་འབྲུག་མོ། གྲོ་ལོའི་པད་དཀར་ལྷ་མཛེས། འདན་མའི་བུ་མོ་མཛེས་སྒྲོན། ཡ་ཐའི་བུ་མོ་གསེར་མཚོ། བོད་ཕྱུག་མི་ཆུང་ཁ་བདེ། ཨ་ཁོད་ཐར་པའི་ཐོར་སྣ། ག་ཆོད་དཔལ་རྒྱལ་སྟག་ཡག་སྟེ། ལྷ་དང་བླ་མ་དང་། ཕྱི་བློན་དཔའ་རྟུལ་དྭངས་སྨན་དང་བཅས་པ་བརྒྱ་དང་ཉི་ཤུ་རྩ་གསུམ་འབུར་བླུག་བྱས་ཡོད་པ་རྣམས་ཀྱང་། ཐུ་མ་ནང་བློན་རྣམ་པ་ལྟར་ཞལ་ཕྱག་མཚན་མ་སོགས་ནི་གླིང་སྒྲུང་རྣམས་ལ་ཁུངས་བཙལ་ཏེ་བསྟུན་ཅི་ཐུབ་བྱས་ཡོད་དོ། །

གཡས་ཕྱོགས་ཀྱི་དཀྱིལ་ན་གེ་སར་སྐྱེས་བུ་ཆེན་པོ་དང་། ནུ་བོ་རོང་ཚ་དམར་ལེབ། རོང་སྲས་ལྷ་རྗོད་འབུམ་ལི་བཅས་སྐུ་འཁོར་གསུམ་དགྲ་དར་འཚུབས་སེ་བྱས་པ་བཞེངས་ཡོད། ཟུར་ཕྱོགས་སུ་ཅོ་སྒྲོད་གནད་བསྡུས་ཡོད་པའི་རྒྱབ་ངོས་སུ། གླིང་དཔའ་རྟུལ་རྣམས་ཀྱི་གྲས་ནས། སྤྱི་ཁྲབ་ཀྱི་བློ་འདོན་པ་ཆེན་པོ་སྤྱི་དཔོན་རོང་ཚ་ཁྲ་རྒན། ཤར་གྱི་དམག་དཔོན་འབུམ་པའི་རྒྱ་ཚ་ཞལ་དཀར། ལྷོ་ཡི་དམག་དཔོན་དཔའ་ཡ་མེད་སེང་སྟག་ཨ་དོམ། ནུབ་ཀྱི་དམག་དཔོན་སྟག་རོང་ཉ་ཚ་ཨ་བརྟན། བྱང་གི་དམག་དཔོན་དཔའ་ཚ་ཞང་འདན་མ་བྱང་ཁྲ། གླིང་ཆེ་རྒྱུད་ཀྱི་དཔོན་པོ་ལ་གསེར་པའི་ཉི་འབུམ་དར་ཡག །འབྲིང་རྒྱུད་ཀྱི་དཔོན་པོ་ལ་འོམ་བུ་ཨ་ནུ་དཔའ་སེང་། ཆུང་རྒྱུད་ཀྱི་དཔོན་པོ་ལ་མུ་སྤྱང་རིན་ཆེན་དར་ལི། ཤོག་ཆེན་བཅོ་བརྒྱད་ཀྱི་དཔོན་པོ་ལ་སྟག་རོང་ཨ་ནུ་གཟིག་འཕེན་བཅས་བཞེངས་ཡོད་ལ། གཡོན་ཕྱོགས་སུ་གླིང་གི་བུ་མོ་སྤུན་བདུན་གྱི་སྐུ་བརྙན་དང་། མདུན་གྱི་ར་བའི་ཕྱི་ངོས་སུ། བདུད་ཀླུ་བཙན། ཧོར་གུར་དཀར། འཇང་ས་དམ། མོན་ཤིང་ཁྲི་སྟེ། བདུད་ཆེན་བཞི་བཏུལ་ས་འབུར་བླུག་བྱས་ཡོད་དོ། །ཡར་སྣེ་ས་ནས་རིམ་བཞིན་འདན་སྲས་ཆུང་གཡུ་འོད་འབུམ་མེའི་ཕྱི་ནང་གསང་གསུམ་གྱི་རྣམ་ཐར་ལས་ནང་གི་རྣམ་ཐར་ཏེ། སྤྲུལ་པའི་རོལ་པ་སྐྱ་

གཡས་ནས་རིམ་བཞིན། ནུ་བོ་རོང་ཚ་དམར་ལེབ། གླིང་རྗེ་གེ་སར་སྐྱེས་བུ། རོང་སྲས་ལྷ་གོད་འབུམ་ལུ།

འབྲུངས་པ་ནས་བཟུང་སྒྱུ་ངན་ལས་འདས་པའི་བར་གྱི་མཛད་རྣམ་གྱི་ཚན་པ་བཅོ་བརྒྱད་ཡོད། དཀྱིལ་དུ་འདན་སྲས་རྒྱང་གཡུ་འོད་འབུམ་མེ་དང་། གཡས་སུ་ཁྲི་ཐུང་། གཡོན་དུ་སྣ་བདེ་བཅས་ཁོང་རྣམ་པ་གསུམ་གྱི་སྐུ་གཟི་བྱིན་འབར་བ་བཞེངས་ཡོད་དོ། །

དེ་ལྟར་མཁན་ཆེན་དམ་པ་ཤེས་རབ་བཟང་པོ་མཆོག་གིས་བླ་ན་མེད་པའི་ཐུགས་བསྐྱེད་དང་ཕྱག་ལས་ལ་བརྟེན་ནས། རིགས་གསུམ་པདྨའི་སྤྲུལ་གེ་སར་ནོར་བུ་དགྲ་འདུལ་གསོས་གླིང་དཀར་ཕུ་ནུའི་མཛད་པ་ལ་གཙོས་ཆེན་མཛད་ཅིང་། དེ་དག་གི་སྐུ་བརྙན་བཞེངས་པ་དང་། དེ་དང་འབྲེལ་བའི་ཉློས་གར་འཁྲབ་པ་དང་། བྱེད་སྒོ་གཞན་སྤེལ་བ་སོགས་མཛད་བཞིན་ཡོད་དོ། །

གཡས་ནས་རིམ་བཞིན། ཨ་ལྕེ་ཁྲོ་ཐུང་། འདན་སྲས་གཡུ་འོད་འབུམ་མེ། སྣ་བདེ་ཆོས་སྐྱོང་བེར་ནག

མཇུག་སྡུད།

མཁས་པའི་ཚོགས་དབུས་ལོ་རྒྱུས་དབྱངས་སྙན་སྒྲ། །
འཕེལ་མཆེད་སྒྲོག་ཚེ་ཡིད་ལ་སྐྱེས་སྟེར་བའི། །
མེས་པོའི་ངག་ལས་བཏུས་པའི་རིན་ཆེན་ནོར། །
མ་འོངས་གཞོན་ནུའི་ཚོགས་ལ་ལྷག་ཏུ་སྣན། །

ངག་རྒྱུན་ཆར་གྱིས་བསྐྱེད་པའི་སྤོ་ལྗང་ཚལ། །
ཇི་བཞིན་སོར་མོས་འདུ་བྱེད་བསྒྱུར་པ་ན། །
མིག་གི་དཔྱིད་དུ་ངོ་མཚར་འདི་མཐོང་དུས། །
ཡིད་སེམས་དགའ་ཞིང་སྤྲོ་སྣང་འཕེལ་བར་སྨོན། །

བཀྲ་ཤིས་ཁྲི་སླེང་གེ་སར་ཞིབ་འཇུག་ཚན་ཁུང་གིས་བྲིས་པ་དགེ་ལེགས་འཕེལ།

༄༅། །བཀྲ་ཤིས་ཁྲི་གླིང་གེ་སར་ཞིབ་འཇུག་གནས་གཞིའི་གནས་བབ་དང་ཁ་ཕྱོགས།

མཁན་ཆེན་ཤེས་རབ་བཟང་པོས།

ཐོག་མར་ཐེངས་འདིའི་བགྲོ་གླེང་ལ་ཆེད་དུ་ཕེབས་པའི་གེ་སར་རིག་གནས་ཀྱི་ཆེད་མཁས་དང་སྒྲུང་པ། དེ་དང་འབྲེལ་བའི་མགོ་ཁྲིད་རྣམ་པ་དང་བཅས་ཚང་མ་ལ། སྙིང་ཐག་པ་ནས་དགའ་བསུ་དང་འཚམས་འདྲི་ཞུ།

དེ་ནས་ཐེང་ཀྲང་ཚེ་པོ་དང་གླིང་གཙོ་འགྱུར་མེད་ཚོས་དབྱིངས་གཉིས་ཀྱིས་ང་ལ་སྐད་ཆ་ཞིག་བཤད་དགོས་ཞེས་བསྐུལ་ཀྱང་། ང་ལ་མཚོན་ན་སྤྱིར་ནའང་སྐད་ཆ་བཤད་ཤེས་མཁན་ཞིག་མ་རེད། ལྷག་ཏུ་ད་སྔོན་བགྲོ་གླེང་དང་ཚོགས་འདུ་འདི་འདྲ་གང་ལའང་ཞུགས་མ་མྱོང་བས་ཉམས་མྱོང་མེད་པའི་ཁར། ད་ཐེངས་མཁས་དབང་མང་པོ་འཛོམས་ས་ཞིག་ནས་དེ་ལས་ཀྱང་བཤད་མི་སྤོབས་པ་ལྟ་བུར་གྱུར་འདུག་པས། འགན་ཁུར་པ་ཚོས་བཤད་ན་འོས་ཚུལ་ཞུས་པ་ཡིན་མོད། འོན་ཀྱང་ཁོང་རྣམ་པས་ཨ་ནས་ཡང་དུ་ཤོད་གསུངས་དུས། གུས་པའི་སྒོད་དུ་ཞུང་ངེ་ཞིག་ཞུ།

དང་པོ། བཀྲ་ཤིས་ཁྲི་གླིང་སྤྱིའི་གནས་ཚུལ་རགས་བརྗོད།

སྐད་ཆ་དངོས་གཞི་མ་བཤད་པའི་སྔོན་དུ། བགྲོ་གླེང་འཚོགས་ས་བཀྲ་ཤིས་ཁྲི་གླིང་འདི་ངོ་སྤྲོད་མདོར་བསྡུས་ཤིག་བྱེད།

བཀྲ་ཤིས་ཁྲི་གླིང་འདི་རྒྱ་ལམ་གྱི་འགྲམ་དུ་ཡོད་པའི་སྐབས་ཀྱིས། ལམ་མགྲོན་མང་པོས་དགོན་པ་ཞིག་རེད་བསམ་ན་ཡང་། ས་ཆ་འདི་ན་ཆོས་ཀྱི་སྡེ་པོ་ན་མ་ཡིན་པར། འཛུགས་བསྐྲུན་སྣ་འདུས་ཅན་ཡོད་པ་རེད། བཀྲ་ཤིས་ཁྲི་གླིང་ཞེས་པ་ཡང་རི་འདི་དང་ཁོ་ར་ཁོར་ཡུག་གི་གླིང་འདིའི་སྤྱི་མིང་རེད།

འོ་ན། ངེད་ཚག་ཅིའི་ཕྱིར་གླིང་འདིར་ཆགས་སམ་ཟེར་ན།

ང་རང་གི་རེ་བ་ལ་ཕ་ཡུལ་མི་དམངས་ལ་ཕན་པ་ཙུང་ཟད་རེ་ཨེ་ཐོགས་ཀྱི་ཆེད་དུ། སྡེ་དགེ་རྫོང་དང་ཉེ་འཁོར་གྱི་ཡུལ་མི་ཚང་མའི་རྒྱབ་སྐྱོར་གྱི་འོག་ཏུ། ༢༠༠༧ལོར། རྫོང་དམངས་སྲིད་ཙུས་

ཁྲོ་བ་རྒན་གསོ་ཁང་།

བཀྲ་ཤིས་ཁྲི་གླིང་རྒན་གསོ་སྨན་ཁང་།

ནས་རྒན་གསོ་ཁང་ཞིག་ཐོ་འགོད་བྱས་ནས། བཀྲ་ཤིས་ཁྲི་གླིང་གི་རི་ཞོལ་དུ་ས་གནས་གཏན་ཁེལ་བྱས་ཏེ་བཙུགས་པ་ཡིན། བཙུགས་པའི་ལོ་རིམ་ནང་དུ་དགའ་སྤྲོ་དང་སེམས་འགུལ་ཐེབས་ས་མང་པོ་ཡོད་མོད། ད་རེས་བཤད་པའི་སྐབས་སུ་མ་བབ་པ་རེད། རྒན་རྒོན་རྣམས་ལ་སོ་སོའི་གནས་བབ་དང་བསྟུན་ནས་ཟས་གོས་གནས་མལ་སོགས་འཚོ་བའི་མཐུན་རྐྱེན་གྱིས་མ་ཚད། ནད་གཡོག་སོགས་གཉེར་སྐྱོང་བྱེད་མཁན་ཡང་གྲ་སྒྲིག་བྱས་ཡོད།

མ་ཟད། རྒན་རྒོན་རྣམས་ཀྱི་ལུས་ཕུང་བདེ་ཐང་ལ་འགན་སྲུང་དང་སྨན་བཅོས་ཀྱི་དཀའ་ངལ་སེལ་བའི་ཆེད་དུ། ༢༠༡༢ལོར་ཚོག་མཚན་ཞུས་ཏེ། ནང་ནད་གཙོ་བོར་གྱུར་པའི་ནད་རིགས་

རྣམས་བཅོས་སའི་སྨན་ཁང་ཆུང་ཆུང་ཞིག་ཀྱང་བཙུགས་ནས་ནད་གསོ་ཁང་གི་ནད་གྲོན་རྣམས་ལ་བརྟག་བཤེར་དང་སྨན་བཅོས་བྱས། དེ་ནས་རིམ་བཞིན་ནད་གསོ་ཁང་ལ་ཆེད་ལས་ཀྱི་ཆུ་ཚད་ལྡན་པའི་སྨན་ཁང་ཅུང་ཟད་འཛུགས་སྒོ་ཚང་བ་ཞིག་ཡོད་ན་ཅི་མ་ རུང་སྙམ་པའི་རེ་འདུན་དང་དགོས་མཁོ་ཇེ་ཆེར་གྱུར་པ་དང་བསྟུན་ནས། ༢༠༡༥ལོའི་ལོ་མཇུག་ཏུ། ནད་གསོ་ཁང་གིས་ཀྱང་དེ་བཞིན་ཡར་ཞུ་བྱས་པ་ན། དེ་ལ་༢༠༡༨ལོའི་ལོ་མགོར། རྫོང་འཐྲོད་བསྐྱེན་ཚུས་ཀྱིས་རྒྱབ་སྐྱོར་ཆེན་པོའི་སྒོ་ནས་ཆོག་མཆན་གནང་བ་ལྟར། ནད་གསོ་སྨན་ཁང་དེ་ད་ལྟ་ཡོད་ས་རུ་བསྐྲུན་པ་རེད། སྨན་ཁང་འདི་ནི་ཁེ་གཉེར་མིན་པའི་དམངས་ཕན་སྨན་ཁང་ཞིག་ཡིན་པ་དང་། དེ་ལ་ད་སྐབས་ནང་གསེས་ཀྱིས་ནུབ་སྨན་དང་གཅིག །རྒྱ་སྨན་དང་གཉིས། བོད་སྨན་དང་གསུམ་སྟེ་སྨན་གྱི་སྡེ་ཁག་ཆེན་པོ་གསུམ་བཙུགས་ཏེ། ནད་གསོ་ཁང་གི་ནད་གྲོན་ནད་པ་རྣམས་གཙོ་བོར་བྱས་པའི་ཉེ་འཁོར་དང་མ་ཟད་ཕྱོགས་ཡར་མར་གྱི་ནད་པ་མི་ཉུང་བ་ལ་ཡང་བརྟག་བཤེར་དང་སྨན་བཅོས་བྱེད་བཞིན་ཡོད་པ་ལ་བརྟེན་ནས། ནད་གསོ་ཁང་གི་ནད་པ་མ་ཟད་ས་ཐག་རིང་ཐུང་གཉིས་ཀྱི་ནད་པ་དཀའ་ངལ་ཅན་མི་ཉུང་བ་ལའང་ཕན་ཐོགས་བཞིན་འདུག་པས། ད་སྐབས་དང་འདྲ་ན་ཆེད་ལས་སྨན་པའི་སྨན་བཅོས་ཀྱི་ཆུ་ཚད་དང་སྨན་ཞབས་པའི་ལག་ལེན་དག་ཀྱང་ཐམས་ཅད་ཀྱིས་ཁས་ལེན་ས་དང་དགའ་བསུ་ཞུ་ས་ལྟ་བུར་གྱུར་ཡོད། དེ་ལྟ་བུའི་རྒྱུན་གྱི་བརྟག་བཅོས་ལས་གཞན་དུ། ནད་གསོ་སྨན་ཁང་འདི་ནས་ནད་གྲོན་རྣམས་ཀྱི་རྒྱུན་མཐོང་གི་ནད་བབ་དང་བསྟུན་ནས། དུས་ངེས་མེད་དུ་ཡུལ་གཞན་དང་གཞན་ནས་ཀྱང་ཆེད་ལས་སྨན་པ་དང་ཆེད་ལས་སྨན་ཞབས་པའི་རུ་ཁག་གདན་འདྲེན་ཞུས་ཏེ། རིན་མེད་ཀྱི་སྨན་བཅོས་བྱེད་བཞིན་ཡོད་པ་དང་། ད་རུང་དེས་ཀྱང་ནད་པའི་དགོས་མཁོ་སྐོང་མི་ཐུབ་པ་དཔེར་ན། གྲོང་ཁྱེར་གྱི་སྨན་ཁང་ཆེན་པོའི་ནང་དུ་གཤག་བཅོས་ལ་འགྲོ་དགོས་ཐུག་པ་ལྟ་བུ་རྣམས་ལ། དམིགས་བསལ་དུ་ནད་པ་དེ་དག་གི་དགོས་མཁོ་དང་མཐུན་པར་གྲོང་ཁྱེར་གྱི་སྨན་ཁང་དེ་ལ་འབྲེལ་གཏུག་བྱེད་རོགས་བྱས་ཏེ། གཤག་བཅོས་ཀྱི་སྨན་རིན་སྤྲོད་རོགས་བྱེད་པར་མ་ཟད། ལམ་གྱི་འགྲིམ་འགྲུལ་གྱི་གླ་དང་། འཚོ་བའི་འགྲོ་གྲོན།

ཐ་ན་སྐད་སྒྱུར་ཡན་ཆོད་ཀྱི་མཐུན་རྐྱེན་ཡང་ཅི་ནུས་སུ་སྦྱིན་བཞིན་ཡོད་པ་རེད།

དེ་ནས། འདི་ནས་ཡར་སྤྱི་ལེ་བཅུ་ཡས་མས་ཀྱི་མཚམས་སུ་རྩ་ཤུལ་དགོན་ཞེས་པ་ཞིག་ཡོད། དགོན་པ་དེ་སྔོན་ཆད་ལུང་པའི་ཕུ་ན་ཆགས་ཡོད་ཀྱང་། མི་ལོ་ཉི་ཤུ་ལྷག་གི་སྔོན་དུ་ཆུའི་གནོད་པའི་རྐྱེན་གྱིས། ཁུལ་དང་རྫོང་ལ་དགོན་པ་སྤར་རྒྱུའི་རེ་ཞུ་ཕུལ་སྐབས། དགོན་པའི་སྦྱིན་བདག་དེ་གནས་འདིར་སྤར་རྒྱུར་ཐག་ཆོད། དེ་དུས་ད་ལྟ་དང་མི་འདྲ་བར་གནས་ཤིན་ཏུ་དབེན་པ་ཡིན་པས། མིང་ལའང་དབེན་གནས་བཀྲ་ཤིས་ཁྲི་གླིང་ཞེས་སུ་བཏགས། གནས་འདི་སྒྲུབ་གནས་ཕུན་སུམ་ཚོགས་པ་ཞིག་ཡིན་པ་བཞིན་དུ། འདི་ན་བཞུགས་པའི་དགེ་འདུན་པ་རྣམས་ཀྱང་ཆོས་པ་རྣལ་མ་འབའ་ཞིག་ཡིན་པས། རྒྱུན་དུ་སྒོང་ཕྲུག་ལ་བརྟེན་ཏེ་ལྷིང་འཇགས་སེར་བཞུགས་ཡོད་པར་མ་ཟད། ཆོས་ཀྱི་མཐུན་རྐྱེན་ལ་བསམས་ནས། ཟླ་བ་རེ་རེའི་ནང་དུ་ཉི་མ་བཞི་ལྔ་རེ་མ་གཏོགས་ཁ་པར་བེད་མི་སྤྱོད་པའི་སྒྲིག་ལམ་ཡང་བཞག་ཡོད།

གེ་སར་ཞིབ་འཇུག་གནས་གཞིའི་སྒོ་བྱང་།

དེའི་བར་དུ་༢༠༡༣ལོ་ལ། དཀར་མཛེས་ཁུལ་ཁམས་པ་རིག་གནས་ཞིབ་འཇུག་གླིང་གིས། གེ་སར་རིག་གནས་བརྒྱུད་འཛིན་དང་སྲུང་སྐྱོང་གི་ཆེད་དུ། བཀྲ་ཤིས་ཁྲི་གླིང་འདི་ན་གེ་སར་ཞིབ་འཇུག་གནས་གཞི་ཞིག་འཛུགས་ཚོག་པའི་སྒོ་བྱང་གནང་བ་ལྟར། བཙུགས་ནས་ད་ལྟའི་བར་དུ། ཞིབ་འཇུག་གནས་གཞི་འདི་ལ་བརྟེན་ནས་རང་ནུས་གང་ཡོད་ཀྱིས་གེ་སར་དང་འབྲེལ་ཡོད་ཀྱི་ལས་ཀ་རེ་ཡང་ལས་བསྡད་པ་ཡིན་ལ། རྗེས་ཕྱོགས་ཀྱང་མུ་མཐུད་དུ་འདིའི་ཕྱོགས་ལ་བྱ་བ་ཅུང་ཟད་རེ་ཨེ་འགྲུབ་བལྟ་ཆགས་ཡིན།

གེ་སར་གླིང་ཁའི་ཐུར་ཞིག

དེ་ཚོ་བཤད་པའི་རྒྱུ་མཚན་ཅི་ཡིན་ཞེ་ན། གོང་དུ་ཞུས་པ་ལྟར། བཀྲ་ཤིས་ཁྲི་གླིང་འདི་རྒྱ་ལམ་གྱི་འགྲམ་དུ་ཡོད་པའི་སྐབས་ཀྱིས། མང་པོ་ཞིག་ལ་འདི་ན་དགོན་པ་ཙམ་ལས་གང་ཡང་མེད་པར་འདོད་པའི་གོ་ལོག་ཐེབས་བཞིན་འདུག་ཀྱང་། འབྲེལ་ཡོད་ལས་ཁུངས་ཀྱིས་བརྟག་དཔྱད་བྱས་རྗེས། ས་འདི་ན། གཙན་སྐྱོང་དང་། སྨན་ཁང་། སློབ་གྲྭ། རིག་གནས་ཞིབ་འཇུག་བཅས་རིགས་མི་འདྲ་བ་དུ་མ་ཕན་ཚུན་བར་ཐག་ཆེར་མེད་པར་ཆགས་ཡོད་པ་དང་། ཆགས་པ་དེ་ཡང་སྣ་འདུས་ཅན་ཞིག་ཡིན་པའི་ངོས་ཟིན་ཐོབ་ལ། དེ་དག་སོ་སོ་ལ་རང་རང་གི་གཙོ་གཉེར་སྡེ་ཁག་ཀྱང་ཡོད་དེ། རིམ་བཞིན་གཙན་གསོ་གཞུང་ལས་ཁང་དང་། གཙན་གསོ་སྨན་ཁང་དོ་དམ་ཁང་དང་། དགོན་བདག་གཉེར་ཨུ་ཡོན་ལྷན་ཁང་དང་། ཞིབ་འཇུག་གནས་གཞིའི་དོ་དམ་ཚོགས་ཆུང་བཅས་ཀྱིས་དོ་དམ་དང་ལས་སློབ་བྱེད་བཞིན་ཡོད་པ་རེད་ལ། ངས་ཀྱང་དེ་དག་ཕྱོགས་ཡོངས་ལ་རོགས་རམ་ཅུང་ཟད་རེ་ཨེ་ཐུབ་ལྟ་བཞིན་ཡོད།

ཁྱེད་རྣམ་པ་ཕལ་མོ་ཆེ་ཐེངས་དང་པོར་བཀྲ་ཤིས་ཁྲི་གླིང་ལ་བྱོན་པ་འབའ་ཞིག་ཡིན་པའི་སྐབས་ཀྱིས་ཆ་རྒྱུས་མེད་ཕྱིར། སྔོན་ལ་སྤྱིའི་གནས་ཚུལ་ངོ་སྤྲོད་མདོ་ཙམ་བྱས་པ་ཡིན།

གཉིས་པ། གནས་འདི་ལ་གེ་སར་ཞིབ་འཇུག་གནས་གཞི་འཛུགས་དོན།

བཀྲ་ཤིས་ཁྲི་གླིང་གི་ཁོར་ཡུག

སྐབས་སུ་བབ་པའི་བཤད་བྱ་དངོས་ནི། གོང་དུ་གཙོ་སྐྱོང་པས་བཤད་པ་ལྟར། དཀར་མཛེས་ཁུལ་ཁམས་པ་རིག་གནས་ཞིབ་འཇུག་གླིང་གིས། ༢༠༡༣ལོར་ཐེངས་དང་པོར་ཁམས་པ་རིག་གནས་ཞིབ་འཇུག་གི་གནས་གཞིའི་ཚོག་མཚན་སྤྲོད་སྐབས། སྡེ་དགེ་ཁྲོ་བ་འདི་ན་གེ་སར་ཞིབ་འཇུག་གནས་གཞི་འདི་ཚུགས་ཏེ། དེ་རྗེས་དངོས་སུ་འཛུགས་སྐྲུན་དང་རིག་གནས་ཞིབ་འཇུག་གི་མགོ་བརྩམས། དེའི་སྐབས་ཀྱིས། ང་རེས་ངས་བཤད་འདོད་པ་གཙོ་བོ་ནི། ཅིའི་ཕྱིར་གེ་སར་ཞིབ་འཇུག་གནས་གཞི་འདི་བཀྲ་ཤིས་ཁྲི་གླིང་དུ་བཙུགས་པའི་སྐོར་དེ་ཡིན།

དེ་ཡང་སྔོན་གྱི་མཁས་གྲུབ་མང་པོས། སྡེ་དགེ་ནི་གེ་སར་འཁྲུངས་ཡུལ་དུ་ངོས་འཛིན་མཛད་ལ། དུས་ཕྱིས་སྐྱབས་རྗེ་ཡིད་བཞིན་ནོར་བུས་ཀྱང་དེ་ལྟར་དུ་ཐུགས་ཐག་བཅད།

བྱེ་བྲག་ཏུ་སྤྱིར་སྡེ་དགེའི་མངའ་ཁོངས་སོ་སོ་དང་། དེའི་ནང་ནས་ཡིད་ལྷུང་ཁོག་ལྟ་བུ་

གཅིག་ལ་མཚོན་ན་ཡང་། གླིང་དཀར་ཕུ་ནུ་དྭངས་སྨན་མང་པོའི་མཛད་པའི་རྗེས་ཤུལ་ཡོད་པ་དཔེར་ན། ཡིད་ལྷུང་སྨད་ཀྱི་ས་ཆ་འདི་ཙམ་ལ་ཡང་། གོ་སར་སྐྱེས་བུ་དོན་འགྲུབ་དང་། སྒ་སྐྱ་ལོའི་སེང་ལྷམ་འབྲུག་མོ། ཨ་ཁུ་ཁྲོ་ཐུང་། ནུ་བོ་རོང་ཚ་གན་འཕེན་དམར་ལེབ། གཟུ་ཆེན་ལྷེར་མའི་ལྷ་དར་སོགས་ཀྱི་རྗེས་ཤུལ་གནའ་ནས་བཟུང་ཡོངས་གྲགས་སུ་ཡོད་པས། ཡུལ་དངོས་སུ་ཕེབས་ཏེ་རྟོག་ཞིབ་བྱས་ན་གླིང་ཡུལ་དངོས་རེད་སྙམ་པའི་ཡིད་ཆེས་རྙེད་ཐུབ་རྒྱུ་རེད།

དེ་ནས་བགྲོ་གླེང་འཚོགས་སའི་ས་ཆ་འདི་ནི། སྔོན་ཁྲ་མོ་གླིང་གི་དུས་སུ་ཨ་ཁུ་ཁྲོ་ཐུང་གི་ས་ཆ་ཡིན་པར་གནའ་ནས་བཟུང་སྐྱེ་རྫོང་མེད་ཡོངས་གྲགས་ཡིན་པ་ལྟར་དུ། མི་མིང་ས་ལ་ཐོགས། ས་མིང་སྡེ་ལ་ཐོགས་ཏེ། ད་ལྟའི་བར་དུ་ས་འདི་ལ་མིང་གཞན་མེད་པར་ཁྲོ་ཐུང་ཞེས་སུ་འབོད་ལ། ད་ལྟ་ཡང་ཆེ་བརྒྱད་ཙུ་མགོ་དཀར་མན་ཚོད། ཆུང་བྱིས་པ་ལོ་བརྒྱད་ཡན་ཚོད་ཐམས་ཅད་གཅིག་མཐུན་དུ་ཨ་ཁུ་ཁྲོ་ཐུང་གི་ས་ཆ་ཡིན་པ་ལ་ཐེ་ཚོམ་མེད་པར་མ་ཟད། སྡེ་བ་ལ་ཁྲོ་ཐུང་སྡེ་བ། ལུང་པ་ལ་ཁྲོ་ཐུང་ཁོག་དང་ཨ་ཁུའི་ཁོག །ཕུ་ཡི་གངས་རི་ལ་ཨ་ཁུའི་གར་གཟི་དང་། ཐད་ཀྱི་རི་བོ་ལ་ཨ་ཁུའི་ལབ་རྩེ་ཟེར་བ་སོགས། མདོར་ན་ས་འདིའི་ས་ཆུ་རི་བྲག་མང་པོ་ལ་ཐད་ཀར་ཨ་ཁུ་དང་ཁྲོ་ཐུང་ཞེས་པའི་མཚན་འབྱར་ཡོད་ལ། དེར་མ་ཟད་སྐྱ་མཁར་ཕོ་རོག་སྙིང་རྫོང་དེ་ཡང་བྱ་ཕོ་རོག་ཅིག་གིས་གཤོག་འགྱུར་བྱེད་པའི་རྣམ་པ་དངོས་སུ་ཡོད་རྒྱུ་དང་། དགུན་མ་ཟད་དབྱར་ལ་ཡང་བུ་ཡུག་འཚུབ་པ་སོགས་གླིང་སྒྲུང་ཚད་ལྡན་དག་ལས་བྱུང་བ་དང་ཆེས་ཤིན་ཏུ་མཐུན།

འོ་ན་སྤྱིར་ས་འདི་ཁྲོ་ཐུང་གི་ས་ཡིན་དུ་ཆུག་ཀྱང་། དེས་བཀྲ་ཤིས་ཁྲི་གླིང་དང་ཁྲོ་ཐུང་གཉིས་དངོས་སུ་ཅི་ཞིག་འབྲེལ་ཟེར་ན། དེ་ལ་དངོས་སུ་འབྲེལ་ཚུལ་རྣམ་པ་ལྔ་ངོ་སྤྲོད་བྱེད།

ཐོག་མའི་སྐབས་སུ། བཀྲ་ཤིས་ཁྲི་གླིང་འདི་དབེན་གནས་ཉམས་དགའ་བ་ཙམ་དུ་མ་ཟད།

གཅེས་པའི་ས་ལྷུའི་ཡོན་ཏན་འདི་ལ་ཚང་། །གསུངས་པ་ལྟར། སུས་བཤད་ཀྱང་ས་དཔྱད་ཕུན་སུམ་ཚོགས་པ་རེད་ཟེར་བ་རེད། འདི་ཐོག་མར་ཆགས་དུས་དུད་ཚང་གཅིག་ཀྱང་གནས་འདིར་གཞི་ཆགས་མེད་པར་མ་ཟད། ས་གནས་མང་ཚོགས་ཀྱི་ངག་ལས་གོ་ཐོས་ལྟར་ན། ཁོ་ཚོས་ཤེས་ཚུན་ཆད་སྔོན་གྱི་མི་ཐོག་ཁ་ཤས་ནས་བཟུང་སྔེ་ས་འདི་ས་སྟོང་ཡིན་ཞེས་བཤད་པ་རེད།

བཀྲ་ཤིས་ཁྲི་གླིང་ཐོག་མར་འཛུགས་སྐབས། རྗེ་སྤྲུལ་བསྟན་འཛིན་རྒྱ་མཚོ་འདི་ན་ཟླ་བ་གཅིག་ཙམ་བཞུགས་ཏེ། གནས་བསྟོད་ཅིག་མཛད། དེའི་ནང་དུ་གསུངས་པ་ལྟར། ཁོང་གིས་ས་འདིའི་མཚན་ཉིད་དང་བསྟུན་ཏེ། བཀྲ་ཤིས་ཁྲི་གླིང་ཞེས་མཚན་གསོལ་བ་རེད་མ་གཏོགས། དེའི་སྔོན་དུ་སྒྲུབ་གྲྭ་ཡོད་ས་འདི་ལ་ཨ་ཁྲུའི་གད་སྟེང་དང་། རྒྱབ་རི་ལ་ཨ་ཁྲུའི་སྒང་། རྟན་གསོ་ཁང་བཙུགས་ས་ལ་ཨ་ཁྲུའི་གད་ཞབས། དེའི་ཁོག་ལ་ཨ་ཁྲུའི་ཁོག །ཁོག་ནས་བཞུར་བའི་ཆུ་ལ་ཨ་ཁྲུའི་ཆུ་ཟེར་བ་རེད། ཨ་ཁྲུ་ནི་ཨ་ཁྲུ་ཁྲོ་ཐུང་རེད། དེ་ཚོ་མི་ཐོག་ཕྱི་མ་ཕྱི་མས་བརྒྱུད་ཡོང་བའི་ས་མིང་ཡིན་ལ། ཐམས་ཅད་ཀྱང་བཀྲ་ཤིས་ཁྲི་གླིང་འདི་དང་ཐད་ཀར་འབྲེལ་བའི་ས་ཤ་སྟག་རེད།

ཁྱད་པར་དུ། བཀྲ་ཤིས་ཁྲི་གླིང་འདི་ན་ཁྲོ་ཐུང་གི་མཁར་ཤུལ་རེད་ཟེར་བའི་དེའུ་འབུར་ཙུང་མཐོ་བ་ཞིག་ཐོར་ཡོད་ཀྱང་། ཕྱིས་སུ་འཛུགས་སྐྲུན་གྱི་དབང་གིས་ཇེ་དམར་ཕྱིན་འདུག །ང་རང་ཐོག་མར་འདི་ན་ཡོང་དུས། ས་གནས་མང་ཚོགས་ཀྱིས་དེ་གནའ་ནས་བཟུང་སྔེ་ཁྲོ་ཐུང་གི་ཕོ་བྲང་ཤུལ་རེད་ཟེར་བས། ཕོ་བྲང་ངོ་མ་ཞིག་མ་འཛོམས་ཀྱང་རྟེན་འབྲེལ་གྱི་དབང་གིས་ཐོག་མར་ཁང་ཆུང་གྲུ་བཞི་མ་ཞིག་ལས་པ་ཡིན། དེ་དུས་ཉར་ཚགས་མ་ཐུབ་པ་རེད་མ་གཏོགས། ངོ་མ་ས་འོག་ནས་ཕོ་བྲང་གི་རྗེས་ཤུལ་ཨེ་ཡིན་བསམས་པ་ལྟ་བུའི་དངོས་པོ་རེ་ཡང་བྱུད་བསྡད་པ་རེད། དེ་ལས་གྲུབ་རྗེས་ཁང་ཆུང་དེའི་མདུན་དུ་མཛད་སྒོའི་ཚུལ་གྱིས་སྐྱབས་རྗེ་ཡིད་བཞིན་ནོར་བུའི་ཞབས་བརྟན་ལ་ཚོགས་བྱེ་བ་གཉིས་བསགས་པ་ཡིན། དེ་རྗེས་རྩིགས་གཅིག་བསྐྱན་ནས་ལོ་རྟག་པར་རྗེས་དྲན་གྱི་བྱེད་སྒོ་རེ་སྤེལ་བའི་སྐབས་ཤིག་གི་འདྲ་

བཀྲ་ཤིས་ཁྲི་གླིང་དུ་ཡོད་པའི་ཁུ་བོ་ཁྲོ་ཐུང་གི་མཁར་ཤུལ།

པར་ད་ལྟ་གེ་སར་ཞིབ་འཇུག་གནས་གཞིའི་རྩོམ་སྒྲིག་པ་རྗེས་དྲན་ཁང་དུ་ཉར་ཚགས་བྱས་ཡོད་པ་རེད། དེ་ལ་བལྟས་ན་འཛུགས་སྐྲུན་བྱས་ཚར་རྗེས་ཡིན་ཡང་དེའུ་འབུར་དེའི་འབུར་ཁ་ཙུང་ཟད་གསལ་པོར་མཐོང་ཐུབ་པར་འདུག །ད་སྐབས་ཁྲོ་ཐུང་རྗེས་དྲན་གྱི་ཕོ་བྲང་ཆུང་ངུ་དེའི་སྣུན་ན་ཨ་ཁུ་ཁྲོ་ཐུང་གི་སྐུ་བརྙན་ཚོན་ལྡན་སྐུས་ལེགས་ཤིག་ཀྱང་བཞེངས་ཡོད། དེའི་ཡན་ཆོད་བཀྲ་ཤིས་ཁྲི་གླིང་ཨ་ཁུ་ཁྲོ་ཐུང་དང་འབྲེལ་ཚུལ་དང་པོ་རེད།

གནའ་མིའི་ངག་རྒྱུན་ལས་གཞན་དུ། ཉེ་རབས་ཀྱི་སྐྱེས་ཆེན་དམ་པ་དུ་མས་ཀྱང་བཀྲ་ཤིས་ཁྲི་གླིང་འདི་ཁྲོ་ཐུང་དང་འབྲེལ་བ་དམ་ཟབ་ཡོད་ཚུལ་གསུངས་ཡོད་དེ། དེའུ་འབུར་དེའི་ཁ་འོག་ད་ལྟ་ཀན་གསོ་ཁང་ཆགས་ས་དེ་ན། ཐར་འགྲོ་མགོན་བཀའ་བརྒྱུད་པའི་སྐྱེས་ཆེན་མཁར་དམར་སྤྲུལ་སྐུ་ཟེར་བ་དེ་བཞུགས་སྒྲོང་བ་རེད། ཁོང་ནི་གླིང་གི་དུས་སུ་རྒྱ་ཚའི་སྐྱེ་བ་ཡིན་པ་ཡོངས་སུ་གྲགས་ལ། ཁོང་རང་ཉིད་ཀྱིས་ཀྱང་ཁས་ལེན་པ་རེད། ཞལ་བཞུགས་པའི་སྐབས་སུའང་ཐམས་ཅད་

ཀྱིས་དད་འདུན་ཏ་ཅང་ཆེ་བ་དང་། ལྷག་པར་དུ་སྐུ་མྱུ་ངན་ལས་འདས་པའི་སྐབས་སུ་གདུང་ཁང་ལས་ཞག་བསྡུད་མར་ཁྲོ་ཐུང་མདའ་ཡན་ཚོད་འཇའ་ཟེར་གྱིས་ཁྱབ་པའི་གྲུབ་པའི་རྟགས་མཚན་མངོན་དུ་གྱུར་པ་ཞིག་རེད། ཁོང་གིས་ཀྱང་ཁོང་གི་རྒྱབ་རི་དེའུ་འབུར་དེ། ཁྲོ་ཐུང་གིས་ཡི་དམ་རྟ་མགྲིན་བསྒྲུབས་པའི་གནས་རེད་ཅེས་ཡང་ཡང་གསུངས་པ་ད་ཡོད་ཀྱི་ཀར་རྣམ་འདི་ཆོས་གསལ་པོར་ཤེས་པ་རེད། དེ་འབྲེལ་ཚུལ་གཉིས་པ་ཡིན།

འབྲེལ་ཚུལ་གསུམ་པ། འབྲི་གུང་གཏེར་སྟོན་འོད་གསལ་རྡོ་རྗེས། ཨ་ཁུའི་སྣང་འདི་རྟ་མགྲིན་དབང་གི་དཀྱིལ་འཁོར་རེད་ཅེས་ངོས་འཛིན་གསལ་པོར་མཛད་ཡོད་པ་དེ་རེད། ཁོང་སྔོན་མ་བྱ་རྒོད་ཚང་གིས་གདན་ཞུས་ལྟར་ཡིད་ལྷུང་ཁོག་ཏུ་ཡུན་རིང་བཞུགས་སྒྲོང་བ་རེད། གཏེར་ཆོས་ཀྱང་མང་པོ་ཡོད་ས་ཞིག་རེད།

འབྲེལ་ཚུལ་བཞི་པ་བཤད་ན། ༢༠༡༨ལོར། ངས་ཁམས་པའི་འཛུམ་རིས་ཞེས་པའི་དུས་དེབ་ཅིག་མཐོང་བྱུང་། དེའི་ནང་དུ་བོད་ཡིག་སློབ་གྲྭའི་དགེ་རྒན་དཔལ་བསྟུས་ཀྱིས་བྲིས་པའི་དཔྱད་རྩོམ་ཞིག་ཏུ། བཀྲ་ཤིས་ཁྲི་གླིང་དང་འབྲེལ་བའི་མཁན་པོ་ཚེ་དབང་འགྱུར་མེད་ཀྱི་ཞལ་གསུང་ཚན་པ་ཞིག་བཀོད་ཡོད་པ་དེ་རེད།

མཁན་པོ་ཚེ་དབང་འགྱུར་མེད་ནི། ཉེ་བའི་དུས་སུ་འདིའི་ཕྱོགས་ཡར་མར་ན། དེ་ལས་ལྷག་པའི་མཁས་གྲུབ་གཉིས་ལྡན་ཞིག་མེད་པ་ལྟ་བུ་ཡིན་རྒྱུ་དེ། ལོ་ཡར་གསེག་ཐམས་ཅད་ཀྱིས་ཏ་གོ་བ་རེད། ཁོང་གི་ཕ་ཡབ་འཇའ་ལུས་པ་བསོད་ནམས་རྣམ་རྒྱལ་ལ་མཆོན་ན། སྐྲ་སེན་གཉིས་ལས་མ་ལྷག་པར་འཇའ་ལུས་སུ་གྲོལ་མཁན་དེ་རེད། སྙན་གྲགས་འཛམ་བུ་གླིང་ན་ཡོད་ལ། སྐྱབས་རྗེ་ཡིད་བཞིན་ནོར་བུ་དགུང་ལོ་བཅོ་བརྒྱད་གོང་ཛ་སྟོད་ཟུང་མ་སྐར་དུ་བྱོན་དུས། འཇའ་ལུས་གྲུབ་

མ་ཁད་ལ་ཁེལ་བས། ཁོང་གིས་ཀྱང་སྐྲ་དབུ་སྐྲ་དང་ཕྱག་སེན་མཇལ་སྐྱོང་གསུངས་དར། འཇའ་ལུས་པ་དེའི་གདུང་སྲས་རེད། ཁོང་ཁྲ་མོ་གླིང་གི་དུས་སུ་གཟུ་ཆེན་ལྕེར་མའི་ལྷ་དར་གྱི་སྐྱེ་མཐའ་ཡིན་ཞེས་རང་ཉིད་ཀྱིས་ཞལ་བཞེས་མཛད་སྐྱོང་བ་ད་ལྟ་བཞུགས་པའི་དངོས་སློབ་ཀུན་བཟང་གཞན་ཕན་འདི་ཚོ་ལ་བཤད་རྒྱུ་ཡོད་པ་རེད།

མཁན་པོ་ཚེ་དབང་འགྱུར་མེད་ཁོང་གིས་གཏེར་སྟོན་ཐུབ་བསྟན་འོད་ཟེར་གྱི་གཏེར་ཆོས་དེ་ཤིན་ཏུ་ནས་ཀྱང་རྩ་ཆེན་མཛད་དར། གཏེར་སྟོན་ཐུབ་བསྟན་འོད་ཟེར་གྱི་རྗེས་སུ་འབྲངས་ཏེ་གསུངས་པ་ཨེ་ཡིན་སྙམ། རྒྱུ་མཚན་ནི་ཡི་གེ་ལག་ཏུ་མ་འཁྱོར་ཡང་། གཏེར་སྟོན་ཐུབ་བསྟན་འོད་ཟེར་གྱི་གཏེར་ཆོས་སུ་བཀྲ་ཤིས་ཁྲི་གླིང་ལུང་གིས་བསྟན་འདུག་ཟེར་བ་འགའ་རེ་ལས་ཐོས་པས་ཡིན། ཡང་ན་ཁྲ་མོ་གླིང་གི་དུས་ཀྱི་ཐོན་གནས་རྗེས་དྲན་ཡིན་ཡང་འདྲ། མདོར་ན་མཁན་པོ་ཚེ་དབང་འགྱུར་མེད་ ཀྱིས་བཀྲ་ཤིས་ཁྲི་གླིང་འདི། གཅིག་ན་ཨོ་རྒྱན་རིན་པོ་ཆེའི་གསུང་གི་གནས་ཡིན་པ་དང་། གཉིས་ན་ལོ་ཆེན་བཻ་རོ་ཙ་ནས་གནས་འདིར་སྒྲུབ་གནས་མཛད་ཅིང་རྒྱ་གར་གྱི་གྲུབ་ཆེན་བརྒྱད་ཅུའི་གནས་སུ་བྱིན་གྱིས་བརླབས་པ་དང་། གསུམ་ན་བཀྲ་ཤིས་ཁྲི་གླིང་འདི་ཁྲོ་ཐུང་གིས་རྟ་མགྲིན་དབང་གི་དཀྱིལ་འཁོར་ཞལ་ཕྱེས་ནས་ལྷ་རྟ་མགྲིན་དམར་པོ་སྒྲུབ་གནས་ཡིན་པ་བཅས་གསལ་པོར་གསུངས་འདུག །

མཁན་པོ་ཚེ་དབང་འགྱུར་མེད་ཞིང་བརྗེས་ནས་མི་ལོ་༣༧འགོར་ཡང་། ཞལ་གསུང་དེ་ནི་དགེ་རྒན་དཔལ་བརྩུས་ཀྱིས་ལོ་ངོ་༥༠ལྷག་གི་སྔོན་ནས་དངོས་སུ་ཐོས་ཏེ། ཇི་བཞིན་དུ་ཕབ་པ་ཞིག་རེད་འདུག་པས། ཁུངས་ཐུབ་ངོ་མ་རེད།

དེའི་ཡན་ཆད། ས་གནས་མང་ཚོགས་ཀྱིས་བཀྲ་ཤིས་ཁྲི་གླིང་འདི་ལ་ཁྲོ་ཐུང་གི་མིང་འབབ་

ཞིག་གིས་འབོད་ཅིང་གནའ་མིའི་ངག་རྒྱུན་ལྟར་ཁྲོ་ཐུང་གི་མཁར་ཤུལ་ཡོད་པ་རྩོད་མེད་དུ་གྲགས་པ་དང་། མཁར་དམར་སྒྲུལ་སྐྱུས་མཁར་ཤུལ་དེ་ཁྲོ་ཐུང་གིས་ཧྲ་མགྲིན་སྒྲུབ་གནས་ཡིན་གསུངས་པ་དང་། གཏེར་སྟོན་འོད་གསལ་རྡོ་རྗེས་རྒྱབ་རི་ཧྲ་མགྲིན་དབང་གི་དཀྱིལ་འཁོར་དུ་ཞལ་གྱིས་བཞེས་པ་དང་། བཀྲ་ཤིས་ཁྲི་གླིང་མ་ཆགས་པའི་ཡར་སྔོན་ཞིག་ནས་མཁན་པོ་ཚེ་དབང་འགྱུར་མེད་ཀྱིས་ཨ་ཁྱུའི་གད་སྟེང་འདི། ཁྲོ་ཐུང་གིས་ལྷ་ཧྲ་མགྲིན་དམར་པོ་བསྒྲུབས་པའི་གནས་མཆོག་ཡིན་པར་གསུངས་པ་བཞི་ག་མ་བགྲོས་རང་མཐུན་གྱིས་དོན་གྱི་འབབ་སོ་གཅིག་ཏུ་ཁེལ་བ་ནི། བཀྲ་ཤིས་ཁྲི་གླིང་གི་ས་འདི་ཁྲོ་ཐུང་དང་འབྲེལ་བ་དམ་ཟབ་ཡོད་པ་དེ་རེད།

གཞན་ཡང་རྩ་ཤུལ་གཏེར་སྟོན་བསོད་ནམས་རྒྱ་མཚོས་སྒྲུབ་ཁང་གི་ཉེ་འགྲམ་དུ་ལབ་རྩེ་གསུམ་ཞིག་གསོ་མཛད་མྱོང་བར་བཤད་ལ། དེ་དག་ནི་སྔོན་ཨ་ཁྱུ་ཁྲོ་ཐུང་གིས་ཧྲ་མགྲིན་གསོལ་མཆོད་དུ་བཙུགས་པའི་ལབ་རྩེ་ཨེ་ཡིན་སྙམ། ཕྱིས་སུ་སྐྱབས་རྗེ་ཡིད་བཞིན་ནོར་བུ་དང་འབྲེལ་བའི་རྨི་ལམ་ཞིག་གི་རྐྱེན་བྱས་ཏེ། ཨ་ཁྱུའི་སྒང་ཡ་གི་ལ་བཀྲ་ཤིས་གཡང་སྒང་ཞེས་མིང་བཏགས་ཤིང་ལབ་རྩེ་གསོལ་བ་ཡིན།

འབྲེལ་ཚུལ་ལྔ་པ་ནི། གུས་པ་རང་གི་རྩ་བའི་བླ་མ་༧སྐྱབས་རྗེ་ཡིད་བཞིན་ནོར་བུ་ལ་གཏུགས་དགོས་ཏེ། ༡༩༩༤ལོར། སྐྱབས་རྗེ་ཡིད་བཞིན་ནོར་བུ་སྐུ་འཁོར་གསུམ་མདོ་ཁམས་ཆུ་བཞི་སྒང་དྲུག་ཏུ་ཕྱིན་སྐབས། གསེར་ལྗོངས་བླ་མ་རུང་ནས་རྫ་ཆུ་ཁའི་ས་མཚམས་ཀྱི་བར་དུ་གུས་པ་ང་རང་ཡང་ཞབས་འབྲང་དུ་ཡོད། ལམ་ནས་ངེད་ཅག་སློབ་བུ་ཚོ་ལ་གླིང་གི་ས་ཆ་དང་རྗེས་ཤུལ་མང་པོ་ངོ་སྤྲོད་མཛད་ཞོར། ཐར་ཁོང་རང་རྫ་སྟོད་ཨུང་མ་སྒར་དུ་ཕེབས་དུས་ཀྱི་ངལ་གསོ་སའི་ས་ཚུགས་ཐམས་ཅད་ལ་ རླངས་འཁོར་བསྡད་དེ་གསོལ་ཇ་བཞེས་ཞོར་དུ་ཕེབས་པ་དང་། དེ་དུས་ཁོང་དགུང་ལོ་ཞུང་བའི་རྐྱེན་ཡིན་ནམ་ཉིན་ཡ་ལ་ས་རབ་རེ་ཚོད་འདུག་ཀྱང་། ཉིན་ཡ་ལ་དེ་ཙམ་ཚོད་མི་

འདུག་ཅེས་གསུངས་སྐྱོང་།

རིགས་གསུམ་མགོན་པོའི་གནས་རིར་གྲགས་པ་བྲག་རི་གཡུང་མཁར་ལ་ཐོན་དུས། ཁོང་རང་གཅིག་པུས་ཁ་བཏགས་བསྣམས་ནས་ཕེབས་ཏེ་དེ་ནས་གཏེར་བཞེས་སོང་། དེ་ནས་ཡིད་ལྷུང་གི་ས་གནས་སུ་ཐོན་དུས། ལས་སློན་རྟེན་འབྲེལ་བཟང་པོའི་དབང་གིས་ང་རང་ལ་ཁོང་སྐུ་འཁོར་དང་བཅས་པ་ཕ་ཡུལ་དུ་ཁྲིམ་ཕེབས་སུ་གདན་འདྲེན་ཞུ་རྒྱུའི་སྐལ་བ་ཐོབ་པ་དང་། དེ་དུས་ངེད་ཚང་ལྷས་ནག་ལ་ཁར་བསྡད་ཡོད་པས། ཕྱིས་སུ་ཁྲིམ་གྱི་སྣྲ་མལ་དེའི་ཐོག་ཏུ་རྗེས་དྲན་གྱི་མཆོད་རྟེན་ཞིག་ཀྱང་བཞེངས་ཡོད་པ་ད་སྐབས་གཞུང་ལམ་ནས་མཐོང་ཐུབ་ལ། སྐབས་དེར་གུས་པ་རང་གིས་ཉིན་ཞག་མང་ཙམ་ལ་ཕྱོགས་འདིར་བཞུགས་རྒྱུའི་རེ་བསྐུལ་ཡང་ཞུས་པས། ཁོང་རང་སྐུ་འཁོར་དང་བཅས་པ་སྤྱིར་ཡིད་ལྷུང་ཁོག་ཏུ་ཉིན་བརྒྱད་དང་ཞག་བདུན་གྱི་བར་དུ་བཞུགས་ལ། བྱེ་བྲག་ཀན་གསོ་སྨན་ཁང་གི་ཐད་ཀ་སྟེང་སྐྱ་གད་ཐོག་ཏུ་ཉིན་གསུམ་དང་ཞག་གཉིས་ཀྱི་བར་དུ་བཞུགས་རྒྱུ་བྱུང་། སྐབས་དེར་ཆ་རྐྱེན་ཞན་པའི་དབང་གིས་ངེད་ཅག་གིས་ཁོང་སྐུ་འཁོར་ལ་སྤྲོ་ཐོའི་ཁྲི་བརྩིགས་ཏེ་གྲ་བསྒྲིག་བྱས་པ་ཡིན། དེར་ད་སྐབས་རྗེས་དྲན་དུ་མཆོད་རྟེན་ཞིག་ཀྱང་བཞེངས་ཡོད་པ་ཀན་གསོ་སྨན་ཁང་གི་ཐད་ནས་མཐོང་ཐུབ། དེའི་ཡུན་ལ་ཁོང་རང་གིས་ཆོས་ཀྱི་འཁོར་ལོ་བསྐོར་ཅིང་སྨིན་གྲོལ་གྱི་གདམས་པ་མང་དུ་གནང་སྟེ། འདུས་པ་སྐྱ་སེར་ཡོངས་ལ་མི་རེ་རེ་བཞིན་དུ་འོད་མཚན་བྱེ་ཚུང་རེ་དང་ས་ཏྭ་འབུམ་ཐེར་བཞི་རེ་འདོན་རྒྱུའི་དགེ་བསྐུལ་མཛད་པར་མ་ཟད། ཤིག་དང་སྲོ་མང་མི་གསོད་པའི་དམ་བཅའ་ཡང་བྱེད་དུ་བཅུག་པས། དེ་ལ་བརྟེན་ནས་རྗེས་སུ་ཡུལ་ཁམས་ལ་ཤིག་དང་སྲོ་མང་གསོད་མཁན་མེད་པ་ལྟ་བུར་གྱུར་པ་དང་། ཨ་མས་ཀྱང་ནམ་རྒྱུན་སྐྱབས་རྗེ་ཡིད་བཞིན་ནོར་བུའི་བཀའ་དྲིན་ནི་ཁས་ལེན་དེ་གཅིག་པུ་ལས་གཞན་མི་དགོས་ཞེས་མིག་ནས་མཆི་མ་ཐིགས་མང་དུ་གཏོར། ཡིད་ལྷུང་ཁོག་འདི་ཉིད་ཙམ་དུ་མ་ཟད་དེའི་སྐབས་སུ་ཡུལ་སྡེ་དང་དགོན་པ་མང་པོ་ནས་ཁོང་རང་གིས་དགེ་སྦྱིག་བླང་དོར་གྱི་གནས་བསྟན་ཅིང་། ལྷག་

ཏུ་རྗོན་རི་དྭགས་ལྷ་བུ་སེམས་ཅན་ལ་འཚེ་བ་དང་། དུད་ཆང་ཤ་རྒྱན། མཚོན་འཛིང་ལ་སོགས་པའི་ངན་སྤྱོད་དུ་མ་རྒྱུན་བཅད་དེ། གང་དུ་ཞབས་སོར་བཀོད་པའི་ཡུལ་ཁམས་ཐམས་ཅད་ཕན་པ་དང་བདེ་བའི་ལམ་ལ་ཡོངས་སུ་བཀོད།

དེ་ཡང་སྤྱིར་ཡིད་ལྷུང་ཁོག་དང་བྱེ་བྲག་ཕ་གི་སྟེང་སྐྱ་གད་ཐོག་ཏུ་བཞུགས་པའི་ཉིན་གསུམ་པོར། ཡིད་བཞིན་ནོར་བུ་ཐུགས་ཁམས་དྭངས་པ་ལ་ཚད་ཅིག་མི་འདུག་པས། ངེད་ཅག་སློབ་བུ་རྣམས་ཀྱང་ཤིན་ཏུ་སྐྱིད་པོ་བྱུང་། དེའི་སྐབས་སུ། ཁོང་རིང་མཚམས་རེར་གུར་གྱི་ཕྱི་རུ་ཐེབས། མཚམས་རེར་གུར་གྱི་ནང་དུ་བཞུགས་ཏེ། ས་འདི་ཁྲ་མོ་གླིང་གི་དུས་སུ་ཨ་ཁུ་ཁྲོ་ཐུང་གི་ས་ཆ་འཁྲུལ་མེད་ཡིན་ས་རེད་ཅེས་གསུངས་པར་མ་ཟད། གོང་གི་སྒྲུབ་གྲྭ་འདི་བཏབ་མེད་ན་ཡང་། རྒྱན་གསོ་ཁང་ཆགས་གནས་མཁར་དམར་སྒྲུལ་སྐྱ་སར་ཁྲིམ་ཐེབས་གནང་སྟེ། ཐུགས་སྨྲིའི་ངང་གནས་འདི་ལ་རབ་གནས་ཀྱི་མེ་ཏོག་གཏོར་ཞིང་བཀྲ་ཤིས་པའི་བདེན་ཚིག་ཀྱང་བརྗོད་མྱོང་བ་རེད།

འདིར་བཞུགས་ལ་ལས་ཤིས་གསལ་ལྟར། ཡིད་བཞིན་ནོར་བུའི་སྐུ་ཚེའི་སྨད་དུ། གཅིག་ན་དགུང་ལོ་མཐོ་བ་དང་། གཉིས་སུ་འཁོར་ཚོགས་མང་བའི་སྟབས་ཀྱིས། ཁོང་གི་ཕྱག་དྲིན་མོ་ལས་དབང་ཐོབ་རྒྱུ་ནི་དཀའ་མོད། གནས་འདི་ནས། གླིང་གི་ སྔོན་གནས་རྗེས་དྲན་གྱིས་ཡིན་ནམ། ཡང་ན་ལས་དང་སྨོན་ལམ་ཅི་ཞིག་གིས་ཡིན་ན། ཁམས་ཤིན་ཏུ་སངས་ཏེ་ཆོས་འབྲེལ་གསུངས་པས་མི་ཚད། བདེ་ཆེན་ཞིང་དབང་དང་སྤྱན་རས་གཟིགས་ཀྱི་དབང་བསྐུར། ད་རུང་འདུས་པ་ཡོངས་རྫོགས་ཕྲེང་བསྒྲིགས་སུ་བཅུག་སྟེ། བླ་མ་མུ་མཚོ་ཁོང་རྣམ་པ་གཉིས་ཐེབས་འཁོར་དུ་བཞུགས་ནས་རབ་བྱུང་མ་ཟད་མི་སྐྱ་ཕོ་མོ་ཡན་ཆོད་རེ་རེ་བཞིན་དུ་སྐུ་དངོས་ཀྱིས་དབང་འཁྲིམ་མཛད་པའི་བཀའ་དྲིན་བསྐྱངས་པ་ནི། གླིང་གི་ས་ཆ་གཞན་དང་གཞན་དུ་ཐོན་སྐབས་ཐུགས་སྣང་འགྱུར་བའི་ཚུལ་བསྟན་པ་དང་ཤིན་ཏུ་འདྲ་སྙམ།

འདི་ནས་ཡར་ཕེབས་ཚེ་སེང་ལྷམ་འབྲུག་མོའི་བླ་མཚོ་རུ་གྲགས་པ་ཡིད་ལྷུང་ལྷ་མཚོའི་ནང་དུ། སྟོད་བཙུད་སྤྱིའི་དཔལ་གཡང་རྒྱས་པའི་དོན་དུ་བུམ་གཏེར་ཞིག་སྦས་ཤིང་། སྐབས་ཤིག་ལ་མཚོ་ཁ་ནས་སློ་བུར་དུ་ཁོང་རང་གིས་མཚོ་ནང་དུ་སྦོང་དུམ་ཞིག་ཡོད་པ་དེ་ཚུར་ལོངས་ལ་ཁ་ཤོགས་གསུངས་པས་གཤགས་པ་ན། ཤི་མ་སོས་ཀྱི་འབུ་རིང་པོ་ཞིག་ནང་ན་འདུག །དེ་ལ་འཕྲུལ་དུ་ཁྲུས་ཆོག་སོགས་མཛད་པའི་མཇུག་ཏུ་སླར་ཡང་མཚོ་ནང་དུ་ཕར་བཏང་།

དེ་ནས་ཡར་ཨ་ཕྱུག་ཏུ་ཕེབས་ནས། སྐྱིད་སོས་ཡག་གི་ཁ་མདོ་ནས་གེ་སར་འཁྲུངས་ཡུལ་ངོ་སྤྲོད་མཛད་ལ། དེར་ཕུག་པ་ཞིག་གེ་སར་གྱི་སྒྲུབ་ཕུག་ཏུ་ངོས་འཛིན་མཛད་པ་ནི་ལོ་རྒྱུས་ཐོག་ཆེས་ཐུ་བ་ཡིན། སྒྲུབ་ཕུག་དེར་ཐུགས་ལྷོད་པོའི་ངང་གསུང་གླེང་གནང་ཞོར་སྟོན་འཁོར་ཀུན་གྱིས་གསོལ་ཇ་བཞེས་ལ། ཀུན་མཁྱེན་མི་ཕམ་གྱི་གེ་སར་བླ་རྣམ་གྱི་ལུང་གནང་། གེ་སར་གྱི་འཁྲུངས་གནས་འདི་ནས་སྨོན་ལམ་བཟང་པོ་ཐོབ་དང་འགྲུབ་པར་འགྱུར་ཞེས་ནན་གྱིས་གསུངས་སོང་། མཁན་པོ་འཆི་མེད་རིག་འཛིན་ངེད་དཔོན་སློབ་གསུམ་གྱི་པར་ཞིག་ཡོད་པ་དེ་དེ་ན་རེད།

དེར་མ་ཟད། སྒྲུབ་ཕུག་ཁ་འོག་ན་ཆུ་མིག་ཅིག་ཡོད། དེ་གེ་སར་གྱི་འཆི་མེད་ཚེ་ཡི་བདུད་རྩི་ཡིན་ལ། ཐུ་རྒྱལ་གཙུག་ན་རིན་ཆེན་མན་ཚོད་ཀྱིས་ལོངས་སུ་སྤྱོད་བཞིན་ཡོད་པར་གསུངས་ཀྱང་། ངེད་སྟོན་འཁོར་དེར་ཐོན་དུས་ཐུ་མོ་ནས་སྐམ་ཚར་འདུག་མོད། ཁོང་རང་གིས་ཁྲུས་གསོལ་རབ་གནས་མཛད་མ་ཐག །མིག་མཐོང་ལག་ཟིན་དུ་ཚེ་ཆུ་རང་བཞོལ་དུ་བྱུང་ལ། འདི་ཁ་ལ་རིག་ཚད་ཚེ་དང་ཆོས་ཀྱི་བར་ཆད་སེལ་བའི་དགོས་པ་ཁྱད་པར་ཅན་ཡོད་གསུངས་ཏེ། ངེད་ཅག་དེར་ཡོད་ཀུན་ལ་ཁོང་རང་གིས་ཕྱག་དྲོན་མོས་ཚེ་ཆུ་བླུད་དེ་ཐུགས་བསྐྱེད་དང་སྨོན་ལམ་རྒྱ་ཆེར་མཛད་སོང་།

ད་ཅུང་དེ་དུས། དེ་ན་ཨ་ཕྱུག་ཅུ་བ་དུད་ཚང་བདུན་བརྒྱད་ཅིག་བསྡད་འདུག །ཁོང་རང་

གིས་ཚོགས་མང་ནང་དུ། ས་ཆ་སྤྱི་མ་ཟད་ཆུ་མིག་འདི་ཙམ་བཅོག་གྲིབ་ཨོར་ན་ཡང་། གངས་རིའི་ལྗོངས་སྤྱི་ལའང་གནོད་པ་ཆེ་བས། གནས་གཞན་དུ་སྤོས་ན་ལེགས་ཚུལ་གསུངས་པ་ལྟར། ཕྱིས་སུ་ཚང་མ་དེ་བཞིན་སྤོས་འདུག །གཞན་ཡང་གནས་དེའི་གཡས་གཡོན་དུ་གེ་སར་སྐྱ་ན་ཆུང་དུས་ཀྱི་རྗེས་ཤུལ་མང་པོ་འདུག་པ་རེ་རེ་བཞིན་ངོ་སྤྲོད་ཞིབ་པར་མཛད་པ་སོགས་ནི། ས་གནས་དེའི་ཡུལ་མི་རྣམས་ཀྱིས་ཀྱང་ཨེ་ཤེས་སླམ་པའི་ཚོར་སྣང་སྐྱེས།

སྤྱིར་བཏང་ཡིད་བཞིན་ནོར་བུས་བཀོད་སྒྲིག་མཛད་ནས་འདྲ་པར་ལེན་རྒྱུ་དཀོན་ན་ཡང་། སྒོམ་པ་ར་ཛ་བཏུལ་ས་སོགས་ངོ་སྤྲོད་མཛད་ཞོར་མགོ་ཚུ་ལ་ཕྱིན་པའི་ལམ་བར་ནས། གླིང་གི་ཡུལ་འདིར་རང་རེ་རྣམས་རྗེས་དྲན་གྱི་པར་ཞིག་ལེན་གསུངས་ཏེ། ཁོང་སྐུ་འཁོར་གསུམ་ཕེབས་འཁོར་དུ་བཞུགས་ནས་སྣོན་འཁོར་མཉམ་པར་ཞིག་ཀྱང་བླངས།

གཞན་ཡང་། སྤྱིར་མགོ་ལོག་ན་སེང་འབྲུག་སྟག་རྩེ་ཡོད་པར་ཡོངས་སུ་གྲགས་ཀྱང་། མཁར་ཤུལ་དངོས་སུས་ཀྱང་ཧ་མི་གོ་བའི་སྐབས་དེར། སྐྱབས་རྗེ་ཡིད་བཞིན་ནོར་བུས་སྤྱི་ལོ་༡༩༨༧སྔེ། ལྷུགས་ཏ་ལོར། རྩོད་མེད་དུ་ངོས་བཟུང་བ་སོགས་ལ་བསམས་ན། དུས་སྐབས་གཅིག་པ་ལ་གེ་སར་རིག་གནས་འཛིན་སྐྱོང་སྤེལ་གསུམ་གྱི་ཐད་ལ་ཁོང་ལས་བྱུས་རྗེས་ཆེ་བ་ཞིག་དཀོན་མོ་ཡིན་རྒྱུ་རེད།

སྤྱིར་སློབ་མ་སུ་ཡིན་ཡང་རང་གི་བླ་མ་ལ་བསྟོད་པ་རེད། དེ་བསྟོད་ཀྱང་དགོས་པ་རེད། ཡིན་ན་ཡང་སྐྱབས་རྗེ་ཡིད་བཞིན་ནོར་བུ་ལ་མཚོན་ན། ངས་རྒྱུན་དུ་དེ་ཟེར་བཞིན་ཡོད། བསྟན་པ་ཡང་དར་གྱི་སྐབས་འདིར། བྱས་རྗེས་ཅི་བཞག་བླ་ཧུང་ཆོས་སྡེ་ཆེན་མོ་ལ་སོང་ནས་ལན་རེ་ལྟོས་དང་དེས་ཚོག་པ་རེད། ཁོང་གིས་བསྟན་འགྲོའི་དོན་ཆེན་སྒྲུབ་པའི་སྨོན་ལམ་ཙམ་མ་ཡིན་པར་དངོས་སུ་སྨོན་ལམ་མངོན་དུ་བྱས་ཟིན་པ་རེད།

བཀྲ་ཤིས་ཁྲི་སྒང་དུ་ཡོད་པའི་ཁུ་བོ་ཁྲོ་ཐུང་གི་མཁར་ཤུལ།

སྤྱིར་བཏང་ལུང་བསྟན་དུ། མཁའ་འགྲོ་བཞིས་ན་དགོས་པ་ཆེ་རྩལ་བསྟན་འདུག་ཀྱང་། བསྟན་པའི་མིག་སྟོས་ཀྱི་ཆེད་དུ། ལུས་རྟེན་ད་རེས་རབ་བྱུང་གི་རྣམ་པས་སེམས་ཅན་གྱི་དོན་སྒྲུབ་རྒྱུ་ཡིན་གསུངས་ནས། དུས་ཀྱི་ཁུག་སོ་ལ་ཡང་ཆོས་སྐམ་བྲལ་མ་སྤྱོད་པའི་བཙུན་པ་ཞིག་རེད། ཁྱད་པར་དུ་དགོས་པ་ཆེན་པོ་མེད་ན་ཞལ་སྒོ་ཤིན་ཏུ་དམ་པོ་ཅན་ཞིག་ཡིན་ན་ཡང་། འདན་སྲས་གཡུ་འོད་འབུམ་མེའི་སྐུ་སྐྱེ་བཞེས་པ་སྔོན་གནས་རྗེས་དྲན་རེ་བྱེད་ཡོང་དུས། བཅས་བཅོས་མེད་པར་བྱིས་པ་ག་ཆད་དུ་ངུ་བ་ལྟར་བཤུམ་པ་འབབ་ཞིག་མཛད་པ་རེད། དེ་དུས་འདན་མ་ཁོང་ཕ་བུ་གཉིས་ག་ཤེད་ནས་ལྟན་འཛོམས་བྱུང་རབས། ག་ཤེད་ནས་གཡུལ་ལ་ཞུགས་རབས། ཡང་ཕ་ཡབ་འདན་མས་འོ་བརྒྱལ་རིག་རབས། ཁོང་འདན་སྲས་ཀྱིས་དཀའ་ལས་རིག་རབས། དེའི་སྐབས་སུ་གེ་སར་ལ་དགོངས་བཞེད་ཅི་ཡོད་སོགས་ཕྱིར་དྲན་ནམ་བྱེད་ཀྱི་ཚེ་ན། འཁོར་རྣམས་ལ་ཡང་ཚོར་བ་མགྲིན་པ་བརྣངས་པ་རེ་ཡོད་དར། ཆོས་ཟུར་དུ་བཞག་སྟེ་མི་ལུགས་ཀྱི་ཕྱོགས་ཁེར་མ་བཤད་ཀྱང་སྐྱབས་རྗེ་ཡིད་བཞིན་ནོར་བུ་ལྟ་བུ་ཞིག་འཇིག་རྟེན་ན་དཀོན་མོ་ཡིན་སྣང་ཤར་བ་རེད།

སྐབས་རྗེ་ཡིད་བཞིན་ནོར་བུས་ཀྱང་། གནས་འདི་ཁྲོ་ཐུང་གི་ས་ཆ་ཡིན་ས་རེད། ཅེས་ཞལ་བཞེས་མཛད་པ་དེ། བཀྲ་ཤིས་ཁྲི་གླིང་ཨ་ཁུ་ཁྲོ་ཐུང་དང་འབྲེལ་ཚུལ་ལྷ་པ་ཡིན།

མདོར་བསྡུས་ན། གོང་ནས་བཤད་པའི་དོན་དག་ལྔ་པོ་ཡོངས་རྫོགས་བཀྲ་ཤིས་ཁྲི་གླིང་ཞིབ་འཇུག་གནས་གཞི་ས་འདི་ན་བཙུགས་པའི་རྒྱུ་རྐྱེན་དང་པོ་རེད།

རྒྱུ་རྐྱེན་གཉིས་པ་ནི། ང་རང་ལ་མཚོན་ན་རིག་གནས་ཅན་ཞིག་མ་ཡིན་ཀྱང་། རིག་གནས་ལ་དགའ་མཁན་ཞིག་དང་ཁྱད་པར་དུ་གེ་སར་རིག་གནས་ལ་དགའ་མཁན་ཞིག་ཡིན། དེའི་ཐོག་ཏུ་ས་ཆ་འདི་ན་སྒྲུབ་བྱེད་དང་བཅས་པའི་གླིང་གི་རྗེས་ཤུལ་མང་པོ་འདུག་ལ། ཁྲོ་ཐུང་གི་ས་ཆ་ལྷག་ཏུ་གོང་བཤད་ལྟར་རེད།

སྤྱིར་སྒྲུང་གི་ཚིག་ངོས་ལ་བལྟས་ན། སྐབས་འགར་ཁྲོ་ཐུང་གིས་ཁྲ་མོ་གླིང་སྤྱི་དང་། སྒོས་སུ་གེ་སར་སྐྱེས་བུ་ཆེན་པོ་ལ་འགལ་རྐྱེན་རྩོམ་པ་ལྟར་སྣང་ཡང་། དོན་གྱིས་དགོས་པའི་དབང་གིས་ཡིན་རྒྱུ་དེ་ཀུན་ལ་གསལ་བཞིན་པ་རེད། མགོ་ལྡ་གླིང་ནས་མཇུག་དགྱེལ་གླིང་གི་བར་གང་ལ་བལྟས་ཀྱང་། ཁྲོ་ཐུང་ཁྲོ་མ་ཐུང་ན། གེ་སར་གེ་མི་སར། ཟེར་བ་ལྟར། གལ་ཏེ་གླིང་ལ་ཁྲོ་ཐུང་མེད་ན། གེ་སར་གྱི་འཕྲིན་ལས་མཐར་ཕྱིན་མི་ཐུབ་པ་ལྟ་བུར་གྱུར་ཡོད་ལ། དོན་གྱིས་རྟ་མགྲིན་དངོས་ཡིན་པས། ཁོང་གི་ཐུགས་རྗེ་དང་ནུས་པ་ཚད་མེད་པ་རེད། དེ་ནི་བཀྲ་ཤིས་ཁྲི་གླིང་དུ་གེ་སར་ཞིབ་འཇུག་གནས་གཞི་འཛུགས་ཐུབ་པའི་རྒྱུ་རྐྱེན་གཉིས་པ་ཡིན་རྒྱུ་རེད།

ཨ་ཁྲུ་བྲོ་ཐུང་གི་གདན་ས་དང་འབྲེལ་བའི་མཐོ་རིམ་བགྲོ་གླེང་གི་སྐབས།

གསུམ་པ། ཞིབ་འཇུག་གི་ཁ་ཕྱོགས་དང་རྩ་དོན།

གེ་སར་ཞིབ་འཇུག་གནས་གཞི་ཚུགས་རྗེས། གཅིག་ན་ང་རང་གི་དགའ་ཕྱོགས་རེད། གཉིས་ན་རོགས་པ་རྣམས་ཀྱི་རེ་བ་ཡང་རེད། ངེད་ཅག་གི་ཐོག་མར་ས་ཆ་འདི་དང་འབྲེལ་ཡོད་དཔེར་ན་ཁྲོ་ཐུང་དང་། དེ་ནས་ང་རང་སྐྱེས་ཡུལ་དུ་རོང་ཚ་དང་གཟུ་ཆེན་སོགས་ཀྱི་སྐོར་ནས་ཞིབ་འཇུག་ཅུང་ཟད་རེ་ཨེ་ཐུབ་ཀྱི་འཆར་གཞི་བཞག་པ་ཡིན།

ང་རང་ཡིན་ན་ཕོ་ལོ་དྲུག་ཅུའི་སྐྱེ་ཟིན་ཐལ། བྱས་རྗེས་ཆེན་པོ་ཞིག་དགོས་ན་དཀའ་མོད། ཡིན་ན་ཡང་ཉེ་དྲུང་ན་ཡོད་པའི་རོགས་པ་རྣམས་དང་འབྲེལ་ནས་འབད་བརྩོན་རེ་བྱས་ན། གེ་སར་གྱི་སྐོར་ནས་མི་རབས་རྗེས་མ་རྣམས་ཀྱིས་བལྟ་རྒྱུ་ཞིག་ཨེ་ཐོན་གྱི་རེ་བ་ནམ་ཡང་ཡོད།

དེར་མ་ཟད། ད་རེས་ལ་མཚོན་ན། ཚོགས་ཞུགས་སོ་སོའི་གཏམ་བཤད་ཀྱི་ཉིང་ཁུ་བསྡུས་ཏེ་ཡིག་ཐོག་ཏུ་འགོད་ཐུབ་ན། མ་འོངས་པ་ལ་བཞག་པར་གྱུར་ཡོད་པ་དེ། འཕགས་བོད་གཉིས་ཀར་མཁས་པ་མང་པོ་བྱོན་སྔོང་སོང་། གསུང་ཆོས་ཡོད་ན། ཐུན་མོང་གི་སྣང་ངོར་མི་རབས་ནས་མི་རབས་ཀྱི་བར་དུ་ཡི་གེ་དེ་ལ་བརྟེན་པའི་མཛད་འཕྲིན་དང་། དེའི་ནང་དུ་འཁོད་ཡོད་པའི་ཆོས་དང་འཇིག་རྟེན་གྱི་ལོ་རྒྱུས་ཐམས་ཅད་ཀྱང་རྒྱུན་མི་ཆད་པར་གནས་ཡོད་པ་ལྟ་བུ་རེད།

ཡི་གེ་དེ་ཡང་། མེད་པ་ཡོད་པར་སྒྲོ་བཏགས་དང་། ཡོད་པ་མེད་པར་སྐུར་འདེབས་གཉིས་མེད་པའི་སྒོ་ནས། གཟུར་གནས་ཀྱི་བློ་ཡིས་འགོད་པ་དེ། ཨུ་ཚག་གི་རྩ་དོན་དུ་འཛིན་ཐུབ་དགོས། ལྷག་ཏུ་ལོ་རྒྱུས་རང་བཞིན་དུ་མ་བརྗོད་ན། ཞབས་རྗེས་མེད་པར་མ་ཟད་ཞབས་འདྲེན་དུ་འགྱུར་བས། ངས་ནམ་ཡིན་ཡང་ཁོ་ཚོ་ལ་དེ་བཤད་ཀྱིན་ཡོད། ཐུང་ཐུང་ཞིག་ལས་མ་བྲིས་ན་ཡང་སྒྲོ་སྐུར་མེད་པ། ངོ་ངོ་དན་དན་གྱིས་གཏན་ལ་ཕབ་ན། དོན་དངོས་དང་མཐུན་པས་རིན་ཐང་ཡོད་པ་རེད་ཟེར་བ་ཡིན།

དེ་རིང་ཁྱེད་རྣམ་པའི་ཕྱག་ལ་བཞག་ཡོད་རྒྱུའི་དེབ་ཀྱི་ནང་དུ། བརྗོད་བྱ་གཉིས་ཡོད། གཅིག་ནི་ཁྲོ་ཐུང་གི་སྐོར་དང་ཅིག་ཤོས་ནི་རོང་ཚའི་སྐོར་རེད། ད་ཏུང་གཏན་འབེབས་མིན་ལ། རྩོམ་ཡིག་ཁ་ཤས་འཁོད་ཀྱང་ཐུབ་མི་འདུག་སོང་། གང་ལྟར་བགྲོ་གླེང་ཉིན་གཉིས་པོའི་རིང་དུ། ཁྱེད་རྣམ་པས་ཞིབ་གཟིགས་མཛད་རྒྱུའི་རེ་བ་ཡོད་པར་མ་ཟད། མི་འགྲིགས་ས་དང་དོན་ལ་མ་ཁེལ་ས་གང་ཡོད་ཐད་ཀར་ལྷུག་བརྗོད་གནང་རོགས་མ་གཏོགས། ངེད་ཚོའི་ནང་དུ་ད་ཏུང་གླེང་གི་སྐྱེ་བ་དྲན་ཐུབ་མཁན་དང་སྒྲུང་འབབ་ཐུབ་མཁན་ཕལ་ཆེར་མི་འདུག །ཡིན་ན་ཡང་ལོ་རྒྱུས་འདྲི་རྩད་བཅད་ནས་ཙུང་ཟད་བྲིས་ན་མི་ཆོག་པ་མི་འདུག་སོང་། བྲིས་པ་དོན་དང་ཨེ་ལྡན་རང་གིས་ཧ་གོ་དཀའ་བས། ད་ཐེངས་ཀྱང་དེ་ཡིན། མ་འོངས་པར་ཡང་དེབ་དང་དྲ་བ་སོགས་ནས་ངེད་ཚོའི་གྲུབ་འབྲས་

རེ་མཐོང་ན། བསྒྲོད་བསྐྱགས་འབབ་ཞིག་བྱེད་པ་ལས་ཡོ་བསྲང་དང་མཇུབ་སྟོན་བྱེད་རྒྱུ་བཀའ་དྲིན་མ་ཆུང་ཞུ་བ་ཡིན། ཁྱེད་རྣམ་པ་ལ་མཚོན་ན་སྤྱིར་རིག་གནས་ལ་མཁས་པ་དང་། དེའི་ནང་ནས་ཀྱང་བོད་ཀྱི་རིག་གནས་ལ་བྱང་ཆུབ་པ། ཁྱད་པར་དུ་གེ་སར་གྱི་རིག་གནས་ལ་བྱས་རྗེས་ཆེན་པོ་བཞག་མཁན་ཤ་སྟག་ཡིན་དུས། སློབ་སྟོན་རེ་གནང་ན་གོ་རྒྱུ་ཁྱད་པར་བ་ཡོད་ངེས་པས། དེས་བཀྲ་ཤིས་ཁྲི་གླིང་གི་སར་ཞིབ་འཇུག་གནས་གཞིའི་ལས་ཀ་ལ་ཕན་ཐོགས་རྒྱ་ཆེན་པོ་ཡོད་རྒྱུ་རེད།

ང་རང་གིས་ཀྱང་སློབ་མ་སྐྱོང་བའི་སྐབས་སུ། དགོས་པའི་དབང་གིས་བསྒྲོད་ར་རེ་བྱེད་ན་མ་གཏོགས། བསྒྲོད་ར་བྱེད་མཁན་ཞིག་མིན། སྐྱོན་གང་དུ་ཡོད་ན་དེར་མཇུབ་བཙུགས་བྱས་ན། དེས་སློབ་མ་རྣམས་ལ་ཕན་ཐོགས་ཀྱང་གང་ལ་གང་འཚམ་ཞིག་འདུག །

དེ་ཡན་ཆད་ནི་བཀྲ་ཤིས་ཁྲི་གླིང་གི་སར་ཞིབ་འཇུག་གནས་གཞིའི་ལས་ཀ་ལས་ཕྱོགས་སྐོར་གྱི་སྐད་ཞུ་ཡིན།

བཞི་པ། ཞིབ་འཇུག་གནས་གཞིའི་མགོ་དགོས།

ད་ནི་ང་རང་ལ་རེ་བ་གཉིས་ཞུ་རྒྱུ་ཡོད། རེ་བ་ཅི་ཡོད་ཟེར་ན། འདི་ན་རྒྱལ་ཡོངས་གེ་སར་གཞུང་ལས་ཁང་གི་ཀྲུའུ་རིན་ནོར་བུ་དབང་ལྡན་དང་། ཀྲུའུ་རིན་གཞོན་པ་འཇམ་དབྱངས་ཚོས་སྒྲོན། དེར་མ་ཟད་རྒྱལ་ཡོངས་གེ་སར་གཞུང་ལས་ཁང་གི་མི་སྣ་མི་ཉུང་བ་ཞིག་དང་། དེ་ལས་གཞན་པའི་ཆེད་མཁས་དང་མགོ་ཁྲིད་སོགས་མང་པོ་ཞིག་ཀྱང་མཐོ་རིམ་གླིང་སྡེ་གས་འདི་ལ་དངོས་སུ་ཞུགས་ཡོད་པ་ཡིན་ན། ཁྱེད་རྣམ་པས་ཞིབ་འཇུག་གནས་གཞི་ལ་སྔར་ལས་ཀྱང་ཡིད་ཆེས་རེ་བྱས་ཏེ། འདི་སྒྲ་བརྙན་དུ་ཡོང་བ་ལ་ཐུགས་བསམ་རེ་བཞེས་རོགས་ཟེར་བ་དེ་རེ་བ་དང་པོ་ཡིན།

དེ་སྔེར་དོན་གཏན་ནས་མིན། རང་གི་མི་རིགས་ཀྱི་རིག་གནས་སྲི་དང་ལྷག་ཏུ་གེ་སར་རིག་གནས་ལ་བྱུས་རྗེས་རེ་ཨེ་ཞོག་གི་རེ་བ་ཆེན་པོ་ངེད་ཅག་ལ་ཡོད། ང་ལ་ནུས་པ་མེད་ཀྱང་རོགས་པ་མཁས་པ་ཐུ་མོ་ཡོད། སྐད་རིགས་གཅིག་པོ་ན་མ་ཡིན་པར་སྐད་རིགས་ཁ་ཤས་ཀྱི་སྟེང་ནས་ལས་ཀ་རེ་ལས་ཐུབ་རྒྱུ་རེད་བསམས་ཡོད། དེ་སྔོན་ཡན་ཆད་ལོ་མང་པོའི་བར་དུ་ཁམས་པ་རིག་གནས་ཞིབ་འཇུག་གླིང་གིས་རྒྱབ་སྐྱོར་ཚད་མེད་གནང་བྱུང་། དེ་ལ་བརྟེན་ནས་ངེད་ཅག་གིས་རང་དོན་དང་འབྲེལ་བའི་དྲིལ་བསྒྲགས་གཅིག་ཀྱང་བྱས་མ་མྱོང་། འོན་ཀྱང་མ་འོངས་པར་གེ་སར་རིག་གནས་ཀྱི་ལས་ཀ་སྲུ་བརྟན་དང་རྒྱུན་གཏན་ཡོང་བའི་ཆེད་དུ། རེ་བ་དེ་བཀྲུབས་པ་ཡིན།

རེ་བ་གཉིས་པ་ནི། ད་རེས་གྲོས་ཚོགས་ཁང་ཆུང་དྲགས་ཏེ་རྣམ་པ་ཚོ་ལ་སྟབས་མི་བདེ་བ་མང་པོ་བྱུས་སོང་། ད་ཙུང་ཚོགས་འདུ་ལ་ཞུགས་དགོས་ཟེར་མཁན་འགའ་རེ་བྱུང་མོད་ཚོགས་ཁང་གི་རྐྱེན་གྱིས་ཁོང་རྣམ་པའི་ཐུགས་རེ་བསྐངས་མ་ཐུབ་པར་མ་ཟད། འདིར་དངོས་སུ་ཐོན་པ་མང་པོ་ཞིག་ཀྱང་ཚོགས་རའི་ནང་དུ་ཆུད་མ་སོང་། ཐམས་ཅད་ལ་དགོངས་འགལ་མེད་པར་ཞུ། ཁ་སང་ཀྱཨུ་རིན་ནོར་བུ་དབང་ལྡན་གྱིས་མ་འོངས་པར་འདི་ནས་མུ་མཐུད་དུ་གེ་སར་རིག་གཞུང་བགྲོ་གླེང་འཚོག་དགོས་ཚུལ་གྱི་གསུང་བཟང་གནང་བྱུང་། དེ་ཡིན་དུས་འདིར་སྲིད་གྲོས་ཀྱཨུ་ཞི་ཐུབ་བསྟན་ནམ་མཁའ་དང་རྫོང་དཔོན་ནོར་བུ་བཟང་པོ་གཉིས་ཀྱང་གྲོས་ཚོགས་འདི་ལ་མཉམ་ཞུགས་གནང་ཡོད་པ་རེད། ད་རེ་བ་ཞིག་གང་ཡོད་ཟེར་ན། གེ་སར་ཞིབ་འཇུག་གནས་གཞི་འདི་ནས་ད་རེས་དང་མི་འདྲ་བར་རིག་གཞུང་བགྲོ་གླེང་ལ་སྟབས་བདེ་བསྐྲུན་པ་དང་། ཐམས་ཅད་ལ་སྣེ་ལེན་བཟང་པོ་ཞིག་ཡོང་བའི་ཕྱིར་དུ། མ་འོངས་པར། སོས་དལ་བག་ཕེབས་ཀྱིས་ཐམས་ཅད་མཉམ་དུ་བགྲོ་གླེང་དང་དཔེ་ཀློག །བཟའ་བཏུང་སོགས་བྱེད་ཚོག་པའི་ཆ་རྐྱེན་འཛོམས་སའི་ནུས་མང་ཚོགས་ཁང་ཞིག་གསར་བསྐྲུན་བྱེད་ཨེ་ཚོག་གི་རེ་བ་ཡོད། དེ་རེ་བ་གཉིས་པ་ཡིན།

མ་གཞི་ང་ཚོས་རྩོགས་གཉིས་པ་འདི་ན་བགྲོ་གླེང་འཚོགས། རྩོགས་གསུམ་པར་ངལ་གསོ། འོག་གི་གསོལ་སྟོན་ཁང་དུ་གསོལ་ཇ་བཞེས་རྒྱུའི་འཆར་གཞི་བཞག་མོད། འོན་ཀྱང་ད་ཐུང་གསོལ་སྟོན་ཁང་མ་འགྲུབ་པས། ད་རེས་གསོལ་ཇ་བཞེས་ས་དང་ཚོགས་ར་གཉིས་བར་ཐག་རིང་དྲགས་ནས། ཁྱེད་རྣམ་པ་ལ་འོ་བརྒྱལ་དཔེ་མེད་གཏད་སོང་། ཡིན་ན་ཡང་མ་འོངས་པར་ཚོགས་ཁང་དེ་འགྲུབ་ཐུབ་ན། འདི་ཙམ་འོ་བརྒྱལ་མི་དགོས་པ་ཞིག་ཡོང་རྒྱུ་རེད།

འདིར། ང་རང་གིས་སྔན་ཞུ་ཕུལ་བ་ལ་གསལ་པོར་ཤོད་མེད་ས་དང་བཤད་པ་ནོར་སོང་ས་ཡོད་ན་བཟོད་པར་གསོལ། བགྲོ་གླེང་འདི་བཀྲ་ཤིས་ཁྲི་གླིང་གི་སར་ཞིབ་འཇུག་གནས་གཞི་ལ་འཚོགས་ཐུབ་པ་ནི། རྒྱལ་ཡོངས་གི་སར་གཞུང་ལས་ཁང་གི་མཇུབ་སྟོན་གྱི་འོག་ནས། དཀར་མཛེས་ཁུལ་ཁམས་པ་རིག་གནས་ཞིབ་འཇུག་གླིང་དང་། སྡེ་དགེ་རྫོང་མི་དམངས་སྲིད་གཞུང་གཉིས་ཀྱིས་གཙོ་སྒྲུབ་བྱས་པ་ལ་རག་ལས་པས། ཆེད་དུ་བཀའ་དྲིན་ཆེ་ཞུ།

མཇུག་མཐར། ངས་ལྷག་བསམ་རྣམ་དག་གིས་ཆེད་མཁས་དང་མགོ་ཁྲིད་རྣམ་པ་ཐམས་ཅད་པོ་རྗེས་ཕྱོགས་སུ་ཡང་གནས་འདིར་ཡང་ནས་ཡང་དུ་ཕེབས་ཏེ་མཇུབ་སྟོན་གནང་རྒྱུའི་རེ་བ་ཞུ་བ་དང་ཆབས་ཅིག །ཁྱེད་རྣམ་པའི་སྐུ་ཚེ་བརྟན། མཛད་འཕྲིན་རྒྱས། མི་རིགས་ཀྱི་རིག་གནས་སྤྱི་དང་། སྒོས་སུ་གི་སར་རིག་གནས་འདི་གངས་རིའི་ལྗོངས་ཙམ་དུ་མ་ཟད། འཛམ་གླིང་མཐའ་དབུས་མེད་པ་ལ་ཁྱབ་སྤེལ་ཐུབ་པའི་སྨོན་འདུན་ཞུ། བཀྲ་ཤིས་བདེ་ལེགས།

༢༠༢༢ལོའི་ཟླ་༨པའི་ཚེས་༢༨ཉིན་གྱི་མཛོ་རིམ་བགྲོ་གླེང་གི་ཡུལ་དངོས་ཀྱི་སྒྲ་ཡི་གེ་ཕབ་སྟེ་སྐད་དུ་གསུང་པ་པོ་རང་ཉིད་ཀྱིས་སྤྱན་འབེབས་བྱས་པའོ། །

༄། །བཀྲ་ཤིས་ཁྲི་གླིང་གེ་སར་ཞིབ་འཇུག་གནས་གཞིའི་གྲུབ་འབྲས་མདོ་ཙམ་གླེང་བ།

ཏན་མེ།

གུས་པར་འོས་པའི་མགོ་ཁྲིད་དང་གེ་སར་རིག་གནས་ཀྱི་ཆེད་མཁས་པ། སྒྲུང་པ་རྣམ་པ། ཚང་མ་བདེ་མོ།

དང་པོ། ང་དང་བཀྲ་ཤིས་ཁྲི་གླིང་གེ་སར་ཞིབ་འཇུག་གནས་གཞི་གཉིས་འབྲེལ་བ་ཆགས་ཚུལ།

ངའི་མིང་ལ་ཏན་མེ་ཟེར། ང་ནི་རིག་གནས་སྒྱུ་རྩལ་ལ་ཕྱོགས་པའི་མཚན་ཉིད་རིག་པ་ལ་ཞིབ་འཇུག་དང་། ཐ་རན་སི་དང་དབྱིན་སྐད་ཀྱི་ལོ་ཙཱའི་བྱ་བ་ལ་གཞོལ་མཁན་ཞིག་ཡིན། འདི་ནས་བཀྲ་ཤིས་ཁྲི་གླིང་གེ་སར་ཞིབ་འཇུག་གནས་གཞིའི་གྲུབ་འབྲས་མདོ་ཙམ་གླེང་རྒྱུ་བྱུང་བར་དགའ་སྤྲོ་ཆེ།

ང་རང་གེ་སར་རིག་གནས་དང་འཕྲད་པ་ནི། སྐྱེས་དབང་ཙམ་མ་ཡིན་ཏེ། མི་མང་པོ་ཞིག་གིས་ད་ལྟའི་བར། རྒྱལ་སྤྱིའི་སྟེང་དུ་ཀྲུང་གོ་ལ་ལོ་རྒྱུས་སྙན་རྩོམ་མེད་པར་འདོད་ཡོད། དོན་བརྗོད་མཚན་ཉིད་རིག་པ་ནི། སྤྱིར་བཏང་དུ་གནའ་བོའི་ཀྲི་རི་སིའི་ཧོ་མའི་ལོ་རྒྱུས་སྙན་རྩོམ་རིང་མོ་ལ་མགོ་ཁུངས་ཐུག་ཡོད། ནུབ་ཕྱོགས་པས་དེ་ནི་གནའ་བོའི་ཆེས་ཐབས་ཆེ་བའི་ལོ་རྒྱུས་སྙན་རྩོམ་དེ་ཡིན་པར་འདོད་པ་རེད།

ཛིང་གེ་སར་དང་ཛིང་གུར་སོགས་གྲངས་ཉུང་མི་རིགས་ཀྱི་རླབས་ཆེ་བའི་དཔའ་བོའི་སྒྲུང་རབས་སྒྲོག་འདོན་བྱས་པ་དང་བསྡུན་ནས། གླིང་གེ་སར་གྱི་ལོ་རྒྱུས་སྙན་རྩོམ་རིང་མོ་འདི། ༢༠༠༨ལོར་རྒྱལ་ཁབ་རིམ་པའི་ཚབ་མཚོན་ཅན་གྱི་གཟུགས་མེད་ཤུལ་བཞག་རིག་གནས་རྣམ་གྲངས་ཀྱི་མིང་ཐོར་ཚུད་པ་དང་། ༢༠༠༩ལོར། མཉམ་འབྲེལ་རྒྱལ་ཚོགས་ཀྱིས་ཀྱང་། སྒྲུང་འདི་འཛམ་གླིང་མིའི་རིགས་ཀྱི་གཟུགས་མེད་ཤུལ་བཞག་རིག་གནས་ཀྱི་ཚབ་མཚོན་བརྩམས་ཆོས་ཀྱི་མིང་ཐོའི་ནང་དུ་ཚུད་ཡོད་པ་དེས། ནུབ་ཕྱོགས་པས་སྔོན་ཆད་བཟུང་བའི་ཕྱོགས་རིས་ཀྱི་ལྟ་བ་དེ་མེད་པར་བཏང་བར་མ་ཟད། འཛམ་གླིང་ལོ་རྒྱུས་སྙན་རྩོམ་ཡང་ཕུན་སུམ་ཇེ་ཚོགས་སུ་བཏང་བ་རེད།

གེ་སར་སྒྲུང་ནི་འཛམ་གླིང་ཐོག་གི་གསོན་པོའི་རྣམ་པ་དང་ལྡན་པའི་སྒྲུང་གཅིག་པུ་ཡིན་ཞེས་བརྗོད་པ་ཡིན་ཏེ། དེ་ནི་གཙོ་བོ་སྒྲུང་པ་དག་གི་ཤེས་རབ་ལས་གླུ་ལ་བྲངས་ཏེ་མུ་མཐུད་དུ་དམངས་ཁྲོད་དུ་ཁྱབ་སྤེལ་བྱེད་བཞིན་ཡོད་པས་རེད།

ཤེས་རྟོགས་བྱུང་བ་ལྟར་ན། སྒྲུང་པ་གྲགས་པས་ཚེ་གང་བོར་ཁྱོན་སྡོམ་སྒྲུང་ཆ་ཚང་ཉེར་ལྔ་བཤད་སྤྱོང་བར་འདུག །བོད་ལྗོངས་སློབ་ཆེན་གྱི་གེ་སར་གླིང་སྒྲུང་ཞིབ་འཇུག་ཁང་གིས་སྒྲ་བླངས་ཞིང་བསྒྲིགས་པ་རེད། དེར་ཁྱོན་སྡོམ་ཡིག་འབྲུ་ས་ཡ་དྲུག་ཡོད་པ་རེད། དེ་ཧོ་མའི་ལོ་རྒྱུས་སྙན་རྩོམ་པོད་ཉེར་ལྔ་བརྩམས་པ་དང་འདྲ་ལ། ཐོག་ཁང་དམར་པོའི་རྨི་ལམ་པོད་ལྔ་དང་མཉམ་པ་ཡིན། འདི་ནི་ཧ་ལས་སུ་འཇུག་པའི་དོན་དག་ཅིག་རེད། འདི་ཁེར་མས་ཀྱང་གེ་སར་སྒྲུང་ནི་ཤུལ་བཞག་རིག་གནས་རྩ་ཆེན་དང་བསམ་པའི་རྒྱུ་ནོར་རྩ་ཆེན་ཡིན་པ་ར་སྤྲོད་བྱེད་ཐུབ།

སྒྲུང་པ་དག་ལ་བརྟེན་ནས། སྒྲུང་གི་ནང་དོན་དང་གྲངས་འབོར་ད་རུང་ཕུན་སུམ་ཇེ་ཚོགས་སུ་འགྲོ་བཞིན་ཡོད་པར་མ་ཟད། དེ་ལ་སྲུང་སྐྱོབ་དང་བརྒྱུད་འཛིན་གྱི་བྱ་བའང་མུ་མཐུད་དུ་སྤེལ་

དང་སྡེབ་བཞིན་ཡོད།

གེ་སར་གཞུང་ལས་ཁང་དང་གེ་སར་གྱི་ཆེད་མཁས་པ། གེ་སར་གྱི་སྒྲུང་པ། གེ་སར་ཞིབ་འཇུག་གནས་གཞི་ཁྱེད་རྣམ་པའི་བཀའ་དྲིན་གྱིས། ངས་གེ་སར་སྒྲུང་གི་ཁྱད་ཆོས་ཀློག་ཐུབ་སོང་བས་དགོས་གནས་ཐུགས་རྗེ་ཆེ་ཞུ།

ཆེད་ལས་དང་སྤྱི་སྣང་གི་རྐྱེན་གྱིས། ང་ཡུལ་སྐོར་ལ་འགྲོ་རྒྱུར་དགའ་པོ་ཡོད་ལ། སྒྱུ་རྩལ་ལ་ཡང་དགའ་པོ་ཡོད། སྐབས་ལེགས་པ་ཞིག་ལ། ཏག་ཏག་གྲོགས་པོ་ཞིག་དང་འབྲེལ་འདྲིས་བྱས་པ་བརྒྱུད་དེ། བོད་ཡུལ་ངོ་ཤེས་ཤིང་། བཀྲ་ཤིས་ཁྲི་གླིང་ངོ་ཤེས་པར་གྱུར། གནས་འདི་ན་གེ་སར་རིག་གནས་ཞིབ་འཇུག་གནས་གཞི་ཞིག་ཡོད་པར་ཤེས་ཏེ། དེ་ནས་བཟུང་གླིང་སྒྲུང་ལ་སློབ་སྦྱོང་གང་འཚམས་བྱེད་པའི་གོ་སྐབས་ཐོབ་སོང་།

དེ་དང་མཉམ་དུ་མཁན་ཆེན་ཤེས་རབ་བཟང་པོ་ཁོང་གི་ཀུན་སྤྱོད་དང་ཡོན་ཏན་ལ་ཡང་དད་གུས་ཆེན་པོ་བྱེད་ཀྱིན་ཡོད། ཁོང་ལས་ཤེས་བྱ་མང་པོ་ཤེས་བྱུང་ལ། མ་ཟད་ཞིབ་འཇུག་གནས་གཞིའི་དགེ་རྒན་ཚོ་དང་འབྲེལ་འདྲིས་ལས་ཀྱང་བློ་སྒོ་མང་པོ་ཕྱེས་བྱུང་། ཚང་མ་ཐུགས་རྗེ་ཆེ། གོ་སྐབས་འདི་དང་བསྟུན་ནས། བཀྲ་ཤིས་ཁྲི་གླིང་ཞིབ་འཇུག་གནས་གཞི་འདིའི་ཞིབ་འཇུག་གྲུབ་འབྲས་ངོ་སྤྲོད་མདོ་ཙམ་ཞིག་བྱེད་རྒྱུ་ཡིན།

གཉིས་པ། གེ་སར་ཞིབ་འཇུག་གནས་གཞིའི་གནས་ཚུལ་རགས་བསྡུས།

གེ་སར་ཞིབ་འཇུག་གནས་གཞི་ནི། 2013ལོའི་ཟླ་བ་8པར། ཁྲུལ་སྲིད་གཞུང་གི་མགོ་ཁྲིད།

ཁམས་པ་རིག་གནས་ཞིབ་འཇུག་ཁང་གིས་ཐེངས་དང་པོའི་གེ་སར་རིག་གནས་ཞིབ་འཇུག་གནས་གཞིའི་སྒོ་བྱང་གནང་བ་ཞིག་ཡིན།

ཞིབ་འཇུག་ཁ་ཕྱོགས་ལ་མཚོན་ན། གནས་གཞི་འཛུགས་སྐྲུན་དང་། ལོ་རྒྱུས་ཀྱི་རྗེས་ཤུལ་རྩད་གཅོད། ཐང་ཀ་དང་མཛེས་རྩལ། རྒྱུན་བཟོ་དང་འབུར་བླུག །འབག་བཟོ་སོགས་དང་། དེ་ནས་བྲོ་གར་དང་ཡི་གེ་བཅས་ཀྱི་ཁོངས་སུ་གཏོགས་པ་ཡིན།

གེ་སར་ཞིབ་འཇུག་གནས་གཞིའི་འགྲེམ་སྟོན་ཁང་།

གསུམ་པ། གེ་སར་ཞིབ་འཇུག་གནས་གཞིའི་གྲུབ་འབྲས་གླེང་བ།

གཅིག རྨང་གཞིའི་འཛུགས་སྐྲུན་སྐོར་གྱི་གྲུབ་འབྲས།

རྩིགས་གཉིས་པའི་གེ་སར་དཔེ་མཛོད་ཁང་།

རྩིགས་དང་པོ་ཁོད་ཡངས་པས་འགྲེམ་སྟོན་སོགས་བྱེད་སྒོ་སྤེལ་གནས་གཙོ་བོ་ཡིན། རྩིགས་གཉིས་པ་དང་གསུམ་པར་དེ་དང་འབྲེལ་ཡོད་ཀྱི་དཔེ་མཛོད་ཁང་དང་གྲོས་ཚོགས་ཁང་། ཞིབ་འཇུག་ཁང་སོགས་ཡོད། འོག་ཏུ། དཔེ་ཁང་དང་ཇ་ཁང་། ཚོག་ཇ་ཁང་སོགས་དང་། རང་འདེམས་ཟ་མ། དཔེ་ཤག །ངལ་གསོ་ཁང་སོགས་ཡོད།

ཞིབ་འཇུག་གནས་གཞིའི་ཡིག་ཚང་གི་ཕྱོགས་ནས། གེ་སར་དང་འབྲེལ་ཡོད་ཀྱི་འདྲ་པར་དང་ཡི་གེ། སྒྲ་ཐག་སོགས་ཡོད་ཅིང་། དེའི་ནང་དུ་བོད་དེབ་༥༠༠ཉར་ཚགས་བྱས་ཡོད་ལ། དེ་དག་དཔེ་སྐྲུན་བྱེད་ས་ནི། ཀྲུང་གོའི་བོད་རིག་པ་དཔེ་སྐྲུན་ཁང་། རྫོང་རྗེ་གནའ་དཔེ་དཔེ་སྐྲུན་ཁང་། བོད་ལྗོངས་བོད་ཡིག་གནའ་དཔེ་དཔར་སྐྲུན་ཁང་། སི་ཁྲོན་མི་རིགས་དཔེ་སྐྲུན་ཁང་། ནུབ་བྱང་མི་རིགས་སློབ་གྲྭ་ཆེན་མོའི་དཔེ་སྐྲུན་ཁང་སོགས་རེད། ལྷག་པར་དུ་གླིང་སྒྲུང་ལི་མ་སྨན་རྫོང་ལ་ཞིབ་འཇུག་དང་ཉར་ཚགས་ཀྱི་རིན་ཐང་ཡོད།

དེ་བཞིན་དུ། རྒྱ་དེབ་སྟོང་ཕྲག་ལྷག་ཡོད་ལ། དེ་དག་གི་ནང་དུ་གེ་སར་སྒྲུང་དང་འབྲེལ་ཡོད་ཀྱི་ལོ་རྒྱུས་ངོ་སྤྲོད་དང་། མི་སྣའི་རྣམ་ཐར། ས་ཁམས། ཟློས་གར། ཐང་ག །མཛེས་རྩལ། བཟོ་སྐྲུན་སོགས་ཕྱོགས་གང་ཐད་ནས་ཡོད། དེ་དག་གིས་ཞིབ་འཇུག་གནས་གཞིའི་ཞིབ་འཇུག་འཕེལ་རྒྱས་

ལག་བྲིས་རི་མོའི་འགྲེམ་སྟོན་ཁང་།

ཏ་རྒྱུག་སྒྲུང་རྙིང་།

ལ་རྒྱུ་ཆ་ཕུན་སུམ་ཚོགས་པ་མགོ་སྤྲོད་བྱས་ཡོད།

འདི་ལྟ་བུའི་རི་མོའི་འགྲེམ་སྟོན་དང་དཔྱད་གཞིའི་རྒྱུ་ཆ། ཚོགས་འདུ་ཁང་། ཞིབ་འཇུག་ཁང་བཅས་མཉམ་དུ་ཡོད་པའི་བཟོ་དབྱིབས་འདིས། ང་ལ་ཧྥ་རན་སིའི་ཕེང་ཕེ་དུའུ་སྒྱུ་རྩལ་ཁང་ཡིད་ལ་དྲན་དུ་བཅུག་བྱུང་། སྒྱུ་རྩལ་ཁང་དེ་ཡང་འགྲེམ་སྟོན་སྣ་མང་དང་སྒྱུ་རྩལ་གསར་རྩོམ། སྤྱི་སྤྲོད་དཔེ་ཤག །ཞིབ་འཇུག་ཁང་སོགས་མཉམ་དུ་ཡོད་པས། དེ་འདྲའི་སྒྱུ་རྩལ་གྱི་མཁའ་དབྱུགས་དང་ཞིབ་འཇུག་གི་བར་སྟོང་ལ་ང་རང་དགའ་པོ་ཡོད་སྟབས། གནས་འདི་ལ་ཡང་ཤིན་ཏུ་དགའ་པོ་བྱུང་།

ཐ་ཕྱི་ཀུན་ཏུ། ང་ཚོས་ཁམས་པའི་རིག་གནས་ཞིབ་འཇུག་གླིང་དང་མཉམ་འབྲེལ་བྱས་པ་ཡིན། ཞིབ་འཇུག་གླིང་གི་གླིང་གཙོ་འགྱུར་མེད་ཆོས་དབྱིངས་ཀྱིས་འཛུགས་སྐྲུན་གྱི་ཕྱོགས་ནས་མི་འདང་ས་གང་ཡོད་སོགས་ལ་མཛུབ་སྟོན་གང་མང་གནང་སོང་། དཔེར་ན། ཐེངས་འདིར། ང་ཚོའི་ཚོགས་ར་ཆུང་དྲགས་ཏེ། ཆེད་དུ་མཐོ་རིམ་གླིང་སྡེགས་ལ་ཕེབས་པའི་མཁས་པ་སྐོར་ཞིག་ནང་དུ་ཞུགས་མ་ཐུབ་པ་ལྟ་བུ་རེད། མ་འོངས་པར། ཁྱེད་རྣམ་པ་ཕེབས་ཚེ། ཁོར་ཡུག་གུ་ཡངས་པ་དང་། སྐད་རིགས་གོ་མི་གོའི་དཀའ་ངལ་སེལ་བའི་ཆེད་དུ། ང་ཚོའི་རེ་བ་ལ་གོ་སར་ཞིབ་འཇུག་གནས་གཞིའི་ཚོགས་ར་རྒྱ་བསྐྱེད་རྒྱུ་དང་། དེའི་ནང་དུ་སྟོན་ཐོན་གྱི་སྐད་སྒྱུར་བསྒྲིག་ཆས་གྲ་སྒྲིག་བྱེད་རྩིས་ཡོད།

གཉིས། གླིང་གི་ས་གནས་དངོས་སུ་རྟོག་ཞིབ་བགྱིས་པའི་གྲུབ་འབྲས།

ལོ་རྒྱུས་ཡུལ་ངོས་སུ་སོང་ནས་རྟོག་ཞིབ་བྱེད་པ་ནི། རིག་ཚན་མང་པོའི་ཐུན་མོང་གིས་ཞིབ་འཇུག་བྱེད་ཐབས་ཤིག་ཡིན་ལ། གཟུགས་མེད་རིག་གནས་སྲུང་སྐྱོབ་བྱེད་ཐབས་ཤིག་ཀྱང་ཡིན། རྟོག་ཞིབ་འདི་ནི་ཚན་རིག་ཞིབ་འཇུག་ལ་མེད་དུ་མི་རུང་བར་མ་ཟད། གེ་སར་རིག་གནས་ཞིབ་འཇུག་གི་གཞི་རྩའི་ཐབས་ལམ་ཞིག་ཀྱང་རེད། དཔེར་ན། ལོ་རྒྱུས་དང་ལྡན་པའི་ས་ཆ་གང་ཞིག་ལ་དངོས་སུ་སོང་ནས། འདྲི་རྩད་ལེགས་པར་བཅད་པ་སོགས་བྱས་ན། བསྐྱུབ་བྱ་གང་ཞིག་སྒྲུབ་པར་བྱེད་པའི་བདེན་དཔང་ཡིད་རྟོན་ཕེར་བ་རྙེད་ཐུབ་པ་ཡིན།

མིག་སྔར། ས་གནས་རྟོག་ཞིབ་བགྱིས་པའི་གྲུབ་འབྲས་ལ། ༡ གདན་སའི་མཐིལ་ནས་ཨ་ཁྲུ་ཁྲོ་ཐུང་གི་རྗེས་ཤུལ་འཚོལ་བ་ཞེས་པ་ཞིག་དང་། ༢ གཞན་ཡང་། གླིང་དང་འབྲེལ་བའི་རོང་ཚའི་དངོས་བྲིས་ཞེས་པ་ཞིག་སྟེ། དཔྱད་རྩོམ་གཉིས་བྲིས་ཟིན་ལ། དེ་གཉིས་ཀྱི་ནང་དུ་ཁྲོ་ཐུང་དང་རོང་ཚ་གཉིས་ཀྱི་ས་ཆ་ན། གླིང་གི་རྗེས་ཤུལ་གང་གང་ཡོད་པ་དང་། དེ་ལ་བདེན་དཔང་ཅི་ཅི་ཡོད་པ་སོགས་པར་རིས་དང་སྦྲགས་ཡོད། རོང་ཚའི་དངོས་བྲིས་ཀྱི་ནང་དུ་རོང་ཚ་ཁེར་མའི་རྗེས་ཤུལ་ཙམ་མ་ཡིན་པར། གཟའ་ཆེན་ཕྱེར་མའི་ལྷ་དར་གྱི་འབྲེལ་ཡོད་ངོ་སྤྲོད་ཀྱང་ཡོད། ཚོན་དེབ་དེ་ཁྱིད་རྣམ་པའི་ཕྱག་ཏུ་ཡོད་རྒྱུ་དེ་རེད། དཔྱད་རྩོམ་འདི་གཉིས་ཕལ་ཆེར་གཏན་འབེབས་རེད། ད་རུང་འདིས་མི་ཚད། ཁ་སྟོན་བྱེད་རྒྱུ་ཡང་ཁ་ཤས་ཡོད། ཚང་མ་ཁ་སྟོན་དང་ཞུ་དག་བྱས་རྗེས་ཚད་ལྡན་དཔར་སྐྲུན་བྱས་ཏེ། གླིང་གི་རིག་གནས་ལ་རྒྱུས་ལོན་དང་ཞིབ་འཇུག་བྱེད་བསམ་མཁན་ཚང་མའི་སྤྱན་ལམ་དུ་བསྟར་རྒྱུ་ཡིན།

དེར་མ་ཟད། གྲུབ་འབྲས་འདི་ཚོ་རིམ་གྱིས་རྒྱ་ཡིག་དང་དབྱིན་ཡིག །ཧྥ་རན་སིའི་སྐད་སོགས་

གེ་སར་ཞིབ་འཇུག་གནས་གཞིའི་སྒོ་ཆེན།

སུ་བསྒྱུར་ནས། རྒྱལ་མཚམས་གྱིས་བར་དུ་བཅད་པ་དང་། སྐད་རིགས་ཀྱིས་བར་དུ་བཅད་པའི་མི་དེ་བས་མང་པོ་ལ། ང་ཚོས་ཤེས་རྟོགས་བྱུང་བ་དེ་ཚོ་མཉམ་སྤྱོད་ཨི་ཐུབ་ཀྱི་རེ་བ་ཡོད།

གསུམ། དཔེ་དེབ་དང་ཐང་ག་སོགས་གཟུགས་རིས་སྐོར་གྱི་གྲུབ་འབྲས།

གོང་དུ་ཞུས་པ་ལྟར། འགྲེམ་སྟོན་བྱེད་ས་ནི་ཞིབ་འཇུག་གནས་གཞིའི་རྩེགས་དང་པོ་རེད། ༡ རྒྱན་བཟོ་དང་རི་མོའི་སྐོར་ནས། གྱང་ངོས་དང་གནམ་གཅལ། སྒོ་གླེགས་དང་གདུང་མ་སོགས་ཀྱི་སྟེང་དུ། རི་བོའི་བརྗོད་ཆགས་དང་། ཆུ་བོའི་དྭངས་གཙང་། རྩྭ་ཐང་གི་མཛེས་སྡུག་སོགས་ཚོན་མདངས་ རྣམ་པར་བཀྲ་བའི་སྒོ་ནས་བྲིས་ཡོད་དོ། །

རྟ་རྒྱུག་ཐང་སྙིང་།

༢ ཐང་གའི་སྐོར་ནས། གླིང་གེ་སར་དང་འབྲེལ་བའི་ཐང་ག་ཉར་ཚགས་བྱས་ཡོད་པར་མ་ཟད། ཧ་རྒྱུག་རྒྱལ་འཛོག་ནི་ཞིབ་འཇུག་གནས་གཞིའི་ལྟེབས་རིས་ཆེ་ཤོས་ཀྱི་གྲས་ཡིན་ལ། ལྷ་རིས་པ་གྲགས་ཅན་དགེ་རྒན་ལེགས་སློན་གྱིས། གེ་སར་ཚད་དཔེའི་རི་མོ་ལྷར་བྲིས་པ་ཡིན་པས། འདི་ལས་སྲོལ་རྒྱུན་གྱི་ཁྱད་ཆོས་ཙམ་མངོན་པ་མ་ཡིན་པར། ཚད་ལྡན་ཅན་དང་རྒྱལ་སྤྱི་ཅན་དུ་འགྱུར་བའི་ཐང་ཀའི་འབྲི་རྩལ་ཡང་མངོན་པར་བྱས་ཡོད་དོ། །སྤྱིར་ན་ཡང་ཐང་ག་ནི་བོད་ཀྱི་སྒྱུ་རྩལ་མཚོན་ཐབས་ཁྱད་པར་བ་ཞིག་ཡིན་པར་མ་ཟད། ཤར་ཕྱོགས་ཀྱི་སྲོལ་རྒྱུན་མཛེས་དབྱོད་ལྟ་བ་མཚོན་པའི་སྒྱུ་རྩལ་བརྩམས་ཆོས་སུ་ཡང་ངོས་འཛིན་བྱེད་མཁན་ཡོད་དོ། །

བཞི། འབུར་བླུག་དང་སྐུ་བརྙན་བཞེངས་པའི་གྲུབ་འབྲས་ཀྱི་སྐོར།

གྲུབ་འབྲས་འདི་གླེང་སྐབས། ང་ཚོའི་སེམས་སུ་འཆར་སྲིད་པ་ནི། ཏུན་ཧོང་བྲག་ཕུག་ལྟ་བུ་དང་། ཏུར་ཛོངས་ཛ་མི་ཛ་ཧ། ཕེ་ན་སིའི་ཇོ་ཀ་མ་ཏུ་པའི་གཟུགས་རིས། ཉེ་མ་ལྷ་ཨ་པོ་ལོའི་ཟངས་བརྐོས་སོགས་རེད་མོད། བོད་ལའང་ལྷ་སྐུ་སོགས་མགར་བླུག་བཞེངས་གསུམ་གྱི་རིག་གནས་ཕུན་སུམ་ཚོགས་པོ་ཡོད་ལ། ཞིབ་འཇུག་གནས་གཞིའི་ནང་དུ་བོད་མི་རིགས་རང་གི་ལག་ཤེས་བཟོ་རྩལ་ལས་འཁྲུངས་པའི་སྐུ་བརྙན་ཡང་མང་པོ་ཡོད་དོ། །

༡ སྐུ་བརྙན།

ཞིབ་འཇུག་གནས་གཞིའི་རྩིགས་དང་པོར་ཡོད་པ་ནི། གེ་སར་རིག་གནས་འདི་མི་ལོ་སྟོང་ཕྲག་གི་རིང་ལ་མི་ཉམས་པར་བྱེད་པའི་རིག་གནས་བརྒྱུད་འཛིན་གྱི་མི་སྣ་རྣམས་ཡིན་ལ། དེ་ནས་གླིང་རྗེ་གེ་སར་ཕུ་ནུ་གསུམ་དང་། ཞེ་ཐུལ་ཁྲ་སླག་སྤྱང་གསུམ། ཡང་ཐུལ་དམ་པའི་མི་བདུན་སོགས་

གེ་སར་གླིང་ཁའི་འབུར་བླུག་གི་ཟུར་ཞིག

ཡོད་ལ། གཞན་དུ་ན་གེ་སར་གླིང་ཁ་ན་ཡང་འདི་འདྲའི་སྐུ་མང་པོ་ཡོད་དོ། །

༢ གེ་སར་གླིང་ཁ།

གེ་སར་གླིང་ཁ་ནི། གླིང་རྗེ་གེ་སར་སྐྱེས་བུའི་ཕྱི་ནང་གསང་གསུམ་གྱི་རྣམ་ཐར་རགས་བསྡུས། རྒྱ་ལོ་ངོ་སྟོང་ཕྲག་ཏུ་མ་ཐུབ་པའི་ཕུལ་བྱུང་གི་ལོ་ཡིས་འབུར་བླུག་བྱས་པ་ཞིག་ཡིན། ཞེས་ངོས་སྦྱོར་བྱས་ཡོད་པ་ལྟར། ཁྲོན་མི་སྣ་སྟོང་ཕྲག་ལྷག་གི་སྣང་བརྙན་དེ། མི་ལོ་ཕྱེད་གཉིས་ལ་བཞེངས་བསྐྲུན་

བྱས། སྔར་ཡོད་ཀྱི་རྒྱུ་ཆ་བསྡུ་རུབ་བྱས་པའི་རྨང་གཞིའི་སྟེང་དུ། རྒྱལ་ནང་གི་མཐོ་རིམ་བཟོ་རྩལ་པ་གྲགས་ཆེན་དགེ་རྒན་གྲེན་ཧྲུང་ཕེང་ལགས་ཀྱིས་བཟོ་རྩལ་ལག་ཤེས་ལ་བརྟེན་ནས། འབུར་བླུག་བྱས་པ་ཞིག་རེད། ཁྱོན་བསྡོམས་འབུར་བླུག་གི་ལྡེབས་ངོས་ཆེན་མོ་༢༢ཡོད་ལ། དེའི་ནང་དུ་ཉེ་རབས་གླིང་གི་སར་རིག་གནས་ཀྱི་མཁས་པ་ཆེན་པོ་དང་། གླིང་སར་རིག་གནས་འཛིན་སྐྱོང་སྤེལ་གསུམ་ལ་བྱས་རྗེས་ཆེས་ཆེ་བ། འདན་སྲས་གཡུ་འོད་འབུམ་མེའི་སྤྲུལ་པའི་རོལ་གར་གྱི་སྐུ་ཚེའི་མཛད་པ་གནད་བསྡུས་ཀྱང་ཡོད་དོ། །ཞིབ་ཆ་ཡུལ་ངོས་གཟིགས་ཞིབ་གནང་སྐབས། འགྲེལ་བརྗོད་པས་ངོ་སྤྲོད་བྱས་པ་ལྟར་རེད།

གེ་སར་ཟློས་གར། འདུན་སྲས་ཟློས་གར་འཆམ་སྐབས།

༤། བྲོ་དང་གར་འཆམ་སྐོར་གྱི་གྲུབ་འབྲས།

༡ འཆམ།

ང་རང་ཟློས་གར་ལ་དགའ་བས། ཆུང་དུས་པེ་ཅིན་ཟློས་གར་དང་། ཁྲུ་ནུ་ཟློས་གར་སོགས་ལ་བལྟས་མྱོང་། ནར་སོན་རྗེས་ནུབ་ཕྱོགས་ཀྱི་གླུ་གཞས་ཟློས་གར་ཏེ། དཔེར་ན་ཏམ་ལེ་ཐེ་དང་། ཁྲ་མེན། ཛ་ཤིང་མེ་ཏོག་མ་སོགས་ལ་བལྟས་པ་ཡིན།

གནས་འདི་རུ། གེ་སར་ཞིབ་འཇུག་གི་སྒོ་མོ་ཆེ་གཅིག་སྟེ། བཀའ་སློན་འདུན་མ་བྱུང་ཁྲའི་རྒྱུད་པ། འདུན་སྲས་གཡུ་འོད་འབུམ་མེ་དེ་ཉིད་མི་སྣ་གཙོ་བོར་བྱས་པའི་གེ་སར་ཟློས་གར་དེ་ནི།

ཉེ་འཁོར་ན་གཞོན་རྣམས་ཀྱིས་གླིང་བྲོ་འཆམ་སྐབས།

སྤྱི་ལོ་༢༠༡༥ལོ་ནས་བཟུང་སྟེ་ལོ་རེའི་བོད་ཟླ་དྲུག་པའི་ནང་དུ་ཟབ་རྒྱས་དང་འཆམ་སྒྲོལ་ཡོད། སྒྲུང་དག་དང་གོ་མཚོན། རྒྱན་གོས་སོགས་ནི་གླིང་གི་སྐབས་དང་བསྟུན་ཡོད་པས། འཆམ་གྱི་སྟང་བཏན་དེས་ཁྲ་མོ་གླིང་གི་ལོ་རྒྱུས་མི་སྣ་དངོས་ཀྱི་རྣམ་པ་བཞེངས་བསྐྱུན་བྱས་ཡོད།

༢ བྲོ།

དེ་ཡང་ཧ་འཇེ་རིགས་དང་། སོག་པོ་དང་ཡི་གུར་སོགས་གྲངས་ཉུང་མི་རིགས་ཐམས་ཅད་ལ་བྲོའི་རིག་གནས་ཕུན་སུམ་ཚོགས་པོ་ཡོད་པ་བཞིན་དུ། བོད་ལའང་བྲོ་རྣམ་པ་སྣ་ཚོགས་ཡོད། དེ་ལས་ཀུང་ས་གནས་འདི་ན་གཙོ་རྒྱུགས་སུ་གྱུར་ཡོད་པའི་བྲོ་ནི། གླིང་བྲོ་རེད། འདི་ནི་གེ་སར་རིག་གནས་ཀྱི་མཁས་པ་ཆེན་པོ་འཇུ་མི་ཕམ་གྱིས་གསར་དུ་བརྩམས་ལ། ཁྲ་མོ་གླིང་གི་བྲོ་ཡིན་པས་མིང་

ལའང་གླིང་བྲོ་ཞེས་བཏགས་སོ། །

འཆམ་དང་འབྲེལ་ཏེ་གླིང་བྲོ་འདི་ཉིད་ལོ་རྟག་པར་འཆམ་སྲོལ་ཡོད་ལ། འདི་ནི་རིག་གནས་བརྒྱུད་འཛིན་གྱི་བྱ་བ་ཙམ་མ་ཡིན་པར། ཉེ་འཁོར་གྱི་སྡེ་མི་ཚོ་ལ་དགའ་སྤྲོ་ཚད་མེད་སྤྲིན་པའི་མིག་གི་དགའ་སྟོན་ཞིག་ཏུའང་གྱུར་ཡོད་ལ། རྒན་གསོ་ཁང་གི་རྒན་པ་རྒོའི་ཚེ་མཇུག་གི་འཚོ་བ་ལ་དགའ་སྤྲོ་ལྷག་མོ་སྟེར་བའི་ཁམས་གསོ་ཞིག་ཏུའང་གྱུར་ཡོད།

དྲུག རིས་དེབ་གསར་བསྐྲུན་སྐོར་གྱི་གྲུབ་འབྲས།

དེང་སང་ལོ་ཆུང་ཚོའི་སེམས་ཁམས་དང་བསྟུན་ཏེ་ཐུབ་ཀྱིས། ད་རེས་འདི་ན་གེ་སར་རིག་གནས་ལས་འདུན་སྲས་གཡུ་འོད་འབུམ་མེ་ཞེས་པའི་རིས་དེབ་ཅིག་བསྐྲུན་ཡོད། རི་མོའི་བརྗོད་བྱ་ནི། འདུན་སྲས་གཡུ་འོད་འབུམ་མེའི་རྣམ་ཐར་ཞི་དྲག་གཉིས་པོ། བཙས་སྟོན། རྩལ་སྟོན། དགའ་སྟོན། རྒྱལ་སྟོན་ཏེ། སྟོན་མོ་བཞིའི་ཁོངས་སུ་བསྡུས་ཡོད་པ་ཞིག་ཡིན། མ་འོངས་པར་འདི་ལྷ་བུ་མང་ཙམ་ལས་ཨེ་ཐུབ་ཀྱི་རེ་བ་ཡོད། ཐམས་ཅད་ཀྱིས་མཇུབ་སྟོན་བྱེད་རྒྱུ་མ་བརྗེད།

བཀྲ་ཤིས་ཁྲི་གླིང་ནི། རྣོད་པོས་གནམ་འཕང་གཅོད་ས་ཡིན། ཁྲོ་རྒྱལ་གྲུབ་པ་བརྙེས་ས་ཡིན། གཞོན་ནུའི་རྩེ་ཐོག་རྒྱས་ས་ཡིན། གླིང་གི་བསྟན་པ་སྤེལ་ས་ཡིན། མ་འོངས་པར། ང་ཚོ་སླར་ཡང་གནས་འདི་རུ་འཛོམས། བཀྲ་ཤིས་ཁྲི་གླིང་གི་སར་ཞིབ་འཇུག་གནས་གཞི་འདི་རུ་འཛོམས། བཀྲ་ཤིས་བདེ་ལེགས།

༢༠༢༢ལོའི་ཟླ་༤ཚེས་༢༤ཉིན་གྱི་མཐོ་རིམ་བགྲོ་གླེང་སྐབས་ཀྱི་དགེ་རྒན་ཧན་མེའི་གཏམ་བཤད་ཟིན་བྲིས་སུ་ཕབ་པའོ། །

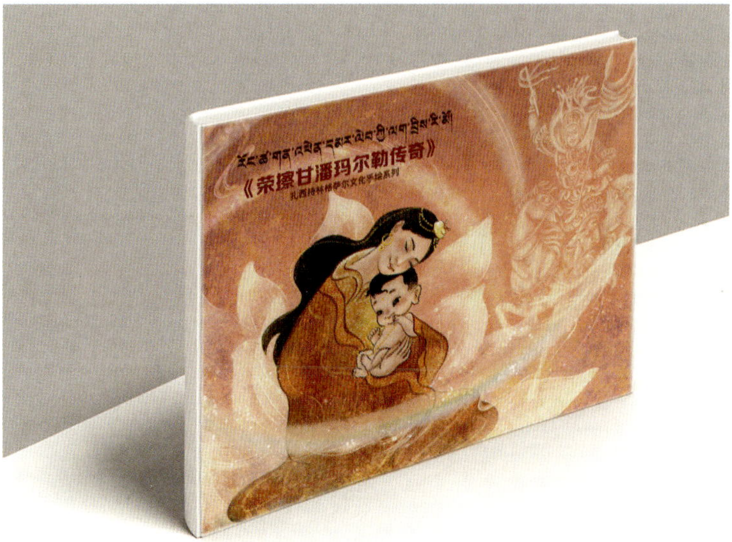

འདན་སྨས་དང་རོང་ཚ་གཉིས་ཀྱི་རྟོགས་པ་བརྗོད་པའི་རིས་དེབ།

རོང་ཚའི་ས་ཀ།

༄། །རོང་ཚ་ནང་དུ་བྱོན་པའི་གླིང་གི་མི་སྣ་གྲགས་ཆེན་

རོང་ཚ་དང་གཟྲུ་ཆེན་གཉིས་ཀྱི་རྗེས་ཤུལ་ལ་ཞིབ་འཇུག་རགས་ཙམ།

ནུ་བོ་རོང་ཚ་གན་འཕེན་དམར་ལེབ།

རོང་ཚའི་གདན་སའི་མཐིལ།

དེ་ཡང་གླིང་གི་གཅེས་ཕྲུག་བཅུ་གསུམ་གྱི་ཡ་གྱལ། གེ་སར་སྐྱེས་བུའི་ནུ་བོ་རོང་ཚ་གན་འཕེན་དམར་ལེབ་ནི། ཕ་ཡབ་སེང་བློན་དང་མ་ཡུམ་རོང་བཟའ་ཤེལ་དཀར་སྒྲོལ་མ་གཉིས་ཀྱི་སྲས་སུ་འབྲུག་གི་ལོ་ལ་སྐུ་འཁྲུངས། ཁོང་གི་གདན་ས་ནི། གངས་ཅན་བོད་ཀྱི་ཞིང་ཁམས། ཁམས་སྡེ་དགེའི་ཡུལ་གྱི་ཤར་ཕྱོགས། ཡིད་ལྷུང་རོང་ཚ་སྡེ་བ་ཚགས་ས་དེ་ན་ཡིན། རོང་ཚ་ཟམ་ཁ་ནས་ཤར་ཕྱོགས་སུ་སྤྱི་ལེ་གསུམ་ཡས་མས་ཀྱི་མཚམས་ཏེ། ལུང་ཆེན་ལུང་ཆུང་མང་པོའི་འདུས་མདོ་དང་། རི་བོ་མཐོན་པོ་དག་གིས་མཐའ་ནས་བསྐོར་བ་རོང་ཚ་ཁ་ཟེར་བའི་ས་གནས་དྲོ་གྲང་སྙོམས་པ་ཞིག་ཡོད་ལ། དེ་ན་

ཚ་ལྡེམ་སྒང་ཞེས་པ་ཞིག་ཡོད། གནས་དེ་ནི་རོང་ཚའི་སྐུ་མཁར་བྱུ་རུ་ལྷ་རྩེ་བཞེངས་སའི་གདན་ས་དངོས་ཡིན། ད་སྐབས་ཀྱང་དེ་ན་མཁར་ཤུལ་ལྷ་བུའི་རྣམ་པ་ལྡེམ་ལྡེམ་མི་འདྲ་བ་ཁ་ཤས་ཤིག་འདུག་ལ། མཐའ་སྐོར་དུ་ཤུག་པའི་ལྗོན་ཤིང་མང་པོ་ཞིག་ཀྱང་རྒྱས་འདུག །རྒྱབ་རིའི་ངོས་སུ་ཤུག་པ་དང་ནགས་ཚལ་གྱིས་བར་མེད་ཁེངས་ནས་ཡོད་ཅིང་། རི་རྩེ་ནི་སྤྲང་རི་ཡངས་པོས་བཟུང་བ་ཞིག་གོ། །དེའི་གཡས་སུ་ལུང་པ་ཆེན་པོ་རོང་ཚའི་ཁོག་དང་རོང་ཚའི་འགག་ཟེར་བ་ཞིག་ཡོད། དེའི་ནང་ནས་རོང་ཚའི་ཆུ་ཟེར་བའི་ཆུ་ཀླུང་ཅུང་ཆེན་པོ་ཞིག་འབབ་བཞིན་ཡོད་ལ། གཡོན་གྱི་འདབས་

རོང་ཚའི་མཁར་ཤུལ་ཚ་ལྡེམ་སྒང་།

སུ་བྲག་སྟེང་ནས་རྡོལ་བའི་དྲོད་ཚད་མཐོ་བའི་ཚ་ཆུ་ཞིག་ཡོད། དེ་ནི་ནུ་བོ་རོང་ཚའི་གཏེར་ཚ་ཡིན་པར་གསུངས། དེའི་འགྲམ་དུ་འོ་སེ་ཚ་ཟེར་བ་དྲོད་ཚད་སྙོམས་པ་ཞིག་ཡོད་ལ། དེ་ནི་འཇང་ཁོག་ཅེས་པའི་ཨོ་རྒྱན་གྱི་སྒྲུབ་གནས་ཁྱད་པར་ཅན་ཞིག་ཡོད་པ་དེའི་སྒྲུབ་ཆུའི་མཇུག་ཡིན་པར་གསུངས། ཚ་ཆུ་དེ་དག་ནད་རིགས་སེལ་བ་ལ་ལྷག་པར་ཕན་ནུས་ཆེ་བར་བཤད་དོ། །

ཚུལ་དེ་དག་ནི་སྔོན་བྱོན་དམ་པའི་གསུང་རྒྱུན་མ་ཉམས་པར་འདུག་སྟེ། མཁས་གྲུབ་གཉིས་

རོང་ཚའི་མཁར་ཤུལ། ཚ་ལྷེམ་སྣང་།

རོང་ཚའི་ཁ།

ལྷན་གྱི་སྐྱེས་བུ་ཆེན་པོ་མཁན་ཆེན་ལ་ཚེ་དབང་འགྱུར་མེད་ཀྱིས། ག་སར་སྐྱེས་བུའི་ནུ་བོ་རོང་ཚ་གན་འཕེན་དམར་ལེབ་ཀྱི་གདན་ས་ངེད་ཅག་གི་ས་ཆ་འདི་ཡིན་ལ། རོང་ཚ་དངོས་སུ་བཞུགས་ས་ནི་ཚ་ལྷེམ་སྣང་ཡིན། དེར་མཁར་ཤུལ་གྱི་རྣམ་པ་ད་ལྟར་ཡང་དངོས་སུ་མཐོང་དུ་ཡོད། ཚ་གྲོད་མ་ནི་ནུ་བོ་རོང་ཚ་དམར་ལེབ་ཀྱི་གཏེར་ཚ་དང་། འོ་སེ་ཚ་ནི་སྲས་ཡུལ་གྱི་སྒྲུབ་ཆུའི་མཛུག་ཡིན། མཁར་ཤུལ་ནས་མར་སོང་ན་ཕག་གྲོད་ཁོག་ཏུ་སྐྱེ་འགྲོ་ལ་འཚེ་བའི་བདུད་རིགས་སུ་གྱུར་པའི་ཕག་གྲོད་མ་ཟུང་བ་ཞིག་ཡོད་པ་དེ་རོང་ཚ་དམར་ལེབ་ཁོང་གིས་བཏུལ།

1 རོང་ཚའི་ཁོག

2 དང་ 3 རོང་ཚའི་གཏེར་ཚ་ཚ་གྲོད་མ།

4 འོ་སེ་ཚ།

རོང་ཚའི་མཁར་ཤུལ་དངོས།

རོང་ཚའི་ཆུ།

ཉེ་འཁོར་དུ་ཡོད་པའི་མཁར་ཤུལ་རྣམས་ནི་ཁོང་གི་འཁོར་གཡོག་ཐམས་ཅད་ཀྱི་སྡོད་གནས་རེད་ཅེས་སོགས་གསུངས་པ་རྒན་རབས་པ་མང་པོ་ཞིག་ལ་དྲིས་ཏེ་ཞིབ་འཇུག་བྱས་པའི་ཁྲོད་ནས་ཤེས་རྟོགས་བྱུང་ལ། ཁྱད་པར་ད་སྐབས་བཞུགས་པའི་དངོས་སློབ་སྒྲུབ་བརྩོན་པ་ཀུན་བཟང་གཞན་ཕན་གྱི་ངག་ལས་གསལ་པོར་ཐོས་སོ། །

ཚ་ཞེམ་པར་ཚུར་གཉིས།

ཨ་ཁྲིའི་ལབ་རྩེ།

རོང་ཚའི་མཁར་ཤུལ་ཡོད་སའི་གཡས་གཡོན་མཐའ་སྐོར་ཐམས་ཅད་ན་མཛེས་ཤིང་ཡིད་དབང་འཕྲོག་པའི་ནགས་ཚལ་དང་། ཤུག་པ་སོགས་ལྗོན་ཤིང་སྣ་ཚོགས་ཀྱིས་བར་མེད་དུ་འགེངས་ནས་ཡོད་པ་དང་། དྭངས་གཙང་གི་ཆུ་ཀླུང་ཆེ་ཆུང་མང་དུ་འབབ་པ་དང་། རྩི་ཤིང་ལོ་འདབ་ཐམས་ཅད་ཧ་ཅང་མང་ས་དང་། དབྱར་དུས་སུ་འགྲོ་བ་མིས་ལོངས་སྤྱོད་ཆོག་པའི་ཤིང་ཏོག་དང་རྩི་ཏོག་ཀྱང་མང་པོ་རྒྱས་པ་དང་། ནམ་རྒྱུན་གནས་དེ་ནས་སྨུག་སྤྲིན་ལང་ལོང་མཁའ་ལ་རྒྱུ་ཞིང་སྤྲིན་གསེབ་ནས་འཇའ་གུར་ཕུབ་པ་ཞིག་ཡིན། རྒྱབ་རི་ནི་བྱ་རྒོད་ཅིག་གིས་གཤོག་གུར་ཕུབ་ནས་ཡོད་པའི་རྣམ་པ་དང་མཚུངས་པ་ཡོད་དོ།།

དེའི་རྒྱབ་ཏུ་རི་བོ་ཤིན་ཏུ་མཐོན་པོ་ཨ་ཁྲིའི་ལབ་རྩེ་ཟེར་བ་ཞིག་ཡོད། རི་རྩེ་ནས་རི་ཕྲན་དག་གི་རྩེ་མོ་མང་པོ་མཐོང་བས། ཡུལ་མི་ཚོས་མཐོ་བའི་ཚད་དུ་གླིང་སྤྱི་རྒྱུན་དུ་ཨ་ཁྲིའི་ལབ་རྩེའི་མགོ་ནས་གཙང་ཉི་མ་ལྷ་སར་འགྲོ་བའི་ལམ་ཕྱེད་ཙམ་ཆད་མཐོང་ཐུབ་ཅེས་བཤད་སྲོལ་ཡོད། དེ་ནི་

ཨེན་དུང་ཚོར་བུ་འཕེལ་ཕུག

སྐབས་འགར་ཨ་ཁུ་ཁྲོ་ཐུང་གིས་ཤར་སྟོད་རྨ་རྒྱལ་སྤོམ་ར་ལ་བསང་མཆོད་བྱེད་ས་ཡིན་པས། ཨ་ཁུའི་ལབ་རྩེ་ཟེར་དོན་ཡང་དེ་ཡིན། དེ་ནས་ཨེན་དུང་ཚོར་བུ་འཕེལ་ཕུག་ཅེས་པ་དེའི་རྩེ་མོ་ནི། ཨ་ཁུ་ཁྲོ་ཐུང་གིས་མཁར་ཞིག་བརྩིགས་ཏེ་བཞུགས་གནས་མཛད་སྒྲོང་བའི་གདན་ས་ཡིན་ལ། དེར་ད་ལྟ་ཡང་ས་འོག་ཏུ་ནུབ་ནས་ཡོད་པའི་རྡོ་རྩིག་གི་རྨང་གཞི་མངོན་གསལ་དོད་པོ་མཇལ་དུ་ཡོད། ཨེན་དུང་གི་ཉག་གའི་གཡས་གཡོན་ནས་ས་ཤུར་རྩུང་ཆེན་པོ་གཉིས་ཡོད་པ་ནི། ཁྲོ་ཐུང་གིས་དགྲ་ཛག་གི་གནོད་འཚེ་འགོག་པའི་ཆེད་དུ་བཏོད་པར་ཡིན་འདུག །དེའི་ཕ་རི་ལྷས་སྦོ་གྱིལ་ལ་འབྲུག་མོའི་ཆང་དོང་ཞེས་པའི་དོང་གོར་གོར་མ་ཤིན་ཏུ་ཟབ་མོ་གཉིས་ཡོད་དོ། །

གཟུ་ཆེན་ལྷེར་མའི་ལྷ་དར་དང་གཟུ་ཆེན་མཁར་མགོ།

གཞན་ཡང་རོང་ཚའི་ཟམ་ཁའི་ཉེ་ཟུར་དུ་མཁན་ཆེན་དམ་པ་ཤེས་རབ་བཟང་པོ་འཁྲུངས་གནས་རྣམ་རྒྱལ་མཆོད་རྟེན་གྱི་གཡོན་ཕྱོགས་སུ་དེའུ་འབུར་ཐོ་ཐོ་མ་ཞིག་ཡོད། དེ་ནི་ཁྲ་མོ་གླིང་གི་དུས་སུ་གཟུ་ཆེན་ལྷེར་མའི་ལྷ་དར་གྱི་མཁར་ཤུལ་ཡིན་པ་དང་། ས་ཟད་ས་དེའི་མིང་ལའང་གནའ་ནས་བཟུང་གཟུ་ཆེན་མཁར་མགོ་ཞེས་སུ་འབོད།

གཟུ་ཆེན་མཁར་མགོ།

མཁན་ཆེན་དམ་པ་ཤེས་རབ་བཟང་པོ་འཁྲུངས་གནས།

དེའི་གཡོན་ཟུར་ཤྭ་རི་ཐང་དུ་རྩིག་རྨང་དང་ཁང་ཤུལ་གྱི་རྣམ་པ་མང་དུ་ཡོད་ལ། དེ་དག་ནི་གཟུ་ཆེན་ལྷེར་མའི་ལྷ་དར་གྱི་འཁོར་འབངས་རྣམས་ཀྱི་སྡོད་གནས་ཡིན་ཏེ། ཕྱིས་སུ་གཟུ་ཆེན་མཁར་མགོ་ན་མཁན་ཆེན་ཚེ་དབང་འགྱུར་མེད་ཉིད་སྐུ་མཚམས་ལ་ཡུན་རིང་བཞུགས་པ་དང་། ས་ཟད་གནས་འདི་ནི་གཟུ་ཆེན་ལྷེར་མའི་ལྷ་དར་གྱི་མཁར་ཤུལ་ཡིན་ལ། ང་རང་ཁྲ་མོ་གླིང་གི་དུས་སུ་གཟུ་ཆེན་ལྷེར་མའི་ལྷ་དར་གྱི་སྐྱེ་བ་ཡིན་ཞེས་ཞལ་བཞེས་གནང་བ་སོགས་གོང་གི་ལོ་རྒྱུས་ཐམས་ཅད་ཀྱང་མཁན་ཆེན་ཚེ་དབང་འགྱུར་མེད་ཀྱི་ཞལ་དྲིན་མོའི་གསུང་དངོས་ཡིན་པ་སྐྱབས་བརྗོན་ཀུན་བཟང་

གཟུ་ཆེན་ལྷེར་མའི་ལྷ་དར།

གཞན་ཕན་ལས་ཐོས་སོ། །གཟུ་ཆེན་ལྷེར་མའི་ལྷ་དར་ནི། ཡབ་ལྗོང་གི་ཨ་བུ་ཞལ་དཀར་དང་ཡུམ་མོན་བཟའ་དམ་ཚིག་བཟང་མོ་ལས་སྐུ་འཁྲུངས། གླིང་གི་དཔའ་རྟུལ་སུམ་ཅུའི་ཡ་གྱལ་དང་གླིང་གི་གཟུ་པ་རྣམ་གཉིས་ལས་གཅིག་ཡིན། ཁོང་ནི་གླིང་གི་དུས་སྟོན་མཛད་སྒོ་ཆེ་མ་ཆུང་གསུམ་དང་འགལ་གཞིའི་གནད་དོན་མང་པོའི་ཐག་གཅོད་བྱེད་མཁན་ལགས། སྔོས་སུ་གླིང་ཏ་རྒྱུག་དུས་སུ་རྒྱུག་ཚད་མི་མཐུན་པ་བྱུང་བའི་སྐབས་དེར་ཁོང་གིས་ཐག་གཅོད་གཟུ་པ་བྱས་པ་གསལ། མཁར་གྱི་མིང་ལ་ཡག་རི་གསེར་རྫོང་དང་། འདོ་བའི་མིང་ལ་གསེར་ཉ་འཁྲུག་ཆེན་འབོད།

མ་ཟད་ཏ་རྒྱུག་ནོར་བུ་ཆ་བདུན་ལས། དེར་ས་སྣང་གི་ལོ་མགོར་རྒྱལ་ཟླའི་ཚེས་བཅོ་ལྔའི་ཉིན། སྟག་རོང་གི་ལས་གུར་དུ་སྟོན་མོ་ལ། བླ་མ་དཀུང་གི་ཉི་ཟླ། ཕ་ཁྱུ་རི་རྒྱལ་ལྷུན་པོ། མ་སྲུ་མཚོ་ལ་དར་ཆགས། སྟག་ཤར་མདའ་སྨྱུག་སིལ་མ། སྨན་བུ་མོ་དབྱར་ཁའི་མེ་ཏོག་རྣམས། ལ་ཁ་ནས་ཁ་བ་བབས་འདྲ། ལུང་ཁུག་ནས་སྨུག་པ་འཕྱུར་འདྲ་བྱས་ནས་འཛོམས་བྱུང་བ་དང་། གཟུ་ཆེན་ལྷེར་མའི་ལྷ་དར་དེས་བཞུགས་གྲལ་གྲལ་བཀོད་ཀྱི་སློ་འདི་ཕུལ་ལོ། །

ཨ་ལ་ཐ་ལ་ཐ་ལ་ལེན། །ཐ་ལ་གླུ་ཡི་ལེན་ལུགས་རེད། །རྨ་ཆེན་སྲིད་པའི་ཐོ་དོར་དང་། །ལྷ་གླུ་གཉན་དང་ལྷེར་མ་སོགས། །གདུང་རྒྱུད་བསྟན་པའི་དགྲ་ལྷ་རྣམས། །དེ་རིང་གཟུ་པའི་གྲོགས་ལ་བྱོན། །ས་འདི་སྟག་རོང་མཁར་གྱི་ཟུར། །ཚོགས་ས་ཀུན་དགའ་ར་བ་ནས། །ལས་གྲུར་ཁྲིམས་གཙོག་དཀར་མོ་རེད། །ང་འདྲ་ང་ངོ་མ་ཤེས་ན། །གཟུ་ཆེན་ལྷེར་མའི་ལྷ་དར་ཡིན། །དེ་རིང་བགྲ་ཤེས་ཉེ་མ་ལ། །ཕུ་ནུ་འཛོམས་པའི་དགའ་སྟོན་དང་། །སྐྱིད་སྡུ་འདྲེན་པའི་ལུང་བསྟན་གཉིས། །མགྱོགས་དར་ལེན་པའི་བཀའ་གྲོས་གསུམ། །སྟག་རོང་དཔོན་པོའི་ཁྲལ་བཀོད་བྱེད། །ཁྲལ་གདོང་དངུལ་ཁྲིའི་སྡེ་སྲིལ་ལ། །ཟ་འོག་དར་གྱི་འབོལ་བརྩེགས་སྟེང་། །འབུམ་པའི་རྒྱ་ཚ་ཞལ་དཀར་དང་། །གསེར་བུ་ཉེ་འབུམ་དར་ཡག་དང་། །འོམ་བུ་ཨ་ནུ་དཔའ་སེང་དང་། །སུ་སྤྱང་རིན་ཆེན་དར་ལུ་སྟེ། །ལྷ་སྲས་མཆེད་བཞི་ཁྲལ་མགོའི་རྒྱན། །དེ་ནས་གུང་ཁྲལ་འབོལ་བརྩེགས་སྟེང་། །གོས་ཆེན་དར་གདན་ཁྲལ་མཉམ་ལ། །དང་པོ་སྤྱི་དཔོན་ཁྲ་ཐག་བཞུགས། །གཉིས་པ་སྟག་རོང་ཁྲོ་རྒྱལ་བཞུགས། །གསུམ་པ་ཡབ་ཆེན་སེང་བློན་བཞུགས། །བཞི་པ་ནམ་མཁའ་སེན་ཞལ་བཞུགས། །ལྔ་པ་གླུ་ཙ་རྒྱལ་མཚན་བཞུགས། །དྲུག་པ་སྟོན་པ་རྒྱལ་མཚན་བཞུགས། །བདུན་པ་དཀར་ཙ་ཉི་མ་དང་། །བརྒྱད་པ་ནག་ཙ་ཐར་པ་སྟེ། །རྒྱལ་མཚན་ཐོབ་པའི་མི་བཞི་བཞུགས། །དེ་ནས་ཕ་ཁྱུ་མགྱོགས་ཁྲལ་གྱིས། །གཡས་ཁྲལ་འབོལ་གདན་བརྩེགས་པའི་སྟེང་། །གུང་ཨ་ལོང་ཅན་གྱི་གདན་སྟེང་ལ། །སྟག་རོང་དཔོན་པོ་གཟིག་འཕེན་གཅིག །སྒྲ་བདེ་ཆོས་སྐྱོང་བེར་ནག་གཉིས། །གདོང་ཆོས་ལུ་བུ་ཡི་དར་འཕེན་གསུམ། །ཡ་མེད་སེང་སྟག་ཨ་དོམ་བཞི། །ཚ་ཞང་འདན་མ་བྱང་ཁྲ་ལྔ། །དཔའ་རྒོད་ཉ་ཚ་ཨ་བརྟན་དྲུག །གདོང་བཙན་སྣང་ཅུ་ཨ་དཔལ་བདུན། །རྒོད་པོ་ཉི་མ་ལྷུན་འགྲུབ་བརྒྱད། །དེ་འཕྲོས་དཔའ་བོའི་མགྱོགས་ཁྲལ་གྱིས། །གཡོན་ཁྲལ་འབོལ་གདན་བརྩེགས་པའི་སྟེང་། །རི་བགྲ་སྟག་གི་གདན་རབ་ལ། །དང་པོ་མི་ཆེན་རྒྱལ་བ་བཞུགས། །གཉིས་པ་སྟོང་དཔོན་ཁྲལ་རྩེ་བཞུགས། །གསུམ་པ་བརྒྱ་དཔོན་གསེར་ལྷམ་བཞུགས། །བཞི་པ་གཡུ་ཡག་མགོན་པོ་བཞུགས། །ལྔ་པ་གསེར་པའི་བུ་ཆུང་བཞུགས། །དྲུག་པ་ཚངས་པའི་ངོ་ལུག་སྟེ། །ངོ་ལུག་ཐོགས་པའི་མི་གསུམ་བཞུགས། །དེ་མིན་དཔོན་ཐོབ་མགྱོགས་ཁྲལ་

གྱིས། །བྱུར་གྲལ་འགོལ་གདན་བརྩེགས་པའི་སྟེང་། །ཐིག་ལེ་གཅིག་གི་གདན་རབ་ལ། །རོང་ཚ་ནོར་བུ་ལྷ་དར་གཅིག །སྣང་ཆུང་གཡུ་ཡི་མེ་ཏོག་གཉིས། །སྐྱ་ལོའི་བུ་ཡག་འབྲུག་རྒྱལ་གསུམ། །བཙོ་ལྡའི་དཔའ་གསར་ཟླ་བ་བཞི། །གུང་པ་བུ་ཡི་སྐྱ་ཁྲ་ལྔ། །སྟགས་ནག་དཔོན་པོ་སེང་སེང་དྲུག །འོམ་བུའི་སྤྱང་ཁྲི་ཛམ་ཆེན་བདུན། །མུ་པའི་ཤེལ་དཀར་རྒྱང་གྲགས་བརྒྱད། །དེ་འཁོར་ཨ་ནུའི་མགྱོགས་གྲལ་གྱིས། །བྱུར་གྲལ་མདུན་གྱི་འགོལ་གདན་ལ། །དོམ་ཐུགས་དཀར་ཅན་གྱི་གདན་རབ་ལ། །གླིང་ཆེན་ཐར་པའི་བསོད་ནམས་དང་། །ཨ་འབར་བུ་ཡི་དཔལ་འབྱོར་དང་། །དབང་གཙོད་དབང་པོ་དར་འཕེན་དང་། །གཟུ་ཆེན་ལྷེར་མའི་ལྷ་དར་དང་། །ལྷ་རྗེ་ཀུན་དགའ་ཉི་མ་དང་། །སོ་མ་ཀུན་ཤེས་ཐིག་པོ་དང་། །རྩིས་པ་ལྷ་ཨུ་གཡང་དཀར་དང་། །སྒྲུ་མཁས་ཁ་ཆེ་མིག་བརྒྱད་དང་། །དེ་འཁོར་ཤེད་ཆེན་མགྱོགས་གྲལ་གྱིས། །རྒྱབ་གྲལ་གཡས་ཀྱི་དར་གདན་ལ། །སྐྱ་ལོའི་སེང་ཚམ་འབྲུག་མོ་གཅིག །སྤྲོ་ལོ་སྐྱིད་ཀྱི་ནེའུ་ཆུང་གཉིས། །སྤྲི་དཔོན་བུ་མོ་གཡུ་སྒྲོན་གསུམ། །གྲོ་ལོའི་པད་དཀར་ལྷ་མཛེས་བཞི། །ཚ་ཞང་བུ་མོ་མཛེས་སྒྲོན་ལྔ། །ཡ་ཐའི་བུ་མོ་གསེར་མཚོ་དྲུག །སྟག་རོང་ཁྲོ་མོ་མཚོ་དང་བདུན། །གླིང་དཀར་དྭངས་སྨན་མཆེད་བདུན་བཞུགས། །དེ་འཁོར་དྭངས་སྨན་མཛེས་གྲལ་གྱིས། །རྒྱབ་གྲལ་གཡོན་གྱི་དར་གདན་ལ། །འོད་བཟང་བཀྲ་ཤིས་ལྷ་མཚོ་དང་། །རྒྱ་བཟའ་ལྷ་དཀར་སྒྲོན་མ་གཉིས། །ཁ་རག་བཟའ་ཡི་གསེར་མཚོ་གསུམ། །ཕ་ཆེན་རག་བཟའ་དགེ་མཚོ་བཞི། །དེ་འཁོར་མ་སྲུའི་མགྱོགས་གྲལ་གྱིས། །དེ་མིན་རྒྱང་གདན་རིང་མོ་རྣམས། །བོད་ཕྲུག་མི་ཆུང་ཁ་བདེ་དང་། །གོ་ཚོད་གཡོག་པོ་དཔའ་རྒྱལ་དང་། །ཨ་ཁོད་ཐར་པའི་ཟོར་སྣ་དང་། །ཁྱི་ཤེ་བུ་ཡི་སྦྲུ་ཙུ་སོགས། །ཀུན་གཞོན་གྲལ་གྱི་བབས་འགྲིགས་གྱིས། །ཚོས་གུར་དཀར་པོའི་ཡང་གོང་ནས། །ཞུ་མི་དགོས་བླ་མའི་བསླབ་གྲལ་ཡོད། །མི་རེས་དགའ་བའི་གླུ་རེ་ལོངས། །དྭངས་སྨན་མཛེས་པའི་བྲོ་རེ་རྡུངས། །ཕ་ཁྱུ་སྐྱིད་པའི་བྲོ་ར་ཚོགས། །དེ་རིང་སྟོན་མོའི་ཡོ་ལང་ལ། །གནམ་སྟོན་མོའི་ཙ་ང་མེད་པར་ཤོག །ས་དོག་མོའི་ཐབ་དོག་མེད་པར་ཤོག །བོད་སྐྱང་པའི་ཁ་འདྲེ་མེད་པར་ཤོག །གླུ་འཁྲུལ་པ་སོང་ན་མཐོལ་ལོ་བཤགས། །ངག་འཁྲུལ་པ་བྱུང་ན་བཟོད་པར་མཛོད། །ཅེས་ཞུ་བཞིན་སོ་སོའི་གདན་ལ་

འཁོད་དེ་དཀར་གསུམ་ཟས་སྣ་རྒྱ་མཚོ་འཁྱིལ་འདྲ། མངར་གསུམ་ཤིང་འབྲས་སྤྲང་ཆར་བབས་འདྲ། ཤ་ཁྲིད་ཟས་སྣ་རྫ་རི་ཉིལ་འདྲ། ཇ་ཆང་བཏུང་བ་ཆུ་རྒྱུན་འབབ་འདྲ་བྱས་ཏེ། མི་རེ་སྐྱིད་པའི་གླུ་རེ་ལེན། དྭངས་སྙན་དགྱེས་པའི་རྩེད་བྲོ་ལ་ལོངས་སུ་སྤྱོད། ཅེས་སོགས་ཀྱིས་མཚོན་གླིང་གི་རྒྱལ་རབས་གསུམ་གྱི་གཟུ་པར་བཞུགས་ཏེ། རྒྱུ་འབྲས་དྲང་བདེན་གྱིས་རྒྱལ་ཁམས་བསྐྱངས་སོ། །

གེ་སར་ཆིབས་བབ་ཞབས་རྗེས།

གེ་སར་མཁར་མགོ

གཞན་ཡང་རོང་ཚོ་ནང་དུ་གེ་སར་བྱོན་བཞུགས་མཛད་སའི་མཁར་ཤུལ་གེ་སར་མཁར་མགོ་དང་། དེ་ན་གེ་སར་གྱི་ཞབས་རྗེས་ཤིག་ཀྱང་ཡོད་ལ། གེ་སར་མཁར་མགོའི་ཉེ་འགྲམ་གྲྭ་ཁང་ཐང་ན་དགྲ་ལྷའི་མ་ཧེ་ཟེར་བའི་མ་ཧེ་རྡོ་འབུམ་ཞིག་དང་། དེའི་ཡར་ཟུར་ན་སྔོན་གྱི་དུས་སུ་གེ་སར་གྱིས་རྟ་བརྡོད་སའི་རྡོ་ཕ་བོང་ཅུང་ཆེ་བ་སྣ་བུག་ཅན་ཞིག་ཀྱང་ཡོད་པ་སོགས་ཀྱི་ལོ་རྒྱུས་ཡོད་མོད། འདིར་ཞིབ་པར་མ་སྤྲོས་སོ། །

ནུ་བོ་རོང་ཚ་དམར་ལེབ།

རོང་ཚའི་དཔའ་སྒྲུ་དང་མཛོད་རྗེས།

རོང་ཚ་དམར་ལེབ་ཁོང་ནི། གླིང་གི་ཞི་བའི་ཕྲིན་ལས་ཀྱི་མཛད་པའི་མངའ་བདག་གི་གྲལ་དུ་གཏོགས་པ་ཡིན། ཁོང་གི་སྐུ་ཞིག་ཏུ། སྨུག་པོ་ཕྱོང་ལ་གྲགས་ཆེ་བ། །ཆོས་འཕེན་ནག་པོ་གླིང་ལ་སྲིད། །ཆོས་འཕེལ་དཔའ་བོའི་གདན་ས་ལ། །རྒྱལ་སྲས་སེང་བློན་རི་སྐྱེས་སྲིད། །རྒྱ་ནས་ལྷ་དཀར་ཁབ་ཏུ་བསུས། །འགོག་ནས་ལྷ་མོ་མགྲོན་དུ་བླངས། །རོང་ནས་ཞལ་སྒྲོན་ཆུང་མར་བསུས། །མ་གསུམ་

གཡང་གི་པང་པ་ན། །ཚེ་བ་ཞལ་དཀར་རྒྱ་ཚ་འཁྲུངས། །ཁྲག་འཐུང་ཕྲོ་བོའི་ངར་ལས་གྲུབ། །འབྲིང་བ་གེ་སར་འགོག་ཚ་འཁྲུངས། །དབུ་ནག་འགྲོ་བའི་སྐྱབས་མགོན་རེད། །ཆུང་བ་དམར་ལེབ་རོང་ཚ་སྐྱེས། །ཞེས་གསུངས། ཁོང་ནི་སྐུ་མདོག་དམར་ལ་འཇིགས་གཟུགས་ལྡན་པ། འབུམ་པའི་རྒྱ་ཚ་ཞལ་དཀར་དང་གླིང་རྗེ་གེ་སར་སྐྱེས་བུ་གཉིས་དང་ཕ་གཅིག་པའི་ནུ་བོ། ཁྲ་མོ་གླིང་གི་རྟེན་ཕུར་ལྷ་བུ་ཡིན་ཏེ། རྟོར་གླིང་གཡུལ་འགྱེད་ལས། སྟེང་མི་དམར་ཕྲོ་གཏུམ་འཇིགས་གཟུགས་ཅན། །འདི་ནུ་བོ་རོང་ཚ་དམར་ལེབ་རེད། །གླིང་གེ་སར་སྐྱེས་བུའི་ནུ་བོ་རེད། །ཤར་ཁྲ་མོ་གླིང་གི་རྟེན་ཕུར་རེད། །ཚིབས་རྟ་མཆོག་རྨ་བྱ་གདོང་དཀར་རེད། །ཅེས་གསུངས་པས་སོ། །ཁོང་གི་ཕོ་བྲང་ལ་བྱུ་རུ་ལྷ་རྩེ་དང་། རྫོག་ལ་དུང་ཕོར་རྩེ་གསུམ། ཁྲབ་ལ་ཁྲབ་དམར་གངས་རི་ཐོག་ཐུབ། གཞུ་ལ་ཟངས་གཞུ་དམར་མོ་ལེབ་ཆེན། མདའ་མོར་ཞག་ཐྲན་མཚལ་གཞོག་དུག་ལྡེ། འདོ་བར་རྨ་བྱ་གདོང་དཀར། རལ་གྲི་དམར་ཆེན་ཟངས་དམར་ཞེས་ཟེར། གཞན་ཡང་ཁོང་དགུང་ལོ་བཅུ་གསུམ་སྟེང་ནས་རྟོར་ཡུལ་དུ་གཡུལ་ལ་ཆས་པའི་སྐབས་ཀྱི་རྣམ་ཐར་རྟོར་གླིང་གཡུལ་འགྱེད་ལས། ཉིན་གཅིག་ཨ་ནུ་རོང་ཚ་དམར་ལེབ་དེ་རྟ་ཕོ་རྨ་བྱ་མདོངས་ཅན་གྱི་སྟེང་དུ་བྱོན། ཁྲབ་དཀར་གངས་རི་ཐོག་ཐུབ་དེ་ཚེ་མདུད་སྤྲུངས་སེ། རྫོག་དཀར་དུང་ཕོར་རྩེ་གསུམ་དེར་རྐོད་འཕྱུ་དར་དམར་གྱི་བ་དན་དགུང་ལ་ཐུག་པ་གཅིག་བཙུགས། སྟག་དོང་གཟིག་ཤུབས་བསྐོར། རལ་གྲི་དམར་ཆེན་བྱང་བ་དེ་བཏགས་ནས་བཙན་དམར་ཐང་ལ་ལྷུང་འདྲ་གཅིག་བྱས། ཞེས་དང་། རོང་ཚ་དེ་རྟོར་སྐར་གྱི་འགྲམ་དུ་མདའ་རྒྱང་གང་གིས་མ་སླེབས་ཙམ་ནས། རལ་གྲི་དེའི་མགོ་ཕུད་ནས་གླུ་འདི་ལྟར་བླངས་པར་གདའོ། །གླུ་ཨ་ལ་ཨ་ལ་ཨ་ལ་རེད། །ཐ་ལ་གླུ་ཡི་ལེན་ལུགས་རེད། །ཨ་ལ་ངག་གི་འགུགས་ལུགས་རེད། །བསམ་དོན་ངང་གིས་ཤུགས་འབྱུང་རེད། །འབྲུ་དྲུག་ཚིག་གི་འཕྲེར་སོ་རེད། །ས་འདི་ས་ངོ་མ་ཤེས་ན། །གླིང་གཡོན་ཉིན་རྨ་ཆུའི་འགྱིང་ཟུར་རེད། །ཕོ་ང་དང་ང་ངོ་མ་ཤེས་ན། །ཤར་གླིང་མཐོང་བ་ཀུན་སྨོན་ལ། །བརྒྱ་རྩ་བརྒྱད་མཆོད་རྟེན་ར་བ་ནས། །སྟོང་རྩ་གཉིས་སཙྪའི་འབུམ་ཁང་ན། །མཁར་མི་འགྱུར་བྱེ་རིའི་ལྷ་རྩེ་ནས། །གདོང་མི་འགྱུར་རོང་ཚ་དམར་ལེབ་ཡིན། །རྟོར་གུར་

དཀར་རྒྱལ་པོ་མན་ཆད་ནས། །འབུམ་དམག་ཏ་ཛི་ཡན་ཆད་ཉམས། །མིག་ཁྲ་ཆུང་ཡོད་ན་ལྟད་མོ་ལྟོས། །རྣ་དར་ལུང་ཡོད་ན་གླུ་ལ་ཉོན། །འཛམ་གླིང་ལྷ་ཡི་ནམ་མཁའ་ལ། །རྡོ་ཞིང་འཛམ་པའི་ཉི་མ་ཤིད། །གསལ་ཞིང་དྭངས་པའི་བཅོ་ལྔའི་ཟླ། །འཛོམ་ཞིང་བཀྲ་བ་སྨིན་དྲུག་ཟེར། །དཔེ་དེ་མཉམ་གླིང་དཀར་ཡུལ་ཕྱོགས་ན། །གླིང་གེ་སར་ནམ་མཁའི་སྒོ་འབྱེད་ལ། །ཞལ་དཀར་མེ་ཤེལ་ཉི་མ་ཤིད། །དམར་ལེབ་ཆུ་ཤེལ་ཟླ་བ་ཚེས། །དཔའ་རྟུལ་སྨིན་དྲུག་རྩེ་ནས་རྒྱས། །སྨུག་པོ་ཕྱོང་ལ་གྲགས་ཆེ་བ། །ཆོས་འཕེན་ནག་པོ་གླིང་ལ་ཤིད། །ཆོས་འཕེལ་དཔའ་བོའི་གདན་ས་ལ། །རྒྱལ་སྲས་སེང་ཀློན་རི་སྐྱེས་ཤིད། །རྒྱ་ནས་ལྷ་དཀར་ཁབ་ཏུ་བསུས། །འགོག་ནས་ལྷ་མོ་མགྲོན་དུ་བླངས། །རོང་ནས་ཤེལ་སྒྲོན་ཆུན་མར་བསུས། །མ་གསུམ་གཡང་གི་པང་པ་ན། །ཆེ་བ་ཞལ་དཀར་རྒྱ་ཚ་འཁྲུངས། །ཁྲག་འཐུང་ཁྲོ་བོའི་ངར་ལས་གྲུབ། །འབྲིང་བ་གེ་སར་འགོག་ཚ་འཁྲུངས། །དབུ་ནག་འགྲོ་བའི་སྐྱབས་མགོན་རེད། །ཆུང་བ་རོང་ཚ་དམར་ལེབ་སྐྱེས། །ནོར་བུ་དཀར་ཡུ་ཁ་འཐམ་ཤིད། །ད་ལོ་བཅུ་གསུམ་ལོ་ངོ་ཐོག །རྩལ་དྲུག་འཛོམས་པའི་རིགས་རྒྱུད་ལ། །ན་སོ་ཆེ་ཆུང་ག་ལ་ཤིད། །སྙིང་སྟོབས་ཅན་གྱི་རང་སྒོ་ལ། །གཟུགས་ལ་ཆེ་ཆུང་ཡོད་པ་མིན། །མི་ཕོ་འབྲུག་གི་གནམ་ལོ་འདིར། །གུར་དཀར་འབུམ་དམག་ཁྲ་བོའི་དཔུང་། །གླིང་དཀར་གོང་བ་གནོན་ལ་ཆས། །ཤ་ཤོར་མེད་པའི་ལན་པོ་རེད། །ཟློག་འཕྲོག་མེད་པའི་རྩ་ར་རེད། །གཉོམ་ཆུང་སྙིང་གི་ཀོད་པོ་རེད། །མཐོང་སྨོན་ལྷ་ཡི་དཀྱིལ་འཁོར་ནས། །དཔོན་སྣང་ངུ་མེ་ཏོག་གོང་ནས་བཅོམ། །གཟིག་འཕེན་དར་གྱི་ཐིག་ལེ་བཀོག །སྐྱ་བདེའི་མི་མང་ཕྱེད་མེད་བཟློས། །གསེར་པའི་དཔུང་བ་ཁྲག་ལ་བསྲེས། །མ་བྱུས་ལས་ལ་གཅིག་ཀྱང་མེད། །གནའ་མི་སྨད་པའི་ངག་རྒྱུན་ལ། །ཇན་ཆེན་མི་ལ་འདོད་ཆེ་ན། །མཐའ་མ་རང་གི་གཉའ་ལ་འཁོར། །ཕམ་པོ་བྲོས་ཁུང་མ་རྙེད་ན། །མདུང་རྟེང་གད་ཐུག་ཤེ་ལྟེབ་བྱེད། །དེ་རིང་རོང་ཚ་དམར་ལེབ་ངས། །གཡུ་སྟག་ཤོར་བའི་སྲོག་ལན་གཅིག །སྟག་རོང་དཔོན་པོའི་ཤ་ལན་གཉིས། །ལས་དམག་བརླགས་པའི་ཡང་ལན་གསུམ། །གླིང་སྤྱི་སྐལ་དེ་བྱུས་རྟེང་མ་བཞི། །དུས་གཅིག་ལ་མ་ཚོད་རོང་ཚ་མིན། །ཉི་མ་གདུགས་ཀྱིས་འཁྱིལ་བས་ན། །ངས་གུར་དཀར་སྒྲོག་དམར་འདོམ་ལ་འཛལ། །གུར་ནག་

ཟླ་ཚེ་སྲིར་ལ་འདོན། །ཤན་པའི་དཔུང་བ་ལྔ་དུམ་བཏུབ། །མདའ་དོང་བ་མ་སྟོང་ཉག་ཕྲན་འཕེན། །གཞུ་མཆོག་རྒྱུད་མ་འཁོར་དཀར་མོ་འགེངས། །མཚོན་སོ་ཁ་མ་རྟགས་བྱང་མ་གཡུག །རྟ་བང་ཁ་མ་ཉམས་མདོངས་ཅན་རྒྱུག །བུ་སློག་ལ་མ་སྨིན་དམར་ལེབ་མཆོང་། །གུར་དཀར་འབྱམ་དམག་ཕྱ་མོ་ཚོ། །སྡུག་ཕུབ་ཡོད་ན་མགོ་ལ་གྱོན། །སླ་ང་ཡོད་ན་རྐུབ་ལ་ཁེབས། །ཁྲབ་རྩུལ་ཡོད་ན་ལུས་ལ་ཁེབས། །སྨྱུག་ཁ་ཤོར་ཡོད་ན་འཕེན་གྲབས་གྱིས། །མཚོན་ཞ་ལུ་ཡོད་ན་གཡུག་གྲབས་གྱིས། །ངས་ཁྲག་གི་འཁོར་ལོ་མི་སྐོར་རི། །གླིང་ཉིན་ཐང་རོ་ལ་མི་འདིང་རི། །མོ་ཕྱིད་ཡུགས་ས་མི་འཕུད་རི། །གཏམ་རྒྱུད་ཕྱི་བཞག་མི་བྱེད་རི། །དགའ་དོ་བསམ་མམ་སྡུག་དོ་བསམ། །གོ་ན་རྣ་བའི་བདུད་རྩི་ལ། །མ་གོ་གླུ་ཡི་འགྲེལ་པ་ཞུ། །ཧོར་སེར་པོའི་ཡིད་ལ་དེ་འདྲ་ཞོག །ཅེས་གླུ་བླངས་པ་དང་། པཱ་དུར་མཆོང་ལྡ། སྟོབས་ཆེན་ཁྲ་འབར། འབལ་ཆེན་གྲུ་གུ་གསུམ་སོ་སོ་ནས་ཞགས་པ་འཕེན་རྩིས་ཀྱིས་རྟ་ཞོན་གོ་མཚོན་བསྐོར་ཏེ་ཆས་བྱུང་བ་དང་། དང་པོ་མདའ་རྒྱང་གིས་མི་སླེབས་ཙམ་ནས་པཱ་དུར་མཆོང་ལྡས་ཡོབ་ལང་ཞིག་བརྒྱབ་ནས། ཡ། ཁོ་རེ་སྦྲོ་ཞུར་ཁྲབ་དཀར་ཅན། །ཚུར་ཚུར་མ་ཡོང་གོ་བཙན་ཟུངས། །ཛུས་རྒྱལ་དཔའ་ཚོད་མ་བཟུང་ན། །ཕམ་པོ་ས་ལ་ཆགས་ལེ་མེད། །ཟེར་ནས་གླུ་འདི་ལྟར་ལེན་པར་གདའོ། །ཞེས་དང་། ཤན་པ་གསུམ་གྱིས་མཉམ་དུ་ཞགས་པ་ཐོགས་ཏེ་རྟ་བང་བཏང་ནས་ཇམ་སྟབས་སུ་ཡོང་སྐེ། དམར་ལེབ་བྲོས་ཨེ་འགྲོ་བསམས་ཀྱང་། ཕྱིར་ནུར་མཐོ་གང་ཡང་མི་བྱེད་པའི་སྟེང་ཚུར་རལ་གྲི་ཕྱུར་ནས་བྱུང་བ་ཞགས་པ་རྒྱག་ལོང་མ་བྱུང་བར་སྐར་ཆེན་ནང་དུ་ཤར་རྒྱག་གིས་ཤོར་སོང་། དེར་སྐར་གཡས་ན་ཤན་པ་གློག་འཁྱུག་ཐོག་དམར་དེ་ཡོད་པ་ལམ་ཞོར་ནས་སྐེ་བྲེགས། གུར་དཀར་ནག་ལ་རལ་ཤན་གསུམ་རེ་བརྒྱབ། ཇ་ཐབ་བསྒྱེལ། གོ་བཟུང་མཚོན་ཐོགས་བྱས་ཚད་ཐམས་ཅད་གཏོར། བཙན་ཆས་མ་བྱས་པའི་རང་བཞིན་པ་རྣམས་བསྒྱུར། མི་བརྒྱ་ཚོ་མང་པོ་ཁྲག་ཏུ་བསྐྲེས། ནུབ་སྐོར་གུར་སེར་གྱི་ཤན་པ་སེར་རྒོད་སྟོང་ཐུབ་དེ་ཡོད་པ་ལམ་ཞོར་དུ་བསད་དེ་ལྷག་སྐོར་སྐྱ་རྒྱུང་ངེ་ཐོན་བྱུང་ངོ་། །དེར་ཤན་པ་གསུམ་ཞགས་པ་ཁྱེར་ནས་ཐག་ཉེ་བར་སླེབས་ནས་བཏབ་པས། མཆོང་ལྡའི་ཞགས་པ་དཔུང་གཡོན་ལ་ཐེབས། ཁྲ་འབར་གྱི་ཞགས་

དམར་དཔུང་གཡས་ལ་ཐེབས། འབལ་ཆེན་གྱིས་ཞགས་ནག་རྒྱབ་ནས་སོག་དཀྱིལ་དུ་ཐེབས་པ་ལ། རོང་ཚས་རལ་གྲི་གནམ་ལ་བསྐོར་ནས་གཡོན་དང་དཀྱིལ་གྱི་ཞགས་པ་དཀར་ནག་གཉིས་ཀ་བཅད། ཁྲ་འབར་གྱི་ཞགས་པ་དམར་པོ་མ་ཆད་པར་རྒྱུད་ནས་འཐེན་འཐེན་བྱེད་པའི་ངང་དེར། ཤན་པ་རྨེ་རུ་དང་། མགྱོགས་པ་ཕྲུང་ནག་བཅས་ཤན་པ་ལྔས་གྱི་རུབ་རྒྱག་པར་བྱུང་། རོང་ཚས་གྱི་གཡུགས་པས་འབལ་ཆེན་གྱི་ཕྱོ་བར་ཕོག་སྟེ་རྒྱུ་མ་ས་ལ་ལྷུང་བྱུང་། དེར་ཤན་པ་བཞིས་གྱི་རུབ་བརྒྱབ་པར་ཁྲབ་ལ་གྲི་རྩ་བ་ནས་མ་སོང་། ཞེས་གསུངས་པ་ལྟར་ཁོང་སྐུ་ན་ཏ་ཙང་ཆུང་བ་ནས་གཡུལ་འཐབ་ལ་ཞུགས་ཏེ། ཧོར་གུར་དཀར་རྒྱལ་པོས་གླིང་ལ་བཙན་ཤེད་ཀྱིས་དཔུང་འཇུག་བྱས་པ་ན། ཁོང་གིས་དཀར་ཕྱོགས་ཀྱི་རང་སྐྱེ་སྲུང་བ་དང་ནག་ཕྱོགས་ཀྱི་བདུད་སྐྱེ་འཇོམས་པའི་ཆེད་དུ། ཧོར་གྱི་དམག་སྐར་ནང་ལ་དཔའ་བོ་ཁེར་རྒྱུག་བྱས་ནས་ཧོར་གྱི་གང་དྲག་མང་པོ་བསད་པ་སོགས་ཀྱིས་དཔའ་རྟགས་འཛམ་གླིང་ལ་གྲགས་པ་བཞག་ཡོད། མི་གཅིག་པུ་ངར་ཡང་དགྲ་དམག་མང་ཆེ་སྟབས་མཐར་ཧོར་གྱི་དམག་དཔོན་རྣམས་མང་རུབ་བྱས་ཏེ་དགུང་ལོ་བཅུ་གསུམ་སྟེང་ནས་སྐུ་བཀྲོངས་སོ། །

ཚ་ཤུལ་གཏེར་སྟོན་བསོད་ནམས་རྒྱ་མཚོ།

ཡིད་ལྷུང་ཁོག་ཏུ་སྐུ་སྐྱེ་བཞེས་ཤིང་མཛད་པ་བསྟན་ཚུལ།

ཡིད་ལྷུང་ཁོག་འདིར། ཁོང་གི་སྐུ་སྐྱེ་ཙ་ཤུལ་གཏེར་སྟོན་བསོད་ནམས་རྒྱ་མཚོ་ཉིད་ཡིན་ཏེ། ལབ་སློང་ཆེན་གྱིས། ཙ་རྒྱལ་གན་འཕེན་དམར་ལེབ་ལ། །འབྲེལ་ཚད་རིག་འཛིན་ཞིང་དུ་འགྲོ། །ཞེས་དང་། འབྲི་གུང་གཏེར་སྟོན་གྱིས་མཛད་པའི་སྐྱེ་ཕྲེང་གསོལ་འདེབས་ལས། ཁྲ་མོ་གླིང་གིས་བདུད་དགྲ་འདུལ་བའི་དུས༔ རོང་ཚ་དཔའ་བོ་གེ་འཕན་ཞེས་སུ་གྲགས༔ མཐའ་མའི་འབྲུག་པ་ཞི་བར་བྱིན་གྱིས་རློབས༔ ཞེས་དང་། སྨད་ཕྱོགས་སྨང་དྲུག་ཁམས་ཀྱི་ས་ཆ་རུ༔ སྤྲུལ་པའི་སྐུ་མཆོག་བསོད་ནམས་རྒྱ་མཚོ་ཉིད༔ འབྲེལ་ཚད་དོན་ལྡན་ཁྲིད་ལ་གསོལ་བ་འདེབས༔ ཞེས་གསུངས། གཏེར་སྟོན་ཁོང་སྐུ་ཚེ་སྨད་དུ་རོང་ཚ་སྡེ་བའི་ནང་དུ་བྱོན་ནས་ནུ་བོ་རོང་ཚ་དམར་ལེབ་ཀྱི་གདན་ས་དང་ཐག་ཉེ་བ་བཀྲ་ཤིས་དར་ཐང་དུ་བཞུགས་པར་མཛད་ཅིང་། གནས་དེར་བསྟན་འགྲོའི་འགལ་རྐྱེན་སེལ་ཞིང་མཐུན་རྐྱེན་སྒྲུབ་པའི་ཆེད་དུ། ཨོ་རྒྱན་པདྨའི་བཀའ་ལུང་ལྟར་མཆོད་རྟེན་བཀྲ་ཤིས་འོད་འབར་བཞེངས་སྐྲུན་དང་འབྲེལ་ཏེ། བཀྲ་ཤིས་གཡང་གི་དར་ཐང་༔ ཕུན་ཚོགས་ནོར་བུའི་གླིང་དུ༔ རིག་འཛིན་མ་ཧཱ་གུ་རུའི༔ རྡོ་རྗེའི་བཀའ་ལུང་བཞིན་དུ༔ མཆོག་སྤྲུལ་བསོད་ནམས་རྒྱ་མཚོའི༔ ཐུགས་བསྐྱེད་དཀར་པོའི་ངང་ནས༔ མཆོད་རྟེན་བཀྲ་ཤིས་འོད་འབར༔ ཕུན་ཚོགས་ཕྱོགས་ལས་རྣམ་རྒྱལ༔ འབྲེལ་ཚད་དོན་ལྡན་ཆེན་པོས༔ བསྟན་འགྲོའི་དཔལ་མགོན་ཞིང་མཆོག༔ ས་ཕོ་སྟག་གི་ལོ་ལ༔ རྟེན་འབྲེལ་ལེགས་ཚོགས་སྨིན་འོང་༔ སྐུ་ཚེ་ཞབས་པད་བརྟན་ནས༔ འགྲོ་དོན་མཐའ་རུ་ཕྱིན་ནས༔ ཡངས་པའི་རྒྱལ་ཁམས་ཀུན་ཏུ༔ ནད་མཚོན་མུ་གེ་ཞི་ནས༔ གཞོན་སྐྱེས་རྩེ་ཐོག་རྒྱས་འོང་༔ ངེད་ཅག་དཔའ་བོ་དཔའ་མོ༔ བསམ་དགུ་ཡིད་བཞིན་འགྲུབ་ནས༔ དཔོན་སློབ་མི་འབྲལ་ལྷན་ཅིག༔ ཡང་ཡང་འཚོགས་པའི་སྨོན་ལམ༔ སྙིང་ནས་ཞུ་འོ་ལྷ་རྒྱལ་ལོ༔ སྙིང་པོ་དུས་དྲུག་བགྲངས་ནས་ཕྱག་འཚལ༔ ཨོཾ་ཨཱཿཧཱུྃ་༔ བཛྲ་གུ་རུ་པདྨ་སིདྡྷི་ཧཱུྃ༔ ཞེས་པའི་གླུ་བྲོ་དང་འབྲེལ་བའི་ལུང་བསྟན་ཞིག་ཀྱང་ཡོད་དོ། །

མཆོད་རྟེན་བཀྲ་ཤིས་འོད་འབར།

ད་སྐབས་གནས་དེར་མཁན་ཆེན་དམ་པ་ཤེས་རབ་བཟང་པོ་མཆོག་གིས་ བླ་ན་མེད་པའི་ཐུགས་བསྐྱེད་མཛད་དེ་སྔར་ཡང་མཆོད་རྟེན་བཀྲ་ཤིས་འོད་འབར་བསྐྱར་དུ་བཞེངས་པས། གནས་དེར་ཕུན་ཚོགས་ཇེ་ལེགས་སུ་གྱུར་པ་དང་། མ་ཟད་གདན་ས་ངོ་མ་དེར་སྒྲུབ་ཁང་ཡང་བཞེངས་ཡོད་ལ། དེ་ཡང་ཆེད་དུ་རྟེན་འབྲེལ་མ་བསྒྲིགས་རང་འགྲིགས་སུ་གྱུར་ཏེ་གདན་སའི་ཤུལ་ངོ་མར་ཁེལ་ཡོད་པ་ཡིན་ནོ། །

དེ་ལྟར་ལས་སྨོན་རྟེན་འབྲེལ་གྱི་དབང་གིས་ནུ་བོ་རོང་ཚ་དམར་ལེབ་ཁོང་གི་སྐུ་སྐྱེ་ཐུ་ཕྱི་ཡང་ཡང་ཡིད་ལྟུང་ཁོག་ཏུ་འཁྲུངས་ནས་བསྟན་དང་འགྲོ་བའི་དོན་རྒྱ་ཆེར་མཛད་པ་ཡིན་ནོ། །

སྒྲ་དཀར་སོ་མེད་རྐན་པོའི་ངག་འགྲོས་སུ། །
ལུས་པའི་གླིང་དཀར་ཕུ་ནུའི་དངོས་བྱུང་གཏམ། །
ཞིབ་པར་བརྟགས་ན་དྲི་མེད་ཟླ་བའི་དཀྱིལ། །
དཔྱོད་ལྡན་ཡིད་ཀྱི་མཁའ་ལ་མཛེས་གྱུར་ཅིག །

བཀྲ་ཤིས་ཁྲི་གླིང་གི་སར་ཞིབ་འཇུག་ཚན་ཚུང་གིས་བྲིས་པ་དགེ་ལེགས་འཕེལ།

༄། །ཁྲིད་དང་འབྲེལ་བའི་ཟིན་ཐོ་གཞན་འགའ།

༄༅། །ཡིད་ལྷུང་ཐོག་ཏུ་གླིང་གི་དངོས་བྱུང་ལོ་རྒྱུས་དང་འབྲེལ་བའི་ངོ་སྤྲོད།

དེ་ལ་གླིང་སེང་ཆེན་སྐྱེས་བུ་དོན་འགྲུབ་གི་སར་ནོར་བུ་དགྲ་འདུལ་ནི། ཡུལ་སྡེ་ལ་དགེ་བའི་མཚན་ལྟས་རབ་ཏུ་མང་བའི་ས་ཆ། གླིང་ཡུལ་མཐོང་བ་ཀུན་སྨོན་གྱི་ཆ་ཤས་ཏེ། དེང་སྐབས་ཨ་ཕྱུག་རྩ་ཐང་ཞེས་པའི་གནས་དེར་སྐུ་འཁྲུངས་པ་ཡིན་ཞེས་འཁྲུངས་གླིང་མེ་ཏོག་ར་བ་སོགས་སུ་འབོད་ཡོད་པ་ལྟར་ཡིན་ལ། ཁོང་གི་འཕྲིན་ལས་སྒྲུབ་པའི་གཟུངས་མ་སྟེང་ལྷ་ཡུལ་ནས་བསྐོས་པ། སྒ་སྐྱ་ལོའི་སེང་ལྕམ་འབྲུག་མོས་དྭངས་གཙང་ཡིད་ཀྱིས་སྨོན་པ་ཡང་ཡང་འཚོར་བའི་གནས་མཆོག་ཡིད་ལྷུང་ཐོག་ཏུ། ཁོང་གི་སྲུན་ཆུང་ནུ་བོ་རོང་ཚ་གན་འཕེན་དམར་ལེབ་དང་། ཁུ་བོ་ཁྲོ་ཐུང་། གཟུ་ཆེན་ལྷེར་མའི་ལྷ་དར། སྐྱ་ལོ་སྟོན་པ་རྒྱལ་མཚན། སྐྱེས་ཡག་ཉི་མ་རང་ཤར། འབུམ་དཔོན་ཐོག་རྒོད་འབར་བ་སོགས་ནི། ད་ལྟའི་ཡིད་ལྷུང་ཐོག་གི་ས་ཆ་འདི་ནས་འཚར་བ་ཡིན་ཞེས་བཤད་སྲོལ་ཡོད་པར་མ་ཟད། གླིང་སྒྲུང་དང་ངོ་འཕྲོད་པའི་ས་གནས་སོགས་མང་པོ་ཞིག་ཀྱང་ཡུལ་ངོས་སུ་མཇལ་རྒྱུ་ཡོད་པ་ཡིན།

དེ་ཡང་ངག་རྒྱུན་དུ་གྲགས་པ་ལྟར་ན། གླིང་སེང་ལྕམ་འབྲུག་མོས་སྨུག་རིང་ལ་ནས་ཕྱིར་བལྟས་ཐེངས་ཤིག་བྱས་སྐབས། ཡིད་ལྷུང་གི་གནས་མཆོག་འདི་ཅི་འདྲའི་ཉམས་དགའ་བ་ལ་ཨང་སྙམ་ནས་ཡིད་དབང་ཤོར་སོང་བའི་རྐྱེན་གྱིས་ཡིད་ལྷུང་ཐོག་ཅེས་མིང་ཐོགས་པར་ཡོངས་སུ་གྲགས། ཕྱིར་ཡིད་ལྷུང་གི་ས་གནས་སུ་གླིང་གི་ལོ་རྒྱུས་དང་འབྲེལ་བའི་གནའ་ཤུལ་དང་ངག་རྒྱུན་ཡང་མང་པོ་ཡོད་ལ། ཡིད་ལྷུང་སྨད་ཕྱོགས་རོང་ཚ་སྐྱེ་བའི་ས་ཆ་ན་གླིང་གི་སར་སྐྱེས་བུའི་ནུ་བོ་

རོང་ཚ་གན་འཕེན་དམར་ལེབ་དང་། གཟུ་ཆེན་ལྷེར་མའི་ལྷ་དར་གཉིས་ཀྱི་གདན་ས་ཡིན་པའི་ལོ་རྒྱུས་ཀྱི་ངག་རྒྱུན་ཡོད་པར་མ་ཟད་མཁར་ཤུལ་ཡང་ད་ལྟའི་བར་མཇལ་དུ་ཡོད། རོང་ཚ་སྐྱེ་བའི་ས་གནས་དེ་ག་ན་རང་བྱུང་གི་ཚ་ཆུ་ངོ་མཚར་བ་ཞིག་ཡོད་པ་དང་། ཚ་ཆུའི་མིང་ལ་རོང་ཚ་ཚ་ཆུ་ཞེས་མིང་དུ་གྲགས་ཡོད། ས་གནས་དེ་ནི་ནུ་བོ་རོང་ཚ་དམར་ལེབ་ཀྱི་བཞུགས་གནས་ཡིན་པ་མཁན་ཆེན་ཚེ་དབང་འགྱུར་མེད་ཀྱིས་ཡང་ཡང་གསུངས་པ་དང་། མ་ཟད་ངག་རྒྱུན་ལའང་དེ་ལྟར་ཐོགས་ཡོད། དེ་ན་བྲག་དང་ཤུག་པ་མང་པོ་ཡོད་པའི་བྲག་ཐོ་ཞིག་གི་སྟེང་འོག་བར་གསུམ་ན་ཚ་ཆུ་དྲོད་ཚད་ཤིན་ཏུ་མཐོན་པོ་གསུམ་ཡོད། དེའི་ཐད་ན་འོ་སེ་ཞེས་པའི་ཚ་འཇམ་པོ་ཞིག་ཡོད་ལ། དེ་ནས་མར་སྨྲི་སུམ་བརྒྱ་ལྷག་ཙམ་གྱི་མཚམས་ན་ཡང་ཚ་འོག་མ་ཞེས་པ་འགའ་ཞིག་ཡོད། དེ་དག་ལས་ཚ་རྒོད་མ་དང་འོ་སེ་ནི་གླིང་རྗེ་གེ་སར་སྐྱེས་བུའི་སྤུན་ཆུང་ནུ་བོ་རོང་ཚ་དམར་ལེབ་ཀྱིས་ཚ་གཟིམས་བྱ་ཡུལ་ཡིན་ཞེས་གནས་དེ་གའི་མི་རྣམས་ཀྱི་ངག་རྒྱུན་དུ་ཆུང་ལྟར་གྲགས། རྗེས་སུ་ཚ་ཆུ་དེ་དག་གི་ནང་དུ་ཁྲུས་བྱེད་ན་ནད་ལ་ཕན་པ་དང་། ལྷག་པར་འོ་སེ་ནང་དུ་ཉལ་ནས་ནད་མང་པོ་དྲག་སྐྱིད་བྱུང་བའི་དངོས་བྱུང་གཏམ་རྒྱུད་མང་དུ་ཐོས་རྒྱུ་འདུག་ལ། རོང་ཚའི་ས་ཆར་ཡོད་པའི་ཤ་རི་ཐང་ཞེས་གྲགས་པ་དེ་ལ་གླིང་གི་དུས་སུ་ཤ་བ་ཐང་ཞེས་འབོད་པ་བྱ་བྲལ་སངས་རྒྱས་རྡོ་རྗེས་གསུངས། དེའི་རྒྱུ་མཚན་ཡང་ཁྲོ་ཐུང་ཉ་ཚ་ཨ་བརྟན་གྱིས་ཤ་བ་ལ་མདས་བརྒྱབས་ཏེ་སྨྱས་པས་ཁྲིས་ཤ་བའི་རྗེས་དེད་མཐར་རི་ངོས་གཟར་བས་ཤ་བ་དང་ཁྱི་གཉིས་ཀ་རིའི་གཞོང་གི་ཆུར་ལྷུང་ནས་ཆུས་ཁྱེར། མཚམས་ཤིག་ཆུའི་ཟུར་དུ་ཐོགས་པས་ད་ལྟའི་བར་ས་གནས་དེར་ཤ་ལྷག་ཁྱི་ལྷག་ཅེས་འབོད་དོ།།

ཡང་རོང་ཚ་སྐྱེ་བའི་གཞི་བདག་ཨེན་དུང་ནོར་བུ་འཕེལ་ཕྱུག་གི་ཤར་ཕྱོགས། ཡོངས་ཀྱི་དགེ་བའི་བཤེས་གཉེན་ཆེན་པོ་མཁན་ཆེན་ཤེས་རབ་བཟང་པོའི་སྐུ་ཡི་མཚན་དཔེ་བཞད་པའི་གནས་དེ་ན་གཟུ་ཆེན་ལྷེར་མའི་ལྷ་དར་གྱི་གདན་ས་ཡོད། མི་མིང་ས་ལ་ཐོགས་ཏེ་ད་ལྟ་ཡང་གཟུ་ཆེན་

མཁར་མགོ་ཞེས་ཐམས་ཅད་ཀྱིས་འབོད་བཞིན་ཡོད། ཨེན་དུང་གི་ལྷོ་ཕྱོགས་ཆུ་བོའི་ཚུ་རོལ་ན་གེ་སར་གྱིས་རྫུ་འཕྲུལ་བསྟན་པའི་ས་དོང་གཉིས་མཇལ་རྒྱུ་ཡོད་ལ། དེ་གཉིས་ལ་འབྲུག་མོའི་ཆང་དོང་ཞེས་འབོད་བཞིན་ཡོད། དེ་མིན་གཞན་གེ་སར་མཁར་མགོ་ཞེས་པའི་ས་ཆ་ཞིག་ཡོད་ལ། དེ་ནི་ཀུན་གྱིས་གེ་སར་གྱི་མཁར་ཤུལ་ཡིན་པར་ངོས་འཛིན་བྱེད་ཀྱིན་ཡོད། རོང་ཚ་བ་སྐྱེ་ན་མ་ཧེ་ཇོ་མཁར་ཞིག་ཡོད་ཅིང་དེ་ནི་སྣ་སྐྱུ་ལོའི་སྟོན་པ་རྒྱལ་མཚན་གྱི་སྐྱེ་སྤྲུལ་འཇའ་ལུས་པ་བླ་མ་སྤྲིན་པ་ཞེས་པས་གསར་བཞེངས་མཛད་པ་རེད། རྗེས་སུ་ཆག་འཇིག་ཆེན་པོ་བྱུང་མོད། དུས་ཕྱིས་སུ་མཁན་ཆེན་ཤེས་རབ་བཟང་པོའི་ཐུགས་བཀོད་འོག་རོང་ཚ་སྡེ་བས་སླར་གསོ་བྱས་ཏེ་ད་ལྟ་ཡང་བྱིན་རླབས་ཀྱི་ཚན་ཁ་དང་བཅས་མཇལ་རྒྱུ་ཡོད།

དེ་ནས་ཡིད་ལྷུང་སྣང་གྱི་ས་ཆ་ཁྲོ་ཐུང་ཡུལ་ཚོའི་ས་གནས་དེ་ནི། གླིང་གི་སར་སྐྱེས་བུའི་ཁུ་བོ་སྟག་རོང་ཁྲོ་ཐུང་གི་གདན་ས་ཡིན་ལ། ད་ལྟ་བཀྲ་ཤིས་ཁྲི་གླིང་གི་སར་ཞིབ་འཇུག་གནས་གཞིའི་རྒྱབ་རི་ནི། ཁྲོ་ཐུང་གིས་ཡི་དམ་ལྷ་རྟ་མགྲིན་དམར་པོའི་བསྒྲུབ་གནས་ཡིན་པར་ཡོངས་སུ་གྲགས། རྨ་ཆུ་གཡོན་ནས་རྒྱུ་ས། ཁྲོ་ཆུ་གཡས་ནས་བཞུར་ས། རྨ་ལུ་མ་གཉིས་ཀྱི་འདུས་མདོ། ཐག་གཏོར་མ་འདྲ་བའི་འོག །མཁར་ར་ཙེ་འདྲ་བའི་ནང་། ཆུ་གཉིས་བབ་པའི་འདུས་མདོ། ཤར་གླིང་ལྷ་ཡི་དཀྱིལ་འཁོར། གླིང་ས་མཐོང་བ་ཀུན་སྨོན། རྟ་མཆོག་རོལ་པའི་ཞིང་ཁམས། གྲུ་བཞི་ས་ཡི་གདན་ཐོག །ཅེས་པ་དེ། དེང་སང་དབེན་གནས་བཀྲ་ཤིས་ཁྲི་གླིང་གི་གཡས་ཕྱོགས་ཀྱི་རྩ་ཤུལ་དགུན་མཆེར་ཡོད་པའི་ལུང་པ་དེར་ཀུན་གྱིས་ཨ་ཁུའི་ཕོག་ཅེས་འབོད། ལུང་པ་དེའི་གཡས་ཕྱོགས་ཀྱི་མགོན་པོའི་གནས་རིའི་རྒྱབ་ཀྱི་ལུང་པ་དེ་ལ་ཡང་ཁྲོ་ཐུང་ཕོག་ཅེས་འབོད། དེ་ན་ཚ་ཆུ་ངོ་མཚར་ཅན་ཞིག་ཡོད། དེ་ནི་ཨ་ཁུ་ཁྲོ་ཐུང་ཕོང་གི་སྐུ་ལུས་ལ་རྨ་བྱུང་བ་སེལ་བའི་ཐབས་སུ་གཏེར་ནས་བཞེས་པ་ཡིན་ཞེས་ངག་རྒྱུན་དུ་གྲགས། ས་གནས་དེའི་ཕུ་ན་ཁྲོ་ཐུང་གི་བླ་མཚོ་སྟེ། གསེར་མཚོ་དང་། གཡུ་མཚོ། དུང་མཚོ་གསུམ་ཡོད། དེ་ནི་ཁྲོ་ཐུང་ཡུལ་ཚོའི་ལྷོ་ཕྱོགས་སྤྱི་ལེ་གསུམ་

ཙམ་གྱི་མཚམས་སུ་བང་བ་ཡཀྵ་གཟི་འབར་ཞེས་འབོད་པ་ཕོ་རོག་གི་གཞོག་པ་བརྐྱངས་འདྲའི་ཛ་རི་དམར་པོའི་མདུན་དུ་ཡོད། ཛ་རི་དེའི་འོག་ཏུ་ཁྲོ་ཐུང་གི་མཁར་ཤུལ་ཕོ་རོག་སྙིང་རྫོང་ཆགས་ས་ཡོད། བང་བ་མའི་རྒྱབ་ཕྱོགས། མགོ་མང་ལུང་པའི་ནང་དུ་སྟག་སྙིང་ཐང་ལ་འཕངས་འདྲའི་ཛ་རི་ཞིག་ཡོད། བང་བ་མའི་ལ་ཁ་ནི་རྒྱ་ཨ་ཟུར་སྟག་ལ་ཁྲ་བོ་ཟེར། རི་བོ་དེའི་རྒྱབ་ཕྱོགས་སུ་སྟག་རོང་ཚང་གི་དབྱར་ས་ཀུན་དགའ་ར་བ། སྟག་ལུང་ན་ཐང་གོང་མ་ཡོད་ལ། དེར་རི་ངོས་སུ་མཆོད་རྟེན་དབྱིབས་ཅན་གྱི་རང་བྱོན་ཞིག་ཀྱང་ཡོད། ཁྲོ་ཐུང་ཁོག་ཏུ་ཏ་ཁྱུང་གཞོག་སྡོན་མོའི་ཟིག་རྗེས་དང་། ཁྲོ་ཐུང་གི་ཛས་འདུལ་ཕ་བོང་། ད་དུང་ཁྲོ་ཐུང་གིས་ཏ་ཚུ་བླུད་ས་སོགས་ཡོད། ཡང་ཁྲོ་ཐུང་ཆིབས་བསུ་ཐང་ནི། སྔོན་གླིང་རྗེ་མི་ཡི་ཉེ་མ་གེ་སར་སྐྱེས་བུ་དོན་འགྲུབ་དང་། གླིང་གི་དཔོན་བློན་ཐམས་ཅད་ཆིབས་བསུ་བྱེད་ས་ཡིན་པས་ཆིབས་བསུ་ཐང་ཞེས་ཐོགས་པར་གྲགས། སྔོན་སྤྱི་ལོ་༡༩༩༥ལོར་སྙིང་སྐྱ་གད་ཐོག་ཏུ། གླིང་འདན་མའི་སྲས་པོ་འདན་སྲས་གཡུ་འོད་འབུམ་མའི་སྐུ་སྐྱེ། ཆོས་རྗེ་ཡིད་བཞིན་ནོར་བུ་གནས་དེར་བྱོན་སྐབས། ས་ཆ་འདི་དངོས་གནས་གླིང་ཁྲོ་ཐུང་གི་ས་ཆ་ཡིན་ས་རེད་ཅེས་སྐུ་དྲུང་པ་རྣམས་ལ་གསུངས། ད་སྐབས་གེ་སར་ཞིབ་འཇུག་ལྟེ་གནས་བཀྲ་ཤིས་ཁྲི་གླིང་དུ་འདན་སྲས་རྟོགས་བརྗོད་བོད་ཟླ་༨ཚེས་༡༡ དང་༡༢ ཉིན་གཉིས་ཀྱི་ཡུན་ལ་འཁྲབ་སྟོན་བྱ་རྒྱུ་ཡང་གཏན་ཁེལ་བྱུང་ཡོད།

གཞན་ཡང་ཨ་ཁྱུའི་ལབ་རྩེ་ནི། ཨ་ཁྱུ་ཁྲོ་ཐུང་གིས་ཤར་སྟོད་རྨ་ཆེན་སྤོམ་ར་གསོལ་སའི་ལབ་རྩེ་ཡིན། རྨ་ཟླའི་ཆུ་ལ་རྨ་ཆུ་ཟེར་ཞིང་། རྨ་ཟླ་ཁོག་ལ་རྨ་ཁོག་ཟེར། གཟིག་ཆུང་མའི་གཡོན་འདབས་སུ་སྟག་རོང་སྐྱེས་ཡག་ཉེ་མ་རང་ཤར་གྱི་མཁར་ཤུལ་ཡོད། སྟག་གཟིག་ནོར་རྫོང་གི་སྒྲུང་ཡིག་ཏུ། གཡོན་རི་གཟིག་མོ་ངར་འདྲ་འདི། གཟིག་རོང་ཚང་གི་བླ་རི་རེད། ཅེས་པ་ནི་རྨ་ཟླའི་གཟིག་ཆེན་རི་ལ་གོ་དགོས་སྙམ། གཟིག་ཆེན་གཟིག་ཆུང་སོགས་སུ་གནའ་བོའི་མཁར་ཤུལ་དང་རྗེས་ཤུལ་ཤིན་ཏུ་མང་། ཡིད་ལྷུང་རྨ་ཟླ་ལྷ་སྡེ་ཙ་འབྲུག་མོའི་སྦྲ་མལ་དུ་གྲགས་པའི་རྗེས་ཤུལ་ཡོད་པ་དང་། གཟིག་རོང་ཚང་གི་མཁར་

ཤུལ། ཁྲབ་རི་ནང་དུ་གླིང་གི་ཁྲབ་ཀྱི་གཏེར་ཁ་ཡོད་པར་གྲགས་སོ། །

དེ་ནས་དཔོན་ཙ་ཙ་ཁག་གཉིས་པའི་ས་ཆ་དེར་སྣ་སྐྱ་ལོའི་སེང་ལྕམ་འབྲུག་མོའི་སྒྲ་ཤུལ་དང་། གླིང་གི་སར་སྐྱེས་བུའི་རྟ་བརྗོད་སའི་ལྕང་རྒན་སོགས་མཇལ་དུ་ཡོད་ལ། འབྲུག་མོའི་བྲོ་ར་དང་། སྐྱ་ལོའི་རྟ་ར། བྲག་དུང་འབུད་མར་གྲགས་པ་སོགས་ཡོད། དཔོན་ཙའི་འོ་ཐང་ནི་གླིང་གི་དཔལ་ཐུལ་གདོང་བཙན་དང་མོ་སྨན་སེང་ལྕམ་འབྲུག་མོ་གཉིས་ཆུང་ཆུང་མེ་ཏོག་འཛུ་རོགས་དང་ཡང་ཆུང་ལུ་གུ་འཚོ་རོགས་ཞེས་ཐུགས་ཡིད་འོ་ཆུ་གཅིག་འདྲེས་ཀྱི་ས་ཆ་ཡིན་པས་འོ་ཐང་ཞེས་འབོད། ཧོར་རའི་བེའུ་ཆུང་ཁོག་ནི་སྣ་སྐྱ་ལོ་ཚང་གི་བེའུ་འཚོ་ས་ཡིན་པས་བེའུ་ཆུང་གོང་འགབ་ཅེས་ད་ལྟའང་འབོད། ཡིད་ལྷུང་གི་ས་ཆ་འདི་ནི་ས་གནས་གཞན་དང་མི་འདྲ་བར་གཟི་སོགས་རིན་པོ་ཆེའི་རིགས་མང་པོ་རྙེད་རྒྱུ་འདུག་པ་ནི། ངག་རྒྱུན་ལ་འབྲུག་མོའི་ཆིབས་པ་འཛོགས་ཏེ་གཟི་སྐམ་འཐོར་སོང་བས་རེད་ཅེས་བཤད། ཡང་གེ་མཛོ་ཁོག་ལ་གེ་ཡ་ཙུང་དང་། གེ་མ་ཙུང་། གེ་ཁོག་སོགས་གཉན་ཆེན་གེ་མཛོའི་མཚན་དང་འབྲེལ་བའི་ས་ཆ་མང་པོ་འདུག་གོ། །

གཞན་ཡང་འབྲུག་མོའི་བྲོ་ར། འབྲུག་མོའི་ཆང་དོང་སོགས། གླིང་རྗེ་གེ་སར་སྐྱེས་བུའི་བཙུན་མོ་སྣ་སྐྱ་ལོའི་སེང་ལྕམ་འབྲུག་མོའི་མཚན་དང་འབྲེལ་བའི་རྗེས་ཤུལ་ཤིན་ཏུ་མང་། གླིང་གི་འབྲུག་གཉིས་ཟེར་བའི་ཐ་སྙད་ཀྱང་ད་ལྟའི་བར་དུ་གནས་འདིར་བྱུང་ཡོད། སྒོ་ལོའི་བུ་མོ་ནེའུ་ཆུང་ལུ་གུ་ཚར་ཡག་གི་འཁྲུངས་ཡུལ་ཡང་ཡིད་ལྷུང་ས་ཆ་འདི་ཡིན་པར་ཆེད་མཁས་པ་མང་པོས་གསུངས། ནེའུ་ཆུང་གི་བླ་རི་རྒྱལ་ཐོད་མ་དང་། ནེའུ་ཆུང་མ་ཟེར་བའི་རི་བོ་ཞིག་ཀྱང་ཡོད། ཡང་སྨར་ཁམས་ཉི་མ་ཐག་བརྗོད་ཀྱི་སྒྲུབ་གནས་སུ། སྨར་ཁམས་བྲག་སྣ་དང་། གཤིན་རྗེའི་སྒྲུབ་ཕུག །རྒྱ་ཚའི་སྒྲུབ་ཕུག །རྒྱལ་སྲས་མ་ཧེ་ཀ་རའི་སྒྲུབ་ཕུག་སོགས་ཡོད།

ལྷག་པར་ད་སྐབས་རྩ་ཤུལ་དགོན་ཆགས་པའི་གནས་གདན་ས་ལྷ་ལུང་ཐང་མོ་ཆེ་ནི་གླིང་གེ་སར་སྐྱེས་བུའི་ཧ་ཆེབས་ས་དང་། སེང་ལྷམ་འབྲུག་མོའི་སྨྲ་ཕུབ་ས། འབྲུག་མོའི་བྲོ་ར། འབྲུག་མོའི་ཆང་དོང་། སྐྱ་ལོའི་མཆོར་ས། སྐྱ་ལོའི་མཛོ་ཆུ་བླུད་ས། སྐྱ་ལོ་སྟོན་པ་རྒྱལ་མཚན་གྱི་ཇོ་མཁར། འབྲུག་མོ་ཆུ་ལེན་འགྲོ་སའི་རྐང་ལམ་ཕྲ་མོ། གླིང་གི་ལྷ་རྗེ་ཀུན་དགའ་ཉི་མའི་རྗེས་ཤུལ་སོགས་ཡོད་ལ། དེར་སྔ་སྐྱ་ལོ་སེང་ལྷམ་འབྲུག་མོའི་རྗེས་དྲན་ཁང་ཞིག་ཀྱང་བཞེངས་ཡོད། དགོན་དུ་གར་འཆམ་དང་གླིང་བྲོ་སོགས་གླིང་དང་འབྲེལ་བའི་རིག་གནས་བརྒྱུད་འཛིན་མང་དུ་བྱེད་བཞིན་ཡོད། ཡང་སྔ་སྐྱ་ལོ་སྟོན་པ་རྒྱལ་མཚན་གྱི་མཁར་ཤུལ་དུ་སྔ་སྐྱ་ལོའི་རིག་གནས་བརྒྱུད་འཛིན་ཁང་བཞེངས་ཡོད། དེའི་ནང་རྟེན་གཙོ་ཤོས་ནི་གླིང་གི་ཧ་རྒྱུགས་སྐོར་གྱི་ཐང་སྙིང་རྩ་ཆེན་དང་། ཞལ་འབག་སྙིང་པ་སོགས་ཡོད། སྔོན་རྩ་ཤུལ་དགོན་དུ་བྱོན་པའི་གཏེར་སྟོན་བསོད་ནམས་རྒྱ་མཚོ་ནི་རོང་ཚ་གན་འཕེན་གྱི་རྣམ་སྤྲུལ་ཡིན་པར་འབྲི་གུང་གཏེར་སྟོན་འོད་གསལ་རྗེ་རྗེས་མཛད་པའི་ཁོང་གི་སྐྱེ་ཕྲེང་གསོལ་འདེབས་ལས། ཁྲ་མོ་གླིང་གིས་བདུད་དགྲ་འདུལ་བའི་དུས༔ རོང་ཚ་དཔའ་བོ་གན་འཕེན་མཚན་ཅན་གྲགས༔ མཐའ་མིའི་འཁྲུག་པ་ཞི་བར་བྱིན་གྱིས་རློབས༔ ཞེས་གསུངས།

ཁོང་གི་དགོངས་གཏེར་ནང་དུ་གེ་སར་གསོལ་ཁ་དང་། གེ་སར་སྒྲུབ་པ་སོགས་གླིང་གེ་སར་དང་འབྲེལ་བའི་ཆོས་སྐོར་མང་པོ་ཡོད་མོད། ད་སྐབས་ཉུང་ཤས་ཤིག་མ་གཏོགས་གཏོར་བརླག་ཤོར་ཟིན་པ་རེད། གཞན་ཡང་དགོན་པ་འདིའི་ནང་དུ་འབྲུ་སྔ་བདེ་ཆོས་སྐྱོང་བེར་ནག་གི་རྣམ་སྤྲུལ་དུ་གྲགས་པའི་བླ་མ་པདྨ་རྡོ་རྗེ་ཟེར་བ་ཞིག་དང་། རྒྱ་ཚ་ཞལ་དཀར་གྱི་རྣམ་སྤྲུལ་མ་དགོན་མཁར་དམར་དཀོན་མཆོག་རྒྱལ་མཚན། བཀའ་བློན་ཤན་པ་མེ་རུའི་རྣམ་སྤྲུལ་གཏེར་སྲས་དཀོན་མཆོག་བསྟན་གནས། སྔ་སྐྱ་ལོ་སྟོན་པ་རྒྱལ་མཚན་གྱི་རྣམ་སྤྲུལ་བླ་མ་སྦྱིན་པ་སོགས་མཁས་གྲུབ་གཉིས་ལྡན་གྱི་སྐྱེས་ཆེན་མང་དུ་བྱོན་མྱོང་བ་ཡིན། དེ་ནས་རྩ་ཤུལ་དགོན་དུ་བོད་ཟླ་༥ཚེས་༡༡ཉིན་གླིང་རྗེ་གེ་སར་སྐྱེས་བུ་དང་། དཔའ་ཐུལ་ཕུ་ནུ་སུམ་ཅུ། ཡང་ཐུལ་དམ་པའི་མི་བདུན། ཞི་

ཐུལ་ཁྲ་གླག་སྤྱང་གསུམ། གླིང་ལྷ་བཅུ་གསུམ། མོ་སྨན་སྤུན་བདུན་སོགས་ལོ་རྒྱུས་ཀྱི་རིན་ཐང་ལྡན་པའི་གར་འཆམ་མང་པོ་རྒྱུན་འཛུགས་གནང་ཡོད། དེ་ཡང་གླིང་གི་གར་འཆམ་འདི་ནི་ཕྱི་ལོ་༡༨༨༩ལོར་རྫ་སྤྲུལ་བསོད་ནམས་རྒྱ་མཚོའི་སྐུ་རིང་ནས་གསར་འཛུགས་གནང་བ་ཞིག་ཡིན་པ་དང་། རྗེས་སུ་༡༩༨༨ལོར་སྤྲུལ་ཡ་མ་ཚེ་རིང་མཆོག་གིས་མ་དགོན་དགོན་པ་ནས་དམིགས་བསལ་འཆམ་ཁྲིད་པ་གདན་ཏེ་གླིང་གི་གར་འཆམ་སླར་གསོ་མཛད། མ་ཟད་ཆོས་རྗེ་ཡིད་བཞིན་ནོར་བུའི་སྐྱེ་ཕྲེང་འདུན་སྲས་གཡུ་འོད་འབུམ་མེའི་རྟོགས་བརྗོད་གར་འཆམ་ཞི་དྲག་གཉིས་པོད་ཟླ་༤ཚེས་༡༥ནས་ཉིན་གཉིས་ལ་འཆམ་བཞིན་ཡོད། འཆམ་འདི་སྤྱི་ལོ་༢༠༡༣ལོ་ནས་དར་བ་ཡིན།

ཡང་རྫ་ཤུལ་དགོན་གྱི་ནུབ་བྱང་གཉིས་ཀྱི་བར། དུང་དང་མཁར་ཛའི་སྦྲ་སྐད་ཐོས་ཙམ་གྱི་མཚམས་སུ་བྱིན་རླབས་ཀྱི་ཚན་ཁ་རབ་ཏུ་ཆེ་བའི་ཨོ་རྒྱན་ཆེན་པོ་གུ་རུ་པདྨ་འབྱུང་གནས་ཀྱི་སྐུ་བཞེངས་སྟབས་སུ་ཡོད་པ། ཤིན་ཏུ་ཡ་མཚན་ཆེ་བའི་རང་བྱུང་གི་སྐུ་ཞིག་ཡོད། སྔོན་དུས་སུ་ཀཿཐོག་རིག་འཛིན་བདུད་འདུལ་རྡོ་རྗེ་དང་། གཏེར་སྟོན་ཉི་མ་གྲགས་པ། འབྲི་གུང་གཏེར་སྟོན་འོད་གསལ་རྡོ་རྗེ། རྫ་ཤུལ་གཏེར་སྟོན་བསོད་ནམས་རྒྱ་མཚོ་སོགས་མཁས་གྲུབ་དམ་པ་མང་པོས་གནས་དེར་ཁྲུས་གསོལ་རབ་གནས་སོགས་མཛད་སྒྲོང་བ་དང་། ལྷ་ལུང་སྣང་གི་ཉག་ཁ་ན་གུ་རུའི་སྐུ་དང་། སྤྱན་རས་གཟིགས་ཀྱི་སྐུ། སྟོན་པའི་སྐུ། མ་ཎི་འབྲུ་དྲུག །ཨ་ཡིག་སོགས་རང་བྱུང་གི་སྐུ་དང་གཟུངས་ཐུགས་མང་པོ་མཇལ་རྒྱུ་ཡོད། གཞན་ཡང་ཡིད་ལྷུང་ལྷ་མཚོའི་ཉེ་ཟུར་ན་གུ་རུའི་དབུ་རྗེས་སུ་གྲགས་པའི་རང་བྱུང་ཞིག་ཀྱང་ཡོད། ཡིད་ལྷུང་སྨད་ཀྱི་ས་གནས་ཨ་ཁྱུ་ཁྲོ་ཐུང་གི་གདན་ས་བྱིན་ཅན་དཔེན་གནས་བཀྲ་ཤིས་ཁྲི་གླིང་ནི། གུ་རུ་པདྨ་འབྱུང་གནས་ཀྱི་གསུང་གི་གནས་བྱིན་རླབས་ཆེ་བ་ཞིག་ཡིན་པར་སྟག་རོང་འཇའ་ལུས་པ་བསོད་ནམས་རྣམ་རྒྱལ་གྱི་གདུང་སྲས། གྲུབ་པའི་རྣལ་འབྱོར་ཆེན་པོ་མཁན་པོ་ཚེ་དབང་འགྱུར་མེད་སོགས་ཀྱིས་ཡང་ཡང་གསུངས་པ་ཡིན་ལ། ད་སྐབས་གནས་དེར་མཁན་ཆེན་ཤེས་རབ་བཟང་པོས། གླིང་རྗེ་གེ་སར་སྐྱེས་བུ

དཔོན་ཐོག་རྒོད་འབར་བ་ཡིན་ཞེས། འབུམ་དཔོན་འདུ་ར་ཐང་ཟེར་བ་ཡོད། རོང་ཆེན་ར་མ་ཤང་ཟེར་བ་ནི། སྔོན་གླིང་ཁྲོ་ཐུང་གིས་ར་རྫོང་ཕབ་དུས་ར་མང་པོ་དེད་པས་དེ་ལྟར་ཐོགས་པར་གྲགས། སྲིབ་ལུང་རོང་ཆེན་ཞེས་པའི་ས་ཆ་ན་ས་བཙན་རྨ་མ་གཡང་དཀར་དང་། གསེབ་བཙན་སུ་རུ་ནགས་ཚལ། ཡང་བཙན་བྲག་དང་ཤུག་པ། ཤིང་སྣ་འདྲ་མིན་སྣ་ཚོགས་ཀྱང་ཡོད། དེ་ལྟར་གླིང་དང་འབྲེལ་བའི་ལོ་རྒྱུས་མང་དུ་ཡོད་ཀྱང་རེ་ཞིག་དེ་ཙམ་མོ།། །།

ཚེ་ཤུལ་འགྱུར་མེད་བསྟན་འཛིན་གྱིས་བྲིས།

༄༅། །འདན་མའི་འབྲུངས་ཡུལ་དུ་བསྐྱོད་པའི་དངོས་ཟིན།

དེ་ཡང་བསིལ་ལྡན་གངས་ཀྱི་རི་བོས་མུ་ཁྱུད་མཛེས་ཤིང་སྔན་པས་ས་གསུམ་ཁྱབ་པའི་མི་ཡུལ་གྱི་ཞིང་ཁམས་ཁ་བ་རི་པའི་སྨན་ལྗོངས་ན། དཔའ་མཛངས་རྟུལ་ཕོད་ཅན་གྱི་སྐྱེ་བོ་བགྲང་ལས་འདས་པ་བྱོན་ཅིང་། རླབས་ཆེན་གྱི་མཛད་པ་རེ་རེས་ཡོད་ཚད་ཏང་སང་དུ་འཇུག་པའི་ལོ་རྒྱུས་ཀྱི་གཟི་འོད་ད་དུང་ལམ་ལམ་དུ་འཕྲོ་བཞིན་ཡོད་ལ། ལྷག་པར་འཛམ་གླིང་ལོ་རྒྱུས་སྔན་རྩོམ་རིང་མོའི་གྲས་སུ་བཞུགས་པ། ཁ་ཡོད་ལག་ཡོད་ཀྱིས་སྐྱེ་རྒུ་བདེ་བ་ལ་འགོད་པའི་མཛད་པ་ཁོ་ན་སྐྱོང་ཞིང་། མཚན་སྙན་གྱི་བ་དན་ཕྱོགས་ཀུན་དུ་བསྒྲོད་པའི་འཛམ་གླིང་མི་ཡི་ཉི་མ་གེ་སར་ནོར་བུ་དགྲ་འདུལ་འདི་ཉིད་ནི་ཆུང་བྱིས་པ་ཡན་གྱི་ངག་ཏུ་གླེང་བཞིན་ཡིད་ནས་འབོར་མི་ཐུབ་པའི་མཛད་རྗེས་ཀྱི་རི་མོ་འབུར་དུ་དོད་པ་ཞིག་ཡིན། རྗེ་དེ་ཉིད་ཀྱི་མཛད་པ་ཕྱོགས་བཙུར་སྤེལ་བའི་ཐྲིན་ལས་ཀྱི་ཁ་ལོ་པ། རྒྱ་གར་གྲུབ་ཆེན་བརྒྱད་ཅུའི་ནང་གསེས་རྗེ་གྲུབ་ཆེན་ས་ར་ཧ་པའི་རྣམ་སྤྲུལ། འདན་ཟ་ཧོར་རྒྱལ་པོའི་རྒྱལ་རྒྱུད། སྨུག་པོ་ལྡོང་གི་རིགས་རྒྱུད་ཚ་ཞང་འདན་མ་བྱང་ཁྲ་ནི། འདན་ཡུལ་སྐྱིད་ཀྱི་ལུང་པ་ཏུ་ཕ་ཡབ་བྱང་པ་སྟོབས་ལྡན་དང་མ་ཡུམ་འདན་བཟའ་ཨ་སྨན་གཉིས་ཀྱི་སྲས་སུ་འཁྲུངས། དེ་ལ་ཚ་ཞང་འདན་མ་ཉིད་ཀྱི་གླུ་ལས། ང་སྨུག་པོ་ལྡོང་གི་རིགས་ཀྱི་རྒྱུད། །ལས་ཀྱི་ཡབ་ནི་སྤྱི་དཔོན་ཡིན། །མི་རིགས་བྱང་ཕྱོགས་རིགས་ལྡན་ཡིན། །ལུས་ཀྱི་ཡབ་ནི་སྟོབས་ལྡན་ཡིན། །ཉམས་མཚར་དུ་ཨེ་བསམ་དྲིན་ཆེན་མ། །ཞེས་གླུ་བླངས། ཚ་ཞང་འདན་མ་བྱང་ཁྲ་ཞེས་པའི་མཚན་གྱི་བྱུང་ཚུལ་ནི། འདན་མའི་ནས་རྫོང་ལས། འདན་ཟ་ཧོར་རྒྱལ་པོའི་སྐུ་ཚ་ལ། །དེ་ལ་མིང་དང་མཚན་གསོལ་བ། །གླིང་ལ་ཚ་ཞང་ཐུག་པའི་ཕྱིར། །དེ་ལ་མཚན་བཏགས་ཚ་ཞང་ཟེར། །མ་ཡུམ་འདན་ནས་ཡིན་པའི་ཕྱིར། །དེ་ཡིས་མཚན་བཏགས་འདན་མ་

ཟེར། །ཕ་ཡབ་བྱང་ནས་ཡིན་པའི་ཕྱིར། །དེ་ཡིས་མཚན་བཏགས་བྱང་ཞེས་གྲགས། །བུ་འདི་ཁྲ་དང་འདྲ་བས་ན། །དེ་ཡིས་མཚན་བཏགས་ཁྲ་ཞེས་འབོད། །ཅེས་གསུངས་པ་ལྟར་ཡིན། གཞན་ཡང་ཀུན་མཁྱེན་མི་ཕམ་རྒྱ་མཚོའི་ལྷེར་མའི་ལྷ་བསང་རིང་མོ་ལས། སེང་ཆེན་གྱི་ཕྲིན་ལས་ཁ་བསྒྱུར་བློན། །ཉག་ཕྲན་ཁ་ལོ་སྒྱུར་བའི་མི། །དགུང་ལ་གཡུ་འབྲུག་གྲགས་པའི་མི། །ཕྱོགས་ལས་རྣམ་པར་རྒྱལ་བའི་ལྷ། །རྡོ་རྗེའི་ཐོག་རྒོད་ལན་མེད་རྩལ། །དམག་དཔོན་འདན་མ་བྱང་ཁྲ་ནི། །འདོ་བ་དཉུལ་ཕྲུག་ཐེམ་པ་ཞོན། །གཡས་ན་མདའ་གསེར་སེ་ལི་ལི། །གཡོན་ན་གཞུ་སྐོར་གྱི་ལི་ལི། །རྡོ་རྗེའི་གར་སྟབས་ཁྲིགས་སེ་ཁྲིག །ལྷེར་མའི་དམག་དཔུང་ཐིབས་སེ་ཐིབ། །སྤྱང་དཀྲ་བོའི་སྲོག་ལ་གཏིང་ནས་ཧམ། །བུ་དམ་ཚིག་ཅན་ལ་ཞི་ནས་བཙའ། །གཞི་ལ་ཚེ་རིང་འདན་མ་མཆོད། །བྱེས་ལ་ལམ་ཡག་འདན་མ་མཆོད། །ཚོང་ལ་དོན་གྲུབ་འདན་མ་མཆོད། །རྩོད་ལ་ཛག་ཡག་འདན་མ་མཆོད། །ཀུན་ལ་བཀྲ་ཤིས་འདན་མ་མཆོད། །ཅི་བསམ་འགྲུབ་པའི་འདན་མ་མཆོད། །བུ་གདུང་ཤུགས་ཅན་ལ་ཤ་ཚ་མཛོད། །སྤྱང་དཀྲ་བོའི་གློ་སྙིང་ལྟུགས་མདས་ཕུག །སྙིང་ཁྲག་ལྷེར་མའི་སྐྱེམས་སྐལ་མཆོད། །གསོལ་ལོ་མཆོད་དོ་སེང་ཆེན་རྒྱལ། །གསོལ་ལོ་མཆོད་དོ་འདན་མ་བློན། །རྒྱལ་བློན་ཙ་དར་མཉམ་དུ་སྒྲིགས། །ཞེས་དང་། ཆོས་རྗེ་དམ་པ་ཡིད་བཞིན་ནོར་བུས། ཤན་འདན་ནང་འབྲུག་ལས། རྒྱལ་བློན་དམ་ཚིག་གཏན་དུ་འགལ། །ཅེས་བྲིས་འདུག་ཀྱང་འདི་ནི་ཡི་གེ་ཉམས་པ་སྟེ། འདན་མ་རང་ཉིད་ཀྱིས། བློན་དམ་ཚིག་འགྱུར་མེད་འདན་མ་ཡིན། །ཞེས་རང་ཉིད་ཀྱིས་ཞལ་གྱིས་བཞེས་ཡོད་ཅེས་གསུངས།

ཆོས་རྗེ་དམ་པ་ཡིད་བཞིན་ནོར་བུའི་རྣམ་ཐར་དད་པའི་གསོས་སྨན་ལས། རབ་རྒྱལ་ས་བྱ་ཟླ་ཚེས་ལ། རིག་པ་འགྱུར་མེད་ཡེ་ཤེས་ཀྱི་སྐྱེས་བུ་ཆེན་པོའི་བླ་མའི་རྣལ་འབྱོར་ཉམས་སུ་བླངས་ནས་ཞག་བདུན་གྱི་ཐོ་རེངས་ཁར་རྨི་ལམ་འོད་གསལ་འདྲེས་པའི་སྣང་བ་ལ། རིན་པོ་ཆེ་སྣ་ཚོགས་ཀྱིས་བྱས་པའི་མཁར་ཡིད་དུ་འོང་བ་ཞིག་གི་སྒོ་དྲུང་དུ་ཐོན་སྐབས། བུད་མེད་གཞོན་ནུ་ཤིན་ཏུ་མཛེས་པ་ཕྲུག་ཚར་གཟི་བྱུར་སོགས་རྒྱན་ཆ་མང་པོ་མདོ་ཁམས་སྨད་ཀྱི་ཡུལ་སྲོལ་ལྟར་བཏགས་

པ་ཞིག་གིས། བདག་གི་ལག་པ་ལ་འཇུས་ནས་ཁོ་མོའི་ཚེ་རབས་ཀྱི་སྙིང་གྲོགས་དམ་པ་ཁྱེད་འདིར་འོང་བ་ཤིན་ཏུ་དགའ། ཁོ་མོ་ནེའུ་ཚུང་སེམས་ཀྱི་འཁྲི་ཤིང་ཡིན་པ་ངོ་ཤེས་སམ། རང་རེ་ཨ་ཕའི་དྲུང་དུ་འགྲོ་ཟེར་ནས་མཁར་དེའི་ཉེ་མཐོངས་སུ་ཁྲིད་ནས་ཐོན་པ་ན། དེར་སྟག་ཤར་ཚར་གཡོག་ནག་པོ་ཅན་གྱོན་པ་སྐུ་ལ་གཟི་བརྗིད་བལྟར་མི་བཟོད་པ་ཅུང་ཟད་བགྲེས་ཉམས་ཅན་གཡས་གཡོན་གྱི་སར་མདའ་གཞུ་ཤུབས་ལྡན་བཞག་པ། ལག་ན་རལ་གྲི་མེ་ཡི་ཚ་ཚ་འཕྲོ་བ་ཤིན་ཏུ་རྡོ་ངར་དང་ལྡན་པ་ཞིག་ཕྱི་བཙར་བྱེད་བཞིན་དུ་སྡོད་པ་མཐོང་ངོ་། བདག་གིས་འདན་མ་ཡིན་ནོ་སྙམ་པའི་སྣང་བ་ཤར་ནས་དགའ་དད་ཤིན་ཏུ་སྐྱེས་ཏེ་པང་དུ་མགོ་བཞག་ཅིང་མཆི་མ་ཕྱུང་ངོ་། ཨ་ཕའི་གཅེས་ཕྲུག་ད་ནི་དུས་གསུམ་སངས་རྒྱས་ཐམས་ཅད་འདུས་པའི་སྤྱི་གཟུགས་འཛམ་གླིང་སེང་ཆེན་གྱི་སྐུ་དྲུང་དུ་འགྲོ་གསུངས། ཞེས་དང་། དགྲ་བླ་འབོད་པའི་གད་རྒྱངས་ལས། ཀི་གཉིས་པས་ཕ་ཇོ་འདན་མ་འབོད། །བུ་དམ་ཚིག་འགྱུར་མེད་ཁོ་བོ་ལ། །ཚར་གཅོད་དང་རྗེས་སུ་འཛིན་པ་ཡི། །དཔའ་དགྲ་བླ་འབུམ་གྱི་ནུས་མཐུ་སྟོལ། །ཅེས་གསུངས། རྒྱུན་པར་ཆོས་རྗེ་ཉིད་ཀྱིས། སྔོན་གླིང་གི་དུས་སུ་འདན་མ་ཁོང་ཕ་བུ་ཞལ་འཛོམས་སྐབས་ཀྱི་ལོ་རྒྱུས་གླིང་ཚེ། ཐུགས་སྐྱོ་སྣང་དང་གསུང་འབྱོན་མི་ཐུབ་པ་ལྟ་བུ་རེད།

འདན་མའི་མཁར་ཤུལ།

འདན་མའི་ལྷ་མཁར་རིང་མོའམ་འདན་ཤར་ལུང་རི་དྲུག་གི་མཁར་ཤུལ་ནི་འདན་ཁོག་གི་འདན་ཤུག་ར་དགོན་གྱི་གཙུག་ལག་ཁང་གི་ཉེ་འགྲམ་དུ་གྱང་རྡོའི་ཤུལ་ཆེན་པོ་ད་ལྟ་དངོས་སུ་མཇལ་རྒྱུ་ཡོད་ལ། འདི་ནི་ཕ་ཡབ་ཟ་ཧོར་རྒྱལ་པོའི་མཁར་ཤུལ་ཡང་ཡིན་པར་གྲགས་སོ། །

འདན་མའི་ཆིབས་སྟེགས།

རྟ་བབ་མཆོད་རྟེན།

མཁར་ཤུལ་དེའི་ཉེ་འགྲམ་དང་རྒྱང་ཐག་དེ་ཙམ་མི་རིང་བའི་ས་གནས་དག་ལ་སྔོན་ཆེན་འདན་མ་དང་འབྲེལ་བའི་ལོ་རྒྱུས་མང་ཙམ་ཡོད་དེ། མཁར་ཤུལ་གྱི་ཟུར་ན་འདན་མའི་ཆིབས་སྟེགས་ཟེར་བའི་ཕ་བོང་དང་འདན་མའི་རྟ་བབ་མཆོད་རྟེན་ཟེར་བའང་ཡོད་ལ། དེའི་མདུན་ངོས་ཀྱི་ཁ་འོག་ཏུ་མར་ཙུང་ཙམ་ན་དཔོན་ཆེན་སྟེགས་ཟེར་བ་ཞིག་ཡོད། དེ་ནི་འདན་མ་སྐུ་འཁྲུངས་པའི་གནས་ཡིན་པར་བཤད། སྔོན་ཆད་འདན་མའི་ལྷེ་ཁྲབ་འཁོར་བའི་ས་དེ་ན་ཤུག་པ་བཀྲ་ཤིས་ཟེར་བ་ཞིག་ཡོད་ཀྱང་ལམ་བཟོས་པའི་རྐྱེན་ལས་ད་ལྟ་མེད་པར་བཤད། མཁར་ཤུལ་གྱི་གཡས་ཕྱོགས་སུ་ལུང་བ་ཕུང་ཕུང་ཞིག་ཡོད། དེ་ལ་འདན་མའི་ཚེ་སྒྲུབ་ཕུག་ཟེར། དེ་ན་སྒྲུབ་གནས་དང་སྒྲུབ་ཆུ་སོགས་ཡོད་ལ། དེ་ནས་མར་སོང་ན་མདའ་གང་ལྟེམ་ཟེར་བའི་ས་ཆ་ཞིག་ཡོད། དེ་ནི་འདན་མའི་མདའ་རྩལ་སྦྱོང་ས་དང་དམག་རྩིས་ལེན་ས་ཡིན་པར་བཤད།

དཔོན་ཆེན་སྟེགས།

ཨ་ཡིག་རང་བྱོན།

རི་དེའི་གདོང་སྔར་ཨ་ཡིག་དཀར་པོ་རང་བྱོན་ཞིག་ཡོད། དེ་འདན་མ་སྨུག་པོ་སྟོང་གི་རིགས་རྒྱུད་ཡིན་པའི་བདེན་རྟགས་སུ་བཤད། ཉེ་འགྲམ་ན་འདན་མའི་ཞབས་རྗེས་དང་། འདན་བཟའ་ཨ་སྨན་གྱི་སྒྲ་བགྲུ་སའི་ཕ་བོང་། སྒྲ་བགྲུ་སྐབས་ཕུས་མོ་གཉིས་བཙུགས་སའི་རྗེས། སྒྲ་ཆུ་འབྱམས་པའི་རྗེས་བཅས་ཡོད་ལ། སྐབས་དེར་མདུན་ཕྱོགས་ཀྱི་ལུང་པའི་ནང་ནས་སྦྲུལ་ཆེན་པོ་ཞིག་ཡོང་བ་མཐོང་ནས་འདན་བཟའ་ཨ་སྨན་སྐྲག་ནས་ཨ་མ་ཞེས་བོས་པས་ཨ་མ་ཞེས་པའི་ཡིག་འབྲུ་རང་བྱུང་ཡང་དེ་ན་དོད་ཡོད།

དེའི་རི་འདབས་ན་ལོ་རྒྱུད་ཡུལ་ཚོ་ཟེར་བའི་གྲོང་པ་ཞིག་ཡོད། དེ་ནའང་འདན་མ་དང་འབྲེལ་བའི་ལོ་རྒྱུས་ཧ་ཅང་མང་། འདན་མའི་བུ་མོ་དཀར་དར་ཡག་གི་ཆོས་སྐལ་འདན་མའི་ཚ་ཁང་ཟེར་བ་དང་། དེའི་མདུན་ངོས་སུ་འདན་མའི་གཡུ་ཐང་སྔོན་མོ་ཟེར་བ་ཡོད།

འདན་མའི་ཚ་ཁང་།

འདན་མའི་གཡུ་ཐང་སྔོན་མོ།

འདན་མའི་མ་ཎི་རྡོ་མཁར།

དེ་ནས་མར་ཅུང་ཙམ་ཡོང་ན་འདན་མའི་མ་ཎི་རྡོ་མཁར་ཟེར་བ་ཡོད། འདན་ཤུག་ར་དགོན་པའི་བཤད་སྒྲའི་ཉེ་འགྲམ་ན་འདན་མའི་དྲན་གསོ་ཁང་ཟེར་བའི་འདན་མ་དགུང་གྲངས་བཅུ་གཉིས་ཡར་མར་གྱི་ཁྲབ་དང་རྨོག །ཡིག་རྙིང་སོགས་གནའ་རྫས་མང་པོ་མཐོང་རྒྱུ་ཡོད།

ཤར་ཉིན་མོ་ཚང་ཟེར་བའི་དུད་ཚང་ཞིག་ཏུ་ལོ་ངོ་སྟོང་ལྷག་གི་ལོ་རྒྱུས་ཡོད་པའི་འདན་མའི་མདེའུ་རྩེ་མཐོང་རྒྱུ་འདུག །འདན་མའི་དྲན་གསོ་ཁང་གི་ཉེ་ཟུར་ཞིག་ན་འདན་མའི་གཡུ་མཚོ་སྔོན་མོ་ཟེར་བའི་ཁྱོན་དེ་ཙམ་མི་ཆེ་ཡང་གཏིང་ཧ་ཅང་ཟབ་པའི་མཚོ་ཞིག་ཡོད། ལོ་རྒྱུས་འདི་དག་ནི་འདན་ཡུལ་གྱི་རྒན་རབས་པ་དག་ལ་འདྲི་རྩད་དང་ས་ཆ་དེར་དངོས་སུ་སོང་བ་ལས་ཤེས་རྟོགས་བྱུང་བ་ཡིན་ནོ། །གཞན་ཡང་འདན་ཀ་ཐུར་ཕྱོགས་ནའང་འདན་མ་དང་འབྲེལ་བའི་ལོ་རྒྱུས་མང་ཙམ་ཡོད་པར་བཤད།

འདན་མའི་རྨོག་ཞྭ།

འདན་མའི་མདའ་རྩེ།

ཁོང་ནི། དགྲ་ནག་པོའི་མགོ་ལ་ཐོག་ལྷར་བཙན། གཉེན་ཁྲ་མོ་གླིང་ལ་མ་ལྷར་བྱམས། སྙིང་སྟོབས་ཆེ་ཞིང་དཔའ་མཛངས་ལྡན་པ་ཁྲ་མོ་གླིང་ལ་ཡོད་ན་དེས་ཆོག་མེད་ན་ཐབས་ཆགས་སུ་གྲགས་པའི་གླིང་གི་སར་སྐྱེས་བུའི་ལོ་རྒྱུས་རིང་མོ་ལས་མཚན་སྙན་ཅན་ཞིག་སྟེ། འདན་མའི་མཚན་ཙམ་ཐོས་དུས། སྐྱེ་བོ་མཆོག་དམན་སུ་ཡིན་ཡང་། བྱིས་པས་ཨ་མའི་མིང་ཐོས་འདྲའི་དགའ་དུང་གིས་ཡོངས་སུ་བཀླན་པར་བྱེད་པ་འདི་ནི་ཕྲིན་ལས་དུས་སུ་སད་པའི་རང་རྟགས་ཅི་ལ་མིན།

འདི་ནི་དངོས་ཡོད་ཀྱི་ལོ་རྒྱུས་མི་སྣ་ཞིག་སྟེ་ཆོས་དང་འཇིག་རྟེན་གཉིས་ཆ་ལས་གྲགས་པའི་དཔའ་མཛངས་གཉིས་ལྡན་གྱི་སྐྱེས་བུ་དམ་པ་ཞིག་གོ། །

འདན་ཁོག་ཏུ་བསྐྱོད་སྐབས་ཤིག་ལ་རྒན་པོ་དག་ལ་འདྲི་རྩད་བྱས་ཤིང་ཡུལ་ངོས་སུ་སོང་ནས་འགྱུར་མེད་བསྟན་འཛིན་གྱིས་བྲིས།

༄༅། །འདན་སྨས་གཡུ་འོད་འབུམ་མེའི་རྣམ་ཐར་ཞུང་བསྡུས།

འདན་སྨས་གཡུ་འོད་འབུམ་མེ་ནི་ཕ་ཡབ་བློན་ཆེན་འདན་མ་བསམ་འགྲུབ་དང་མ་ཡུམ་འདན་བཟའ་ཆོས་སྒྲོན་གཉིས་ཀྱི་སྲས་སུ་ངོ་མཚར་བའི་རྟགས་དང་རྟེན་འབྲེལ་སྣ་ཚོགས་དང་བཅས་ས་སྐྱིད་པོ་འདན་ཡུལ་ལུང་པ་སྐྱ་མཁར་ཤར་ལུང་རི་དྲུག་ནང་སྐྱ་འཁྲུངས་སོ། །

འདན་སྨས་གཡུ་འོད་འབུམ་མེའི་རྟོགས་བརྗོད་ལས། ས་འདི་ས་ངོ་མ་ཤེས་ན། །མཁར་མི་འགྱུར་ཤར་ལུང་རི་དྲུག་རེད། །ལྷ་སྨས་མེ་ཏོག་འཁྲུངས་ས་རེད། །སྐྱུ་གཟི་ཅིན་ཟེའུ་འབྲུ་ངོམ་ས་རེད། །ཅེས་གསུངས་སོ། །ཁོང་ནི་གླིང་དཔའ་ཐུལ་སུམ་ཅུའི་ཡང་རྩེ། གཅེས་ཕྲུག་བཅུ་གསུམ་གྱི་དྭངས་མ། དགྲ་ནག་པོ་འདུལ་བའི་དཔའ་རྒོད། གཉེན་ཡུལ་སྐྱེ་སྐྱོང་བའི་དཔོན་པོ། སྐྱེས་བུ་ཡོངས་ཀྱི་དགྲ་ལྷ་ཡིན། མི་ནུབ་དར་རྫོང་ལས། གླིང་ཕུ་ནུ་སུམ་ཅུའི་གྲལ་མགོ་ནས། །འདན་མ་གཡུ་རྒྱལ་ཐོག་རྒོད་ཀྱི། །སྲས་པོ་གཡུ་འོད་འབུམ་མེ་ཡིན། །དེ་སྟེ་ཉི་མ་ཕན་ཚོད་ལ། །དགྲ་ལ་མ་འཐབ་བསམ་པ་མེད། །མ་ཐུབ་ལུས་པ་གཅིག་ཀྱང་མེད། །ཅེས་གསུངས་པ་དང་། སྟག་གཟིག་ནོར་རྫོང་ལས། ང་འདྲ་ང་ངོ་མ་ཤེས་ན། །འདན་ཁྲི་སྐོར་བརྒྱད་ཀྱི་ས་ཆ་ནས། །གཡུ་མཁར་སྔོན་པོའི་ནང་བཙུད་ནས། །ཟ་ཏོར་རྒྱལ་པོའི་གདུང་རྒྱུད་ལ། །ཁྲི་གཅེས་འདན་མའི་སྲས་པོ་ཡིན། །རང་མིང་གཡུ་འོད་འབུམ་མེ་ཟེར། །དམག་གཡུ་འབྲུ་ཅན་གྱི་བདག་པོ་ཡིན། །ཞེས་གསུངས། འདན་སྨས་གཡུ་མཁར་སྨུག་པོའི་མཁར་ཤུལ་ནི་འདན་ཆོས་འཁོར་དགོན་གྱིས་དེང་སང་བླ་བྲང་བཞེངས་སའི་ས་གནས་དེ་ཡིན་པར་སྔོན་གྱི་རྒན་རབས་པ་ཚོས་བཤད་སྲོལ་ཡོད་ཅིང་ཕྱིས་སུ་བླ་བྲང་

གསར་བཞེངས་སྐབས་ས་འོག་ཏུ་ཏ་ཅང་གཞི་རྒྱ་ཆེ་བའི་གྲུང་རྡོ་སོགས་མཐོང་རྒྱུ་བྱུང་ཞེས་ད་ལྟ་ས་གནས་དེའི་མི་རྣམས་ལ་བཤད་རྒྱུ་འདུག་གོ། །དེ་ལ་མཁར་ཤུལ་ཆུང་བ་ཞེས་སུ་གྲགས། མཁར་ཤུལ་ཆེ་བ་ནི་དགོན་པའི་ཚོགས་པ་དང་སྒྲུབ་པ་འཚོགས་ཚོག་སའི་མཁར་ཤུལ་གྱི་གྲུང་ར་ཆེན་པོ་ཞིག་ཡོད་ཅིང་། ཕྱིས་སུ་དེ་ན་མཁར་དཀར་པོ་ཟེར་བའི་ལྷ་ཁང་གསར་དུ་བཞེངས། སྔོན་ཆད་དགོན་དེ་ན་འདན་སྲས་ཀྱི་ཁྲབ་རྨོག་སོགས་ཡོད་ཀྱང་ཕྱིས་སུ་མེད་པར་གྱུར་སོང་ཚུལ་གསལ་པོར་བཤད་རྒྱུ་འདུག །འདན་སྲས་ཀྱི་རལ་གྲི་ད་ཏུང་ལྷག་ཡོད་པ་བཤད་ཀྱང་དགོན་པས་ཉར་ཚགས་བྱས་ཡོད་པས་མཇལ་མི་ཐུབ་ཟེར། མཁར་ཡོད་སའི་གཡས་ཕྱོགས་ཀྱི་ལུང་པ་ཞིག་གི་ནང་ནས་ཡར་སོང་ན་འདན་སྲས་ཀྱི་མཆེར་ས་གོང་མ་དང་བར་མ། འདན་སྲས་ཀྱི་ཕྱུགས་ར་ཟེར་བ་ཡོད་པར་བཤད། མཁར་ཡོད་སའི་མདུན་ངོས་ན་བྲག་དམར་པོ་ཞིག་ཡོད་པ་དེ་ནི་འདན་སྲས་ཀྱི་བླ་རི་བྲག་དམར་ཟངས་ཡག་ལྷ་རྫོང་ཟེར། འདན་སྲས་ཀྱི་རིགས་རྒྱུད་དམ་མི་རྒྱུད་ཆོས་འཁོར་དཔོན་ཚང་ཟེར་བ་དེ་ཡིན་ཞིང་རྒྱལ་དབང་དགུ་པའི་འཁྲུངས་གཞིས་ཀྱང་ཡིན་པར་གྲགས། སྔོན་ཆད་མཁར་ཤུལ་དེ་འདན་ཆོས་འཁོར་དཔོན་ཚང་གིས་བདག་བྱས་པར་གྲགས། གང་ལྟར་འདན་ཁོག་དང་འདན་མ་ཏུ་ཁག །འདན་ཆོས་འཁོར་དགོན། འདན་གྱི་གཡུ་མཁར་སྨུག་པོ། འདན་སྲས་ཀྱི་མཁར་ཆེ་བ་དང་ཆུང་བ། འདན་སྲས་ཀྱི་མཆེར་ས། འདན་སྲས་ཀྱི་ཕྱུགས་ར། འདན་སྲས་ཀྱི་བླ་རི་སོགས་མི་མིང་ས་ལ་ཐོགས་པ་འདི་ནི་ལོ་རྒྱུས་འཚོལ་ཞིབ་པ་ཞིག་ལ་མཆོན་ན་རྙེད་དཀའ་བའི་བདེན་དཔང་གི་རྒྱུ་ཆ་རིན་ཐང་དང་བྲལ་བ་ཞིག་གོ། །

གཞན་ཡང་སྐྱེ་བའི་ཕྲེང་བས་སྔོན་གནས་རྗེས་དྲན་གྱི་སྒྲུང་ཚོར་ཞིག་བཤད་ན། དེ་ཡང་། ཡང་དར་བསྟན་པའི་ཤིང་རྟ། ཆོས་རྗེ་དམ་པ་ཡིད་བཞིན་ནོར་བུ་འཇིགས་མེད་ཕུན་ཚོགས་འབྱུང་གནས་དཔལ་བཟང་པོ་མཆོག་གིས། རང་ཉིད་འདན་སྲས་ཀྱི་སྐུ་སྐྱེ་ཡིན་པ་ཞལ་གྱིས་བཞེས་པ་མ་ཟད། ད་ལྟར་ཡང་འདན་སྲས་སྐབས་ཀྱི་ལོ་རྒྱུས་དག་ཏ་ཅང་གསལ་པོ་དྲན་བཞིན་འདུག་ཅེས་ཡང་ཡང་

གསུངས།

ཐེངས་གཅིག་ཆོས་རྗེ་མཆོག་མདོ་ཁམས་ཆུ་བཞི་སྒང་དྲུག་ཏུ་ཆབས་ཆེན་བསྟན་འགྲོའི་དོན་དུ་ཆིབས་བསྒྱུར་མཛད་སྐབས། རྟའུ་དམུ་རྗེ་ལ་ནི་འདན་སྲས་གཡུ་འོད་འབུམ་མེ་ཞིང་བརྗེ་སའི་གནས་ཡིན་པ་ངོས་འཛིན་མཛད་དེ། རྗེ་ཁོང་གནས་དེར་སླེབ་སྐབས་ཧ་ཅང་ཐུགས་སྐྱོ་ཤས་དང་འཇིགས་སྣང་ཞིག་བྱུང་ཚུལ་ཁོང་གིས་དངོས་སུ་གསུངས་པ་དང་། འཁོར་སློབ་གཞན་དག་གི་སྣང་ཚུལ་ལའང་རྗེ་ཉིད་ཀྱི་ཞལ་ངོ་ཁྲོ་ཉམས་ཀྱི་རྣམ་པར་གྱུར་སོང་ཚུལ་སོགས་ཀྱང་། རྨི་སྤྲུལ་རིན་པོ་ཆེ་བསྟན་འཛིན་རྒྱ་མཚོས་མཛད་པའི་ཆོས་རྗེ་བླ་མའི་རྣམ་ཐར་རྒྱས་པ་ལས་གསལ་ཏེ། དམུ་རྗེ་ཁས་ཁ་བརྒྱུད་ནས་ཕེབས་སྐབས། རྗེ་ཉིད་ཐུགས་མི་བདེ་བའི་རྣམ་པ་མཛད་ཅིང་། ཕྱིས་ནང་འཁོར་འགས་དེའི་ལོ་རྒྱུས་སྙོར་བཀའ་འདྲི་ཞུས་སྐབས། དེ་དུས་ངའི་སེམས་ལ་རྒྱུ་མཚན་མེད་པར་སློ་བུར་དུ་སྐྲག་སྟངས་ཀྱི་སྣང་བ་སྐྱེས་ནས་ད་འགྲོ་མི་ཕོད་པར་འདུག་བསམ་པའི་རྣམ་རྟོག་ཅིག་ཤར་བྱུང་བས། འདི་ཡས་མས་ཤིག་ནས་བསྟན་འགྲོའི་དོན་དུ་རང་སྲོག་ལན་གཅིག་བཏང་སྲིད་པ་འདྲ་གསུངས། ཡང་འབྱོན་ཐེངས་གཞན་ཞིག་གི་ཚེ་དྲིས་པ་ལར་བགྲོད་སྐབས། གནའ་སྔ་མོ་གླིང་དཔའ་ཐུལ་རྣམས་དང་ལྷ་དམག་ཡོངས་རྫོགས་ལ་འདི་ནས་མར་ཕེབས་པ་གསལ་པོར་དྲན་འདུག །འོན་ཀྱང་ཡར་བྱོན་དུས་ལ་འདི་བརྒྱུད་ནས་འོང་མིན་གསལ་པོར་མི་དྲན་པར་འདུག་ཅེས་སྐུ་འཁོར་རྣམས་ལ་གསུང་འཕྲོས་སུ་སྩལ་པ་ཐོས་སོ། །ཞེས་གསུངས། ས་གནས་དེ་ན་ད་སྐབས་སྤྲུལ་རིན་པོ་ཆེ་ལུང་རྟོགས་མཆོག་གིས་མཆོད་རྟེན་གྱི་ཚོམ་བུ་ཞིག་ཀྱང་བཞེངས་ཡོད། གཞན་ཡང་། ཆོས་རྗེ་མཆོག་གིས། ཁོང་གི་དག་སྣང་ཆོས་སྙོར་ལས། རབ་རྒྱལ་ས་བྱ་ཟླ་ཚེས་ལ། རིག་པ་འགྱུར་མེད་ཡེ་ཤེས་ཀྱི་སྐྱེས་བུ་ཆེན་པོའི་བླ་མའི་རྣལ་འབྱོར་ཉམས་སུ་བླངས་ནས་ཞག་བདུན་གྱི་ཐོ་རངས་ཁར་རྨི་ལམ་འོད་གསལ་འདྲེས་པའི་སྣང་བ་ལ། རིན་པོ་ཆེ་སྣ་ཚོགས་ཀྱིས་བྱས་པའི་མཁར་ཡིད་དུ་འོང་བ་ཞིག་གི་སྒོ་དྲུང་དུ་ཐོན་སྐབས། བུད་མེད་གཞོན་ནུ་ཤིན་ཏུ་མཛེས་པ་

ཕྱུག་ཚར་གཟི་བྱུར་སོགས་རྒྱན་ཆ་མང་པོ་མདོ་ཁམས་སྨད་ཀྱི་ཡུལ་སྲོལ་ལྟར་བཏགས་པ་ཞིག་གིས། བདག་གི་ལག་པ་ལ་འཇུས་ནས་ཕོ་མོའི་ཚེ་རབས་ཀྱི་སྙིང་གྲོགས་དམ་པ་ཁྱེད་འདིར་འོང་བ་ཤིན་ཏུ་དགའ། ཕོ་མོ་ནེའུ་ཆུང་སེམས་ཀྱི་འཁྲི་ཤིང་ཡིན་པ་ངོ་ཤེས་སམ། རང་རེ་ཨ་ཕའི་དྲུང་དུ་འགྲོ་ཟེར་ནས་མཁར་དེའི་ཉེ་མཐོངས་སུ་ཁྲིད་ནས་ཐོན་པ་ན། དེར་སྟག་ཤར་ཚར་གཡོག་ནག་པོ་ཅན་གྱོན་པ་སྐུ་ལ་གཟི་བརྗིད་བལྟར་མི་བཟོད་པ་ཙུང་ཟད་བགྲེས་ཉམས་ཅན་གཡས་གཡོན་གྱི་སར་མདའ་གཞུ་ཤུབས་ལྡན་བཞག་པ། ལག་ན་རལ་གྲི་མེ་ཡི་ཚྭ་ཚྭ་འཕྲོ་བ་ཤིན་ཏུ་རྣོ་ངར་དང་ལྡན་པ་ཞིག་ཕྱི་བརྡར་བྱེད་བཞིན་དུ་སྡོད་པ་མཐོང་ཚེ། བདག་གིས་འདུན་མ་ཡིན་ནོ་སྙམ་པའི་སྣང་བ་ཤར་ནས་དགའ་དད་ཤིན་ཏུ་སྐྱེས་ཏེ་པང་དུ་མགོ་བཞག་ཅིང་མཆི་མ་ཕྱུང་ཚེ། ཨ་ཕའི་གཅེས་ཕྲུག་ད་ནི་དུས་གསུམ་སངས་རྒྱས་ཐམས་ཅད་འདུས་པའི་སྤྱི་གཟུགས་འཛམ་གླིང་སེང་ཆེན་གྱི་སྐུ་དྲུང་དུ་འགྲོ་གསུངས་ནས་གཟིམ་ཤག་ནོར་བུའི་བང་མཛོད་ཡིན་ཟེར་བའི་ཁང་བུ་ཤེལ་དམར་ལས་གྲུབ་པ་དགོས་འདོད་སྣ་ཚོགས་དང་གླེགས་བམ་དང་སྐུ་གཟུགས་དུ་མས་བརྒྱན་པ་ཞིག་གི་ནང་དུ་སོན་ཚེ་གཟིམ་མལ་གོས་འབོལ་མང་པོ་བརྩེགས་པའི་སྟེང་དུ། སྐྱེས་བུ་ཆེན་པོ་སྐུ་མདོག་དཀར་ལ་དམར་བའི་མདངས་ཀྱིས་བརྒྱན་པ། ཕྱག་གཡས་སྣ་ཚོགས་དར་གྱིས་བརྒྱན་པའི་རྡོ་རྗེ་རྩེ་ལྔ་ནམ་མཁའ་ལ་ཕྱར་བ། གཡོན་ན་ནོར་བུ་སྦྱོན་པོ་འོད་འཕྲོ་བ་ཞིག་བསྣམས་པ། སྐུ་ལ་གོས་ཆེན་ས་ལམ་དམར་པོའི་ཟླ་གམ་གསོལ་བ་{རྒྱན་ཆ་གཞན་ཡིད་ངོར་འཆར་མ་ནུས་མཆན།} ཞིག་མཇལ་བའི་ཚེ། བདག་ལ་དད་གུས་ཚད་མེད་པ་སྐྱེས་ནས་སྐྱེས་བུ་ཆེན་པོའི་ཞབས་མོ་ལ་མགོ་བོ་གཏུགས་ནས་སྐྱེས་བུ་ཆེན་པོ་ཁྱེད་ཀྱི་སྐུ་གསུང་ཐུགས་ཀྱི་ཡོན་ཏན་མཐའ་དག་བདག་གི་རྒྱུད་ལ་འཕོས་ནས་བསྟན་པ་དང་སེམས་ཅན་གྱི་དོན་རྒྱ་ཆེན་པོ་འགྲུབ་པར་བྱིན་གྱིས་བརླབ་ཏུ་གསོལ། ཞེས་སྨྲས་ཚེ་ཕྱག་གཡས་པས་སྣ་ཚོགས་རྡོ་རྗེ་མཁའ་ལ་གཡུག་བཞིན་དུ་ཚིག་བདུན་གསོལ་འདེབས་དང་། གནས་མཆོག་འདི་རུ་བྱིན་ཕབ་ལ། །སྒྲུབ་མཆོག་བུ་ལ་དབང་བཞི་སོགས་གསུངས་ནས་རྡོ་རྗེ་མགོ་ཐོག་ཏུ་བཞག་པར་མཛད་རྗེས་བདག་སྐུ་དྲུང་དུ་ཐལ་མོ་སྦྱར་ཏེ་བསྡད་ཚེ། ཐ་མལ་གྱི་

སྣང་ཤེས་དབྱིངས་སུ་ཐིམ་ནས་རིག་སྟོང་འོད་གསལ་ཆེན་པོ་མངོན་དུ་གྱུར། ཕ་འདུན་མའང་རྗེ་ཡི་རྟེན་མའི་གམ་དུ་གྲུམ་ཙེ་ཁ་གང་བ་ཞིག་གི་སྟེང་དུ་བཞུགས་ཏེ་མཆོད་རྫས་སྣ་ཚོགས་ཀྱང་རང་འབྱུངས་སུ་གྱུར། ནེའུ་ཚུང་དབྱིངས་ཀྱི་ཧྲཱི་ཀིས་རྡོ་རྗེའི་གླུས་སྤྲོ་བ་བསྐྱེད་པའི་མཐར་ཕྱི་ཕྱག་བགྱིས་ཏེ་ཕོ་བོ་ལ་འགྲོ་གསུངས་ནས་ཁྲིད་ཆས་བྱེད་སྐབས་མནལ་སད་སོང་། ཞེས་དང་། གཞན་ཡང་རྗེ་ཉིད་ཀྱིས་མཛད་པའི་དགྲ་བླ་འབོད་པའི་གད་རྒྱངས་ལས། ཀྱཻའི་ཀྱཻའི་ཀྱཻའི། ཀི་གཅིག་ཀི་གཉིས་ཀི་སྟྲ་གསུམ། །དཔའ་དགྲ་བླ་འབོད་པའི་གད་རྒྱངས་ཡིན། །ཀི་དང་པོས་རྒྱལ་ཀུན་འདུས་པའི་སྐུ། །རྗེ་འགྲན་མེད་སེང་ཆེན་སྐྱེས་བུ་འབོད། །དཔལ་དོན་བརྒྱུད་རྟོགས་པའི་ཕ་ཐོག་དེ། །བདག་སྐལ་ལྡན་སེམས་ཀྱི་དབྱིད་དུ་སྐྱོལ། །ཀི་གཉིས་པས་ཕ་ཇོ་འདུན་མ་འབོད། །བུ་དམ་ཚིག་འགྱུར་མེད་ཕོ་བོ་ལ། །ཚར་གཅོད་དང་རྗེས་སུ་འཛིན་པ་ཡི། །དཔའ་དགྲ་བླ་འབུམ་གྱི་ནུས་མཐུ་སྐྱོལ། །ཀི་གསུམ་པས་གཏན་གྲོགས་ནེའུ་ཚུང་འབོད། །གནས་ཉེར་བཞིའི་དཔའ་བོ་མཁའ་འགྲོའི་ཚོགས། །དུས་མཉམ་དུ་རོལ་བའི་བདེ་སྟོང་ལམ། །ཆོས་ཟབ་མེད་དགའ་སྟོན་འགྱེད་དུ་གསོལ། །ཅེས་པ་འདི་དག་ཆོས་རྗེ་མཆོག་གི་གསུང་འབུམ་གྱི་ཁྲོད་ན་དངོས་སུ་མཇལ་རྒྱུ་ཡོད།

གཞན་ཡང་ཆོས་རྗེ་མཆོག་གིས་ཐུགས་བཀོད་གནང་ནས་མཁན་སློལ་སྐོར་ཞིག་ལ་ཆེད་དུ་འདུན་སྲས་རྟོགས་བརྗོད་འབྲི་རུ་བཅུག་སྟེ་ཞི་རྒྱས་དབང་དྲག་མཆོག་དང་བཅས་པའི་འཁྲབ་ཚན་ཅན་ཞིག་བྲིས་ཏེ་སྐུ་ཉིད་ཀྱིས་ཐུགས་བརྩིས་ཆེན་པོ་གནང་ནས་ད་བར་གར་འཆམ་གྱི་རྒྱུན་བར་མ་ཆད་པ་བྱུང་བའོ། །ཆོས་རྗེ་མཆོག་གི་ཞལ་སྔ་ནས། རྟོགས་བརྗོད་འདི་ཁོང་ཚོའི་རྣམ་དཔྱོད་ཤེས་རབ་ཀྱི་རྩལ་ལ་བརྟེན་ནས་བརྩམས་པ་ཞིག་ཡིན་སྣང་ཤར་སྲིད་རྒྱུ་རེད་དེ། དོན་ལ་དེ་འདྲ་ཞིག་མ་རེད། འདི་ནི་རྩ་གསུམ་ཆོས་སྐྱོང་སྲུང་མའི་བྱིན་རླབས་ཁོང་རྣམ་པའི་ཁ་དང་སྙིང་ལ་ཞུགས་ནས་བབས་ཡོང་བ་ཞིག་རེད། ཅེས་དང་། ཐོག་མའི་རྟེན་འབྲེལ་གྱི་དབང་གིས་དགོངས་གཏེར་དག་སྣང་གི་ཆོས་སྐོར་ཟབ་མོ་གང་ཡིན་ཡང་བར་ཆད་ཅིག་ཐུང་གི་འདུག་ནི་རེད། འོན་

ཀྱང་བར་ཆད་སྣ་གཅིག་མ་བྱུང་ས་དེ་འདན་སྲས་རྟོགས་བརྗོད་འདི་དང་ཕྱུར་བ་མགུལ་ཁྱུག་མ་གཉིས་ཡིན། ཞེས་དང་། སྒྲུང་འདི་ཉིད་ནི་དུས་བབ་ཀྱི་ཆོས་སྐལ་དུ་བྱིན་གྱིས་བརླབས་པའི་བྱིན་བརླབས་ཀྱི་ཚན་ཁ་མ་བྲལ་བའི་སྒྲུབ་ཆེན་ཞིག་དང་ཁྱད་མེད་གསུངས། གཞན་ཡང་ཆོས་རྗེ་བླ་མའི་ཞལ་ནས། སྒྲུང་འདིའི་གར་འཆམ་བྱེད་མཁན་དང་མ་ཟད་ལྷད་མོ་ལྷ་མཁན་ཡོངས་ཀྱི་ལོ་གཅིག་གི་རྐྱེན་གེགས་ཚང་མ་སེལ་ཐུབ་སོགས་ཞེས་གསུངས་སྐྱོང་། དེས་ན་འདན་སྲས་ཆུང་གཡུ་འོད་འབུམ་མེ་མཆོག་དངོས་སུ་ཁ་བ་རི་པའི་སྣན་ལྗོངས་འདིར་སྐུ་འཁྲུངས་ནས་མཛད་པ་ཕྲིན་ལས་བསྐྱངས་སྐྱོང་བ་མ་ཟད་ད་བར་སྐུ་ཡི་ཕྲེང་བ་བར་མ་ཆད་པར་བྱོན་ནས་རང་རེ་རྣམས་ལ་བདེ་སྐྱིད་ཀྱི་འོད་སྣང་སྤྲུན་བཞིན་པ་འདི་ནི་དགའ་སྤྲོའི་གསོས་སུ་གྱུར་པའོ། །

ཞེས་པ་འདི་འགྱུར་མེད་བསྟན་འཛིན་གྱིས་བྲིས་པའོ། །

༄༅། །མཇུག་བྱང་།

༄༅། །དངོས་བྲིས་དཔྱད་རྩོམ་འདི་ཉིད་གཏན་ལ་ཡབ་ཚུལ།

ཏ་མགྲིན་དབང་ཆེན།

རྒྱལ་ཡོངས་ཀྱི་སར་གཞུང་ལས་ཁང་གི་ཆེད་མཁས་པ་དང་མཁས་པ་རྣམ་པ། རིམ་པ་ཁག་གི་མགོ་ཁྲིད་རྣམ་པ། ཕྱོགས་སོ་སོ་ནས་ཕེབས་པའི་སློང་པ་དང་དང་སློང་མ་རྣམ་པ། གེ་སར་རིག་གནས་ལ་དགའ་ཞེན་ཡོད་པའི་ཚོགས་མི་རྣམ་པ། ཚང་མ་ལ་འཚམས་འདྲི་བཀྲ་ཤིས་བདེ་ལེགས་ཞུ།

སྙན་ཞུའི་བཞུགས་མོལ་འཚོགས་འདུ།

དེ་རིང་འདི་ན་གླིང་གི་ཕ་ཁྱུ་ཆེ་བ་བཞིའི་ཡ་གྱལ། འཛམ་གླིང་གི་སར་སྐྱེས་བུའི་ཁྱུ་མོ། ཨ་ཁྱུ་ཁྲོ་ཐུང་གི་ཕ་ཡུལ་བཀྲ་ཤིས་ཁྲི་གླིང་ནས་སྔེ་དགེ་རྫོང་བཀྲ་ཤིས་ཁྲི་གླིང་གི་སར་རིག་གནས་ཞིབ་འཇུག་གི་སླན་ཞུའི་བཞུགས་མོལ་ཚོགས་འདུའི་ཐོག་ལ། ཁྱེད་སྐུ་མགྲོན་རྣམ་པས་སྐུ་ཕྱིད་མོ་ཡིས་ཡང་མོ་བྱས། གསུང་བྲེལ་མོ་ཡིས་དལ་མོ་བྱས། དགའ་ཚོགས་འོ་བརྒྱལ་ལ་མ་འཛོམ་པར་གནས་འདི་རུ་ཕེབས་པ་ལ། ང་རང་གིས་བཀྲ་ཤིས་ཁྲི་གླིང་གི་སར་བརྒྱུད་འཛིན་དང་སྲུང་སྐྱོང་གི་དཔེ་སྟོན་གནས་གཞིའི་ཚབ་བྱས་ཏེ། ཁྱེད་རྣམ་པ་ལ་དགའ་བསུ་ཞུ་བ་དང་ཆབས་ཅིག་ཏུ། བཀའ་དྲིན་ཆེ་ཞུ་རྒྱུ་ཡིན།

ཐོག་མར། བཀྲ་ཤིས་ཁྲི་གླིང་གི་སར་རིག་གནས་བརྒྱུད་འཛིན་དང་སྲུང་སྐྱོང་གི་དཔེ་སྟོན་གནས་གཞི་འདི་ངོ་སྤྲོད་མདོར་བསྡུས་ཤིག་ཞུས་ན།

བཀྲ་ཤིས་ཁྲི་གླིང་ཟེར་བ་ནི། དེ་རིང་ཁྱེད་ཅག་འཚོགས་སའི་ས་གནས་འདི་དང་འདིའི་ཁོ་ར་ཁོར་ཡུག་གི་སྤྱི་མིང་རེད། ད་ལྟ་བཀྲ་ཤིས་ཁྲི་གླིང་གི་ས་ཆ་འདིའི་ཐོག་ལ། **གཅིག་ན།** འདིའི་རི་ཞོལ་ཁྲོ་ཐུང་མཁར་ཤུལ་གྱི་འདབས་ཨ་ཁྱུའི་ཆུ་ཡི་ཉེ་འགྲམ་དུ། ༢༠༠༧ལོར། རྫོང་དམངས་སྲིད་ཚུས་ནས་ཐོ་འགོད་བྱས་ཏེ་བཙུགས་པའི་ནད་གསོ་ཁང་ཡོད་པ་རེད། **གཉིས་ན།** ༢༠༡༢ལོ་ལ། སྡེ་དགེ་རྫོང་འཕྲོད་བསྟེན་ཚུས་ཀྱིས་ཆོག་མཆན་བཀོད་ཅིང་སྐབས་དེར་སྨན་ཁང་སྟབས་བདེ་ཞིག་བཙུགས་པ་དང་། དེ་རྗེས་༢༠༡༨ལོར། སླར་ཡང་སྡེ་དགེ་རྫོང་འཕྲོད་བསྟེན་ཚུས་ཀྱིས་ཆོག་མཆན་གནང་སྟེ། ཁྲོ་ཐུང་བསྐྱངས་ལམ་གྱི་ཞོལ་དུ་བཙུགས་ཡོད་པའི་བཀྲ་ཤིས་ཁྲི་གླིང་ནད་གསོ་སྨན་ཁང་ཕ་གི་རེད། དེ་ནི་ནད་གསོ་ཁང་གི་ཆ་ལག་སྨན་ཁང་རེད། **གསུམ་ན།** ༢༠༠༨ལོར། རྫོང་མི་རིགས་ཆོས་ལུགས་ཚུས་ཀྱིས་ཆོག་མཆན་ལྟར་བཙུགས་པའི་སྒྲུབ་གྲྭ་དེ་ཡོད་པ་རེད། **བཞི་ན།** སྤྱི་ལོ་༢༠༢༢ལོ། བོད་ཀྱི་རྩིས་ལྟར་ན། བསྐལ་པ་སྟག་གི་ལོ་གླིང་རྗེ་གེ་སར་སྐྱེས་བུའི་འཁྲུངས་ལོ་ལ། རྟེན་འབྲེལ་ལེགས་ཚོགས་ཐམས་ཅད་དང་གིས་འགྲིགས་ནས། རྒྱལ་ཡོངས་གེ་སར་གཞུང་ལས་ཁང་གིས་སྒོ་བྱང་གནང་བའི་བཀྲ་ཤིས་ཁྲི་གླིང་གི་སར་རིག་གནས་

གེ་སར་རིག་གནས་བརྒྱུད་འཛིན་དང་སྲུང་སྐྱོང་གི་དཔེ་སྟོན་གནས་གཞིའི་སྒོ་བྱང་།

བརྒྱུད་འཛིན་དང་སྲུང་སྐྱོང་གི་དཔེ་སྟོན་གནས་གཞི་དེ་ཡང་གནས་འདི་ན་ཆགས་ཡོད་པ་རེད།

དཔེ་སྟོན་གནས་གཞི་འདི་ལ་མཚོན་ན། ཐོག་མར་༢༠༡༣ལོ་ལ། དཀར་མཛེས་ཁུལ་ཁམས་པ་རིག་གནས་ཞིབ་འཇུག་སླེང་ཚོགས་པའི་སྐབས་སུ། ལས་ཐོག་ཁུལ་ཀུ་རྡུའུ་ཅེ་རྡུའུ་ཁྲང་རྗེན་དང་། ལས་ཐོག་ཁུལ་དཔོན་ཡེ་ཤེས་ན་བ་རྣམ་པ་གཉིས་སྐུ་དངོས་ཀྱིས་བཀྲ་ཤིས་ཁྲི་སླེང་གེ་སར་ཞིབ་འཇུག་གནས་གཞི་ཞེས་པའི་ཚོག་མཚན་གནང་བ་རེད། དེ་རྗེས་ཀྱི་མི་ལོ་དགུའི་རིང་ལ་བཀྲ་ཤིས་ཁྲི་སླེང་གེ་སར་ཞིབ་འཇུག་གནས་གཞིས་དཀའ་བ་ཁྱད་དུ་བསད། ངལ་བ་དང་དུ་བླངས་ནས་བྱུང་བའི་འབྲས་བཟང་དང་ལེགས་འགྲུབ་དག་ལ་བརྟེན་ནས། ༢༠༢༢ལོར། སྡེ་དགེ་རྫོང་གིས། སྡེ་དགེ་རྫོང་གི་སར་རིག་གནས་ཞིབ་འཇུག་ལྟེ་གནས་ཞེས་པ་ཐོ་འགོད་དང་། དེས་མི་ཚད། རྒྱལ་ཡོངས་ནས། རྒྱལ་ཡོངས་གེ་སར་གཞུང་ལས་ཁང་གི་ལས་ཐོག་ཀྲུའུ་རིན་ནོར་བུ་དབང་ལྡན་སྐུ་དངོས་སུ་བཀྲ་ཤིས་ཁྲི་སླེང་འདི་ན་ཕེབས་ནས། གེ་སར་ཞིབ་འཇུག་གནས་གཞིའི་སྔར་ཡོད་ཀྱི་གྲུབ་འབྲས་དག་ལ་གདེང་འཇོག་ཚད་མཐོན་པོར་གནང་ལ། གེ་སར་རིག་གནས་བརྒྱུད་འཛིན་དང་སྲུང་སྐྱོང་གི་དཔེ་སྟོན་གནས་གཞིའི་སྒོ་བྱང་གནང་བ་དང་གེ་སར་རིག་གནས་ཞིབ་འཇུག་ཇེ་ལྷར་

བྱེད་དགོས་པའི་སྐོར་ནས་བཀའ་སློབ་ལམ་སྟོན་ཡང་གནང་བ་རེད། མ་ཟད། སྒོ་བྱང་འདི་ལ་བརྟེན་ནས། གནས་འདི་ཉིད་དུ་གེ་སར་རིག་གནས་བརྒྱུད་འཛིན་དང་སྲུང་སྐྱོང་ལ་ཕན་པའི་རྒྱལ་ཡོངས་རང་བཞིན་ཅན་གྱི་ཚོགས་འདུ་དང་བྱ་འགུལ་གང་སྤེལ་ཀྱང་ཆོག་པ་རེད་ཅེས་གསུང་གི་དབུགས་དབྱུང་གནང་། དེ་བཞི་པ་གེ་སར་རིག་གནས་བརྒྱུད་འཛིན་དང་སྲུང་སྐྱོང་གི་དཔེ་སྟོན་གནས་གཞི་རེད། དེ་ལྟར། དང་པོ་དམངས་སྲིད་དང་། གཉིས་པ་འཕྲོད་བསྟེན། གསུམ་པ་ཆོས་ལུགས། བཞི་པ་གེ་སར་རིག་གནས་བཅས་སྡེ་ཁག་མི་འདྲ་བ་བཞིའི་ཕྱི་དང་ནང་གི་འཛུགས་སྐྲུན་ཚང་མ་བཀྲ་ཤིས་ཁྲི་གླིང་ཞེས་པའི་ས་ཆ་འདི་གཅིག་གི་ཐོག་ན་ཡོད་པ་རེད། དེ་བཀྲ་ཤིས་ཁྲི་གླིང་ངོ་སྤྲོད་མདོར་བསྡུས་ཙམ་ཡིན།

དེ་རིང་སྐབས་སུ་བབ་པའི་བཤད་བྱ་དངོས་ནི། བཀྲ་ཤིས་ཁྲི་གླིང་གེ་སར་རིག་གནས་དཔེ་སྟོན་གནས་གཞིས། ན་ནིང་ནས་ད་ལོ་ཡི་བར་དུ། གྲུབ་འབྲས་གསར་པ་འགའ་རེ་ཡོད་པ་ལས། ང་རང་གིས་བཤད་རྒྱུ་དེ། གླིང་དཔའ་ཐུལ་དྭངས་སྨན་གྱི་རྗེས་ཤུལ་དངོས་བྲིས་ཞེས་པའི་དེབ་འདི་ངོ་སྤྲོད་མདོར་བསྡུས་པ་ཞིག་བྱེད་རྒྱུ་དེ་ཡིན།

སྔྲིར་བཏང་དཔེ་སྟོན་གནས་གཞིའི་ད་ཡོད་ཀྱི་གྲུབ་འབྲས་ལ། དཔེར་ན། ཕྱིའི་འཛུགས་སྐྲུན་དང་འབུར་བླུག །སྐུ་བརྙན། ཐང་ག །གེ་སར་གློས་གར། གླིང་བྲོ། ཡིག་ཆ་བསྡུ་ཉར། རིག་དངོས་གཅེས་ཉར། མི་སྣ་སྐྱིད་སྲིང་། རིག་གཞུང་བགྲོ་གླེང་། རིག་གནས་འགྲེམ་སྟོན། དངོས་བྲིས་དཔྱད་རྩོམ་ལ་སོགས་པ་ཡོད་པ་རེད། བྱེ་བྲག་ཏུ་ད་རེས་ངས་བཤད་རྒྱུ་དེ། དངོས་བྲིས་དཔྱད་རྩོམ་གྱི་ཁོངས་སུ་གཏོགས་པ་རེད།

དེབ་འདིའི་བརྗོད་བྱའི་སྙིང་པོ་ནི། གླིང་སྒྲུང་ལས་བྱུང་བའི་ས་གནས་འདི་དང་འདིའི་ཉེ་འཁོར་

གྱི་དཔའ་ཐུལ་དྭངས་སྨན་འགའ་རེའི་རྗེས་ཤུལ་གང་ཡོད་རྩད་བཅད་ཞིབ་འཇུག་བྱས་ནས། ཇི་བཞིན་དུ་བཀོད་པ་ཞིག་ཡིན། གླིང་སྒྲུང་ལས་བྱུང་བའི་མི་སྣ་གང་དག་ཡོད་ཅེར་ན། གེ་སར་སྐྱེས་བུ་དོན་འགྲུབ། ཨ་ཁུ་ཁྲོ་ཐུང་། ནུ་བོ་རོང་ཚ་གན་འཕེན་དམར་ལེབ། གཟུ་ཆེན་ཞེར་མའི་ལྷ་དར། སྒྲ་སྐྱ་ལོའི་སེང་ལྷམ་འབྲུག་མོ་བཅས་ཡོད། ཁོང་རྣམ་པས་ས་གནས་འདི་ཞབས་ཀྱིས་བཅགས་ཚུལ་དང་། མཛོད་འཕྲིན་བསྐྱངས་ཚུལ་སོགས་ལོ་རྒྱུས་ཀྱི་བདེན་དཔང་དང་བཅས་པ་བཀོད་ཡོད་པ་རེད། གནས་ཚུལ་རྒྱུས་པ་དེབ་ལ་ཞིབ་ལྟ་བྱེད་རྒྱུ་དེ་རེད།

དེབ་འདི་ང་ཚོས་ཇི་ལྟར་གཏན་ལ་ཕབ་ཚུལ་དེ་མདོར་བསྡུས་ཙམ་ཞིག་ཞུས་ན།

དེབ་འདིའི་བརྗོད་བྱའི་སྙིང་པོར་གྱུར་པའི་རྩོམ་ཡིག་དག །ཡུལ་ངོས་ལ་དངོས་སུ་སོང་ནས་རྩད་གཅོད་ཞིབ་འཇུག་ཡང་དང་ཡང་དུ་བྱས་ཏེ་བྲིས་པའི་《དངོས་བྲིས》ཡིན་པའི་དབང་གིས། ལས་སྒྲུབ་ཁང་དུ་བསྡད་དེ། སྒྲུང་དཔེ་སློག་པ་དང་། དཔྱད་གཞིའི་ཡིག་ཆ་ཕན་ཚུན་ཐོ་བསྡུར་བ་ཙམ་གྱིས་གཏན་ནས་མི་ཡོང་གི། གཅིག་ནས། སྒྲུང་གི་དཔེ་ཆ་དང་འབྲེལ་ཡོད་ཀྱི་དཔེ་ཆ་ཡང་བལྟ་དགོས།

གེ་སར་གླིང་ཁའི་འབུར་བརྐོས་ཀྱི་ཟུར་ཞིག

གཉིས་ནས། ཡུལ་ངོས་སུ་དངོས་སུ་སོང་ནས་ས་ཆའི་ཆགས་དབྱིབས། རི་དབྱིབས་དང་ཆུ་དབྱིབས་ལ་སོགས་པར་རྟོད་ཞིབ་བྱེད་དགོས། **གསུམ་ནས།** ས་གནས་མང་ཚོགས་ཀྱིས་ས་ཆ་དེ་དང་དེ་གླིང་གི་མི་སྣ་འདི་དང་འདིའི་ས་ཡིན་པ་དང་། མཁར་རྡུལ་ཡིན་པ་སོགས་ཡོངས་གྲགས་སུ་ཁས་ལེན་དང་མི་ལེན་ལ་སོགས་པར་བལྟ་དགོས། ལྷག་པར་དུ་ས་གནས་ཀྱི་རྒན་པ་བསམ་ཤེས། གཟུར་གནས། ཐམས་ཅད་ལ་གཏུགས་ནས་བཅར་འདྲི་ཡང་དང་ཡང་དུ་བྱས། དེ་ཚོ་སྒྲ་སྣངས་ནས་ཟིན་བྲིས་སུ་ཕབ། ཟིན་བྲིས་ཐོ་བསྡུར་བ་སོགས་དགོས། **བཞི་ནས།** ས་གནས་ཀྱི་མང་ཚོགས་དང་རྒན་པ་མཁས་པ་ཚོས་ཁས་བླངས་ཀྱང་། ས་གནས་གཞན་གྱི་མཁས་པ་དང་གྲུབ་པ་སུས་དེ་ལ་ལྷ་རྩོལ་གང་འདུག །དགག་པ་རེད་དང་སྒྲུབ་པ་རེད། དེ་ཚོ་ལ་བརྟག་དགོས། དཔེ་ཆགས་བཞག་ན། དེ་རིང་བཞུགས་མོལ་ཚོགས་འདུ་འཚོགས་ས་བཀྲ་ཤིས་ཁྲི་གླིང་འདི་གཅིག་ལ་མཚོན་ན་ཡང་། ས་གནས་འདི་ཨ་ཁུ་ཁྲོ་ཐུང་གི་ཕ་ས་ཡིན་པ་དེ། ས་

གནས་འདིའི་མང་ཚོགས་ཚང་མས་མི་རབས་ནས་མི་རབས་ཀྱི་བར་དུ་སྤྱིར་ཨ་ཁུ་ཁྲོ་ཐུང་གི་ཕ་ས་ཡིན་པ་དང་། དམིགས་བསལ་ཁྲོ་ཐུང་གི་མཁར་ཤུལ་ཞིག་ཀྱང་བཀྲ་ཤིས་ཁྲི་གླིང་དུ་ཡོད་པ་དེ། ཕོ་མོ་རྒན་གཞོན་ཆེ་མགོ་དཀར་དང་ཆུང་སུག་དཀར་ཡོངས་སུ་རྫོགས་པའི་ཁ་ན་ཀླུང་ལྟར་གྲགས་པ་རེད། དེ་བཤད་མི་དགོས་གི། དེ་ཙམ་དུ་མ་ཟད། ཁྲོ་ཐུང་གི་ས་འདི་ཤེས་མཁན་ཞིག་ཡིན་ནས་བཟུང་སྟེ། ཐག་ཉེ་རིང་གང་གི་ཡིན་རུང་ཁྲོ་ཐུང་གི་ས་ཆ་ཡིན་པ་དེ་ལ་དོགས་པ་ཙམ་ཡང་བྱེད་ཀྱི་མི་འདུག །ལྷག་པར་དུ། ཡིད་ལྷུང་ཁོག་འདི་ན། ཉེ་རབས་ཀྱི་མཁས་གྲུབ་ཆེན་མོ་མཁན་པོ་ཚེ་དབང་འགྱུར་མེད་ལ་མཚོན་ན། སྤྱིར་བཏང་སྨྲས་པའི་རྣལ་འབྱོར་བ་ཞིག་ཡིན་པར་འདུག་ཀྱང་། འདི་ཡར་མར་ན་ལོ་ཡར་གསེག་ཐམས་ཅད་ཀྱིས་མི་ཤེས་མཁན་ཞིག་ཕལ་ཆེར་མེད་པ་ལྟ་བུ་རེད་འདུག །ཁོང་འཛམ་གླིང་ལ་སྐད་གྲགས་ཡོད་པའི་འཇའ་ལུས་པ་བསོད་ནམས་རྣམ་རྒྱལ་གྱི་གདུང་སྲས་རེད། ཁོང་གིས་ཀྱང་ས་གནས་འདི་ཨ་ཁུ་ཁྲོ་ཐུང་གིས་ལྷ་རྟ་མགྲིན་དམར་པོ་བསྒྲུབས་པའི་གནས་ཡིན་པར་གསུངས། གསུངས་པའི་དུས་ཚོད་དེ་ཡང་སྔ་མོ་ངོ་མ་རེད། ཁོང་ཞིང་བརྗེས་ནས་ཀྱང་ཕལ་ཆེར་དུས་རབས་ཕྱེད་ཀ་ཞིག་འགོར་འདུག །དུས་སྐབས་དེ་ལ་མཚོན་ན། ཁར་རྩང་དེ་རིང་དང་མི་འདྲ་ཁེ། སྤྱིར་བཏང་གི་དབང་དུ་བྱས་ན། ས་ཆ་གང་སར་ཡིན་ཡང་། ད་ལྟ་ལྟ་བུའི་གེ་སར་རིག་གནས་ལ་ཆེད་དུ་ཞིབ་འཇུག་གི་བྱ་བ་གཉེར་བའི་ཤེས་ཡོན་པའི་སྡེ་ཁག་འཛུགས་པ་སོགས་ཀྱི་ཕྱོགས་ནས་དེ་ཙམ་ན་མ་སྨིན་པའི་དུས་སྐབས་ཤིག་ལ་ཁེལ་འདུག །ཡིན་ནའང་། མང་ཚོགས་སྤྱི་ཁྱབ་ཀྱིས་གླིང་སྒྲུང་བལྟ་རྒྱུ་དང་ངེས་ཆ་ཡོད་རྒྱུ་དེའི་ངོས་ཐད་ནས་བཤད་ན་ད་ལྟ་དང་བསྡུར་ན་དར་ཁྱབ་ཆེ་བའི་སྐབས་ལ་ཤིག་ཁེལ་འདུག །ཁྱིམ་ཚང་ནང་དུ་སྒྲུང་དཔེ་གཅིག་མ་གཏོགས་མེད་ཀྱང་། དེའི་ཤོག་སྣེ་ཡང་ཟད་བསྡད་ཡོད་པ་ལྟ་བུ་རེད། དེའི་སྐབས་སུ། འདི་ཨ་ཁུ་ཁྲོ་ཐུང་གི་ས་ཆ་ཡིན་པར་ཐག་བཅད་འདུག །མཁན་པོ་ཚེ་འགྱུར་ཁོང་ལ་མཚོན་ན། དགེ་བའི་བཤེས་གཉེན་ཆེན་པོ་ཡིན་པ་བཤད་མ་དགོས་པ་རེད། གེ་སར་རིག་གནས་ཀྱི་མི་སྣ་གལ་ཆེན་ཡང་རེད། ཡིན་པའི་རྒྱུ་མཚན་ཡང་། ཁོང་ནི་གླིང་གི་གཟུ་པ་རྣམ་གཉིས་ཀྱི་ཡ་གྱལ། གཟུ་ཆེན་ཕེར་མའི་ལྷ་དར་གྱི་སྐུ་སྐྱེ་ཡིན་པ་དེ་ཡོངས་གྲགས་རེད་ལ། ཁོང་རང་གིས་ཀྱང་ཞལ་གྱིས་བཞེས་རྫོང་བ་དེ་

གཟུ་ཆེན་མཁར་མགོ

ད་ཡོད་ཀྱི་དངོས་སློབ་དག་གི་ཞལ་ན་འདུག །མ་ཟད། བར་སྐབས་ཤིག་ལ་ཁོང་གིས་རྟེན་འབྲེལ་ཁྱད་པར་ཅན་ལ་དགོངས་ནས། གཟུ་ཆེན་མཁར་མགོ་ན་སྐུ་མཚམས་ལ་ཡུན་རིང་པོར་བཞུགས་སྒྲོང་བ་ཞིག་རེད་འདུག །

ཡིད་ལྟུང་ཁོག་མ་ཡིན་པའི་ས་གནས་གཞན་གྱི་མཁས་པ་དང་གྲུབ་པ་དག་གིས་འདི་ཁྲོ་ཐུང་གི་ས་ཆ་ཡིན་པའི་ཁུངས་ལུང་ཨེ་འདུག་ཟེར་ན། དེ་ཡང་འདུག །དཔེར་ན། བཀའ་བརྒྱུད་ཕྱོགས་ཀྱི་འབྲི་གུང་གཏེར་སྟོན་འོད་གསལ་རྡོ་རྗེས། རྒྱབ་རི་ཨ་ཁུའི་སྣང་ཡ་གི་རྟ་མགྲིན་དབང་གི་དཀྱིལ་འཁོར་རེད་ཅེས་ངོས་འཛིན་གསལ་པོར་མཛད་པ་ལྟ་བུ་དང་། གཞན་ཡང་། རྒྱ་ཚོའི་སྐྱེ་མཐའ་མཁར་དམར་སྤྲུལ་སྐུས་ཀྱང་། ད་སྐབས་པ་གི་ན་ཨ་ཁུ་ཁྲོ་ཐུང་གི་སྐུ་བརྟན་བཞེངས་ཡོད་སའི་དེའུ་འབུར་དེ། ཁྲོ་ཐུང་གིས་

ཡི་དམ་རྟ་མགྲིན་བསྒྲུབས་པའི་གནས་རེད་ཅེས་ཞལ་བཞེས་མཛད་སྒྲོང་ཡོད་གི། ཁོང་གཉིས་ཀ་ཡང་མཁན་པོ་ཚེ་འགྱུར་དང་དུས་རབས་གཅིག་གི་མི་རེད།

གཞན་ཡང་མཆན་ནས་བརྗོད་པར་དཀའ་ཡང་དོན་གྱིས་སླད་དུ་མཆན་ནས་སྨོས་ན། སྐྱབས་རྗེ་ཡིད་བཞིན་ནོར་བུ་མཁན་ཆེན་འཇིགས་མེད་ཕུན་ཚོགས་ཚང་རེད། ཁོང་༡༩༩༤ལོར་མདོ་ཁམས་རྒྱ་བཞི་སྒང་དྲུག་ཏུ་ཕེབས་སྐབས། མ་གི་སྙིང་སྐྱ་གད་ཐོག་ལ་ཉིན་གསུམ་གྱི་བར་དུ་བཞུགས་ཏེ། ས་འདི་ཨ་ཁུ་ཁྲོ་ཐུང་གི་ས་ཆ་འཁྲུལ་མེད་ཡིན་པའི་ཞལ་བཞེས་ཀྱང་མཛད་སྒྲོང་བ་རེད། དེ་ས་གནས་གཞན་གྱི་མཁས་པས་ཞལ་གྱིས་བཞེས་ཚུལ་རེད།

ད་རུང་བཀྲ་ཤིས་ཁྲི་གླིང་གི་ས་ཆ་འདི་ཁྲོ་ཐུང་གི་ས་ཆ་ཡིན་པ་མ་ཟད། ས་འདི་དང་འབྲེལ་བཤད་ཡོད་པའི་ཉེ་འཁོར་གྱི་ས་ཆ་ཚང་མ་ཡང་ཁྲོ་ཐུང་དང་ཨ་ཁུའི་མིང་དག་དག་རེད། དཔེར་ན། ཨ་ཁུའི་གད་སྙིང་། ཨ་ཁུའི་གད་ཞབས། ཨ་ཁུའི་སྒང་། ཨ་ཁུའི་ཁོག །ཨ་ཁུའི་ཆུ། ཨ་ཁུའི་ལབ་རྩེ། ཨ་ཁུའི་གར་གཟི། ཁྲོ་ཐུང་ཁོག །ཁྲོ་ཐུང་ཆུ། ཁྲོ་ཐུང་ཚོ། ཁྲོ་ཐུང་བསྐྱུངས་ལམ་ལ་སོགས་པ་ད་ལྟའི་བར་དུ། ས་མིང་ཆུ་མིང་ནས་བཟུང་སྟེ། ཨ་ཁུ་དང་ཁྲོ་ཐུང་ཞེས་ཁྱབ་འདུག །དེ་ཡང་གླིང་སྒྲུང་ཞིབ་འཇུག་མཁན་ཞིག་གིས་བཏགས་པ་ལྟ་བུ་གཏན་ནས་མ་ཡིན་པར་མི་རབས་ནས་མི་རབས། ཕ་མེས་ཡང་མེས་ནས་ཐོགས་བཤད་ཡོད་རྒྱུ་དེ་འདྲ་རེད། དེ་རིང་རང་བཞིན་དུ་ས་འདིའི་མི་ཞིག་ལ་ཁྱོད་གང་གི་ཡིན་ཞེས་དྲིས་ན། ང་ཁྲོ་ཐུང་གི་ཡིན། ཁྲོ་ཐུང་ཁོག་ནས་སམ་ཡང་ན། དབྱར་ས་ཀུན་དགའ་ར་བ་ན་དབྱར་རུ་བཤད་ཡོད་ཟེར་བ་ལྟ་བུ་རེད། ས་ཆ་འདིའི་མི་ཞིག་ཡིན་ན་ལོབས་འགྲོ་ནི་རེད་མ་གཏོགས། ས་གཞན་ཞིག་གི་ཡིན་ན་ངོ་མ་ཡ་མཚན་སྐྱེ་རྒྱུ་ཞིག་རེད། ས་གཅིག་གི་མིང་ལ་ཨ་ཁུ་བརྗས་ཡོད་པ་ཙམ་མ་རེད། རི་ཆུ་ལུང་པ་ཀུན་པོ་ཨ་ཁུ་ཁྲོ་ཐུང་གི་མིང་ཡོད་ན་དེ་ངོ་མ་ཡ་མཚན་རེད། དེ་ནས། ཐད་ཀར་ཨ་ཁུ་དང་ཁྲོ་ཐུང་གི་མཚན་ཐོགས་མེད་ན་ཡང་། ཨ་ཁུ་ཁྲོ་ཐུང་གི་མཛད་འཕྲིན་སྤྲོལ་གནས་གླིང་སྒྲུང་དང་

མཐུན་པར། དཔེར་ན། མཁར་ཤུལ་འོབས། སྟག་ལུང་ན་ལྷེམ་གོང་མ། དབྱར་ས་ཀུན་དགའ་ར་བ། ཕོ་རོག་སྙིང་རྫོང་། རྒྱ་ཨ་ཟུར་སྟག་ལ་ཁྲ་བོ། ཁྱུང་གཤོག་བསྐྱངས་གནས་ལ་སོགས་པ་ཚང་མ་ཡང་བཀྲ་ཤིས་ཁྲི་གླིང་གི་ཉེ་འཁོར་གྱི་ས་གནས་རི་ལུང་དག་ན་ཡོད་གི། དེ་ཉེ་འཁོར་གྱི་གནས་ཚུལ་རེད། ཉེ་འཁོར་མིན་ཡང་། སེ་དགེ་རྫོང་གི་གཡས་གཡོན་དང་། ཁྲིམ་མཚམས་ཀྱི་རྫོང་སྒོ་དག་ལ་མཚོན་ན་ཡང་། གླིང་གི་མཛོད་འཕྲིན་སྤེལ་བའི་ས་ཆ་ཤ་སྟག་རེད། དེ་ཚོ་ཚང་མས་མཁྱེན་གསལ་ལྟར་རེད། དངོས་བྲིས་བརྗོད་བྱ་ཨ་ཁུ་ཁྲོ་ཐུང་ལྷ་བུ་གཅིག་དཔེ་ཆགས་བཞག་ནས་བཤད་ནའང་དེ་འདྲ་རེད། ད་དུས་ཚོད་ཀྱི་དབང་གིས་གཞན་པ་ཚང་མ་བཤད་ཁོམ་མེད་ཀ། གཞན་གེ་སར་སྐྱེས་བུ་ཆེན་པོ་དང་ནུ་བོ་རོང་ཚ་དམར་ལེབ། གཟུ་ཆེན་ཕྱེར་མའི་ལྷ་དར། སྒ་སྐྱ་ཡོའི་སེང་ལྷམ་འབྲུག་མོ། ཚང་མ་འདི་ལྟར་བྱས་ནས་བྲིས་ནི་རེད།

མདོར་ན། ངེད་ཅག་གི་དངོས་བྲིས་ཀྱི་ནང་དོན་བྱེ་བྲག་པ་གཅིག་ཡིན་ན་ཡང་། རགས་རགས་ཙམ་མ་ཡིན་པར། གཅིག་ནས་སྒྲུང་དཔེ་ཀློག་པ་དང་དཔྱད་གཞིའི་ཡིག་ཆ་ཐོ་བསྡུར་བ། གཉིས་ནས་ཡུལ་ངོས་སུ་སོང་ནས་ས་ཡི་ཆགས་དབྱིབས་སོགས་ལ་རྟད་ཞིབ། གསུམ་ནས་ས་གནས་ཀྱི་མང་ཚོགས་དང་མཁས་པར་འདྲི་རྩད། བཞི་ནས་ས་གནས་གཞན་གྱི་མཁས་པ་རེད། དེ་ལྟར་ཕྱོགས་ཐམས་ཅད་ནས་རྒྱུས་ལོན་དང་ཞིབ་འཇུག་བྱས་པ་ཡིན།

ང་རང་སྐྱེར་བཏང་ས་ཆ་འདིའི་མ་ཡིན་ཀྱང་། སློབ་གྲྭ་ཆེན་མོ་མཐར་ཕྱིན་རྗེས་གནས་འདི་ལ་ལན་འགར་ཡོང་བ་ཡིན། ང་རང་ལ་མཚོན་ན་ཡང་སྐྱེར་རིག་གནས་རེད། དེའི་ནང་ནས་གེ་སར་རིག་གནས་འདི་ལ་ཆུང་ནས་བཟུང་སྙེ་དགའ་བ་དང་སྤྲོ་བ་ཆེན་པོ་ཡོད། དུས་ཕྱིས་བརྡ་འཕྲིན་སྒྱུར་མོ་རེད། དེའི་རྐྱེན་གྱིས་གནས་འདི་ན་གེ་སར་ཞིབ་འཇུག་བྱེད་ས་ཞིག་ཡོད་པ་གོ་སྟེ། དེ་ནས་ཐེངས་འགར་འདིར་ཡོང་བ་ཡིན། རིམ་བཞིན་ང་རང་ཡང་ཞིབ་འཇུག་གི་ནང་ལ་ཞུགས། ཞིབ་འཇུག་རེ་བྱས། དེ་ལ་

བརྟེན་ནས་རང་ལ་མཚོན་ན་འང་བློ་བསྐྱེད་ཆེན་པོ་ཐོབ་སོང་། ད་ཕྱིན་ཆད་ཡིན་ན་འང་གེ་སར་རིག་གནས་བརྒྱུད་འཛིན་དང་སྲུང་སྐྱོང་གི་དཔེ་སྐྲུན་གནས་གཞི་འདི་ལ་ཁོམ་སྐབས་རྣམས་སུ་ཡོང་ནས་ཞིབ་འཇུག་དང་སློབ་སྦྱོང་རེ་བྱེད་རྒྱུའི་བསམ་པ་ཡོད།

ས་གནས་འདི་ན་མཁན་ཆེན་བླ་མ་ཤེས་རབ་བཟང་པོ་ཁོང་རང་གི་བཀའ་དྲིན་དང་ཐུགས་རྗེའི་བདག་རྐྱེན་ལས། གེ་སར་རིག་གནས་དཔེ་སྐྲུན་གནས་གཞིའི་ཕྱིའི་འཛུགས་སྐྲུན་དང་། ནང་གི་ལས་ཀ་ཚང་མ་ཡང་སྤུས་ཀ་ཅན་དག་དག་རེད། དེབ་འདིའི་དངོས་བྲིས་ཀྱི་དཔྱད་རྩོམ་ཐམས་ཅད་ཡིན་ན་ཡང་། སྒྲུབ་བྱེད་ཁུངས་ཐུབ་ཅན་དག་དག་རེད། དཔྱད་རྩོམ་གྱི་བརྗོད་བྱའི་གདམས་ག་དེ་ཡང་གནད་ལ་ཁེལ་བ། ས་གནས་དང་འབྲེལ་བ། དཔྱད་རྩོམ་གྱི་རྒྱུ་ཆ་འཚོལ་སྡུད་ཀྱི་བྱ་བ་དེ་ཡང་ཞིབ་ཚགས་ཆེ་བ། གོ་རིམ་ཡོད་པ་དེ་འདྲ་རེད། དཔེར་ན། འདིའི་ནང་གི་པར་རེ་རེ་ལེན་པའི་དོན་དག་ལ་ཡང་། ལྷངས་འཁོར་ཐར་ས་ལ་ལྷངས་འཁོར་སོང་ནི་རེད། འཕྲུལ་རྟ་ཐར་ས་ལ་འཕྲུལ་རྟ་སོང་ནི་རེད། འཕྲུལ་རྟ་ཡང་མ་ཐར་ན། རྟ་ཡིན་རུང་ཞོན་ནས། སྡེ་བའི་མགོ་ཁྲིད་ཀྱིས་ས་རྒྱུས་ཡོད་པའི་མི་མངགས་རོགས་བྱས་ཏེ། དེས་སྣེ་ཁྲིད་ཀྱི་འོག་ནས། གླིང་དང་འབྲེལ་བའི་ས་གནས་དག་ཏུ་སོང་ནས། པར་ལེན་པ་སོགས་བྱས་པ་རེད། དེ་ལྟ་བུའི་ལས་ཀ་ཞིབ་ཚགས་དང་དོ་དམ་བྱས་ནས་བྲིས་ཡོད་ནི་རེད། ཕྱིར་བཏང་ཞིབ་འཇུག་གི་བྱ་བ་གང་དང་གང་ཡིན་རུང་། གཟུ་བོར་གནས་པ་དང་། དོ་དོ་ཏན་ཏན་བྱེད་ཀྱི་ལོས་ཡོད། ལྷག་པར་དུ། ངེད་ཅག་བཀྲ་ཤིས་ཁྲི་གླིང་གེ་སར་རིག་གནས་དཔེ་སྐྲུན་གནས་གཞིའི་ཞིབ་འཇུག་གི་བྱ་བ་གང་ཡིན་ཡང་། ཐ་ན་ཡི་གེ་ཕྲེང་ཤར་གཅིག་ལས་མ་བྲིས་ཀྱང་། གཅིག་ནས་སྒྲོ་མི་འདོགས། གཉིས་ན་སྐུར་བ་མི་འདེབས། གསུམ་ནས་གཟུ་བོར་གནས་པའི་སློ་ནས་ལོ་རྒྱུས་ཇི་མ་ཇི་བཞིན་དུ་འགོད་རྒྱུ་ནི་ཞིབ་འཇུག་གི་བྱ་བའི་རྩ་དོན་ཡིན་ཞེས་མཁན་ཆེན་བླ་མ་བཀའ་དྲིན་ཅན་ཁོང་གིས་གསུངས་ཡོད་ནི་རེད། ན་ནིང་མཐོ་རིམ་གླིང་སྟེགས་སུ་ཞུགས་སྐྱོང་མཁན་ཐམས་ཅད་ཀྱིས་དེ་ཤེས་ནི་རེད།

མ་གཞི་བློ་མ་ཁོང་རང་ལ་ཕྱག་ལས་རྒྱ་ཆེན་པོ་ཡོད་པ་བཤད་མ་དགོས་པ་རེད། སྐུན་གཞི་ཡང་ཡོད་ནི་རེད། ཡིན་ན་ཡང་། ཐོག་མའི་བཀོད་སྒྲིག་ནས་བཟུང་སྟེ། ཐ་མའི་གཏན་འབེབས་ཀྱི་བར་དུ། ཐོག་མཐའ་བར་གསུམ་དུ་སྤྱིར་དགེ་སྟོན་གནས་གཞིའི་གེ་སར་རིག་གནས་ཀྱི་བྱ་བ་ཐམས་ཅད་ལ་ཞུགས་པ་རེད་ལ། དགེ་དེབ་འདིའི་བྱ་བ་ལ་ཡང་དེ་དང་མཚུངས་པར་ཁོང་གི་སྐུ་ཚོགས་ངོ་བཀྲོལ་གང་ཡོད་ཁྱད་དུ་བསད་ནས་ཐོག་མཐའ་བར་གསུམ་དུ་ཞུགས་པ་རེད།

དེ་ལྟར། མཁན་ཆེན་བློ་མ་ཁོང་རང་མན་ཆད། དགེ་སྟོན་གནས་གཞིའི་ཞིབ་འཇུག་མི་སྣ་ཐམས་ཅད་ཀྱིས། གཟུར་གནས་དང་། ནན་ཏན་བྱས་ཡོད་པའི་རྒྱུ་མཚན་གྱིས། ས་གནས་ཀྱི་རྗེས་རབས་པ་རྣམས་ཡིན་ཡང་འདྲ། དེ་མ་ཡིན་པའི་གེ་སར་རིག་གནས་ཀྱི་བྱ་བ་སྒྲུབ་མཁན་ཡིན་ན་ཡང་འདྲ། ཐམས་ཅད་ཀྱིས་ཁུངས་སུ་འཛིན་ཆོག་ས་དང་། དཔྱད་གཞིར་འཛིན་ཆོག་ས་ཞིག་ཡིན་སྙམ་ཤར་གྱིན་ཡོད།

དེབ་འདི་ད་ཊུང་འགྲེམ་སྤེལ་བྱས་མེད་ན་ཡང་། མི་འགྱུར་བར་ཚད་ལྡན་དཔར་སྐྲུན་བྱས་ནས་འགྲེམ་སྤེལ་བྱེད་རྩིས་ཡིན། དེའང་བོད་ཡིག་ཙམ་དུ་མ་ཟད་རྒྱ་ཡིག་ཐོག་ལ་བཞག །དེ་ཙམ་དུ་མ་ཟད་དབྱིན་ཡིག་ཐོག་ལ་འཛོག་རྩིས་ཡོད་ནི་རེད། དེའི་སྐབས་སུ་ཡང་། ཁྱེད་རྣམ་པས། འདི་ལ་གཟིགས་ནས། མ་རེད་པ་དང་། ཆ་མ་ཚང་བ། གནད་མ་ཐེགས་པ་གང་ཡོད་ན། སྦ་གསང་མེད་པར་གསུང་ཡོང་ན། ང་ཚོས་ཀྱང་བསྒྱུར་བཅོས་བཏང་ན། དེ་ནས་ཌ་མ་ཡག་ཐོག་རྒྱུན་ཡིན་པ་རེད།

དེ་རིང་ཞིབ་འཇུག་སྐན་ཞུའི་བཞུགས་མོལ་ཚོགས་འདུ་རེད། སྤྱིར་བཏང་དགེ་སྟོན་གནས་གཞིའི་ཐོར་ཡོད་ཀྱི་ཞིབ་འཇུག་གྲུབ་འབྲས་ཀྱི་སྐན་ཞུ་དེ་ཁམས་པ་རིག་གནས་ཞིབ་འཇུག་གླིང་གི་དུས་དེབ་གེ་སར་འབྲུངས་ཡུལ་དུ་ཡང་བཀོད་ཡོད་པ་རེད། དེ་ཐམས་ཅད་ཀྱི་ཕྱག་ན་ཕྱུལ་ཡོད་རྒྱུ་དེ་གཉིས་རེད། དེ་རིང་གི་སྐན་ཞུ་འདི་གྲུབ་འབྲས་གསར་པའི་སྐོར་རེད། དེའི་ནང་ནས་ང་རང་གིས་བཤད་རྒྱུ་དེ་

འདིའི་དེབ་འདི་ཇི་ལྟར་བྲིས་ཚུལ་གྱི་སྐོར་མདོར་བསྡུས་པ་ཙམ་ཞིག་ཞུས་ནི་ཡིན།

མཇུག་མཐར། འདིར་བཞུགས་ཀྱི་སྐུ་མགྲོན་རྣམ་པ་ཐམས་ཅད། ཚེ་རིང་ལོ་བརྒྱ་ཡོང་བ་སངས་རྒྱས་ཚེ་དཔག་མེད་ཀྱིས་བཀྲ་ཤིས་ཤོག །གཟུགས་གཞི་བདེ་ཐང་ཡོང་བ་སངས་རྒྱས་སྨན་གྱི་བླ་ཡིས་བཀྲ་ཤིས་ཤོག །ཅི་བསམ་ལྷུན་གྱིས་འགྲུབ་པ་འཛམ་གླིང་གི་སར་སྐྱེས་བུས་བཀྲ་ཤིས་ཤོག །བཀྲ་ཤིས་བདེ་ལེགས།

༢༠༢༣ལོའི་ཟླ་༧ཚེས་༢༨ཉིན་གྱི་སྡེ་དགེ་རྫོང་བཀྲ་ཤིས་ཁྲི་གླིང་གི་སར་ཞིབ་འཇུག་སྐན་ཞུ་བྱ་བའི་བཞུགས་སོལ་འཚོགས་འདུའི་སྐབས་ཀྱི་བཀྲ་ཤིས་ཁྲི་གླིང་གི་སར་རིག་གནས་བརྒྱུད་འཛིན་དང་སྲུང་སྐྱོང་གི་དཔེ་སྟོན་གནས་གཞིའི་མི་སྣ་ཧྲ་མཁྱེན་དབང་ཆེན་གྱི་གཏམ་བཤད་ཟིན་བྲིས་སུ་ཕབ་པའོ། །

༄། །ཟུར་བཀོད།

༄༅། །གླིང་རྗེ་གེ་སར་གྱི་མཛད་འཕྲིན་ངོ་སྤྲོད་མདོར་བསྡུས།

དེ་ཡང་མཚོ་སྐྱེས་རྒྱལ་བའི་སྒྲུ་འཕྲུལ་གེ་སར་ནོར་བུ་དགྲ་འདུལ་གོང་ལྷ་ཡུལ་དུ་ཐོས་པ་དགའ་བའི་སྐྱེ་བ་བཞེས་པའི་དུས་སུ། འཇིག་རྟེན་མི་ཡུལ་འདིར་བདུད་དང་སྲུ་སྟེགས་ཀྱི་རིགས་རྣམས་འདུལ་བར་འགྲོན་རྒྱུའི་ཐུགས་སྨོན་མཛད།

དེ་ནས་བདུད་འཛོམས་རིན་པོ་ཆེ་སོགས་ཀྱིས་གསུངས་པ་ལྟར་རབ་བྱུང་དང་པོའི་ས་སྟག་ལོའི་རྒྱལ་བླ་བའི་ཚེས་པ་བཅོ་ལྔ་སྟེ། སྤྱི་ལོ་༡༠༣༨ལོར་གླིང་ཡུལ་མཐོང་བ་ཀུན་སྨོན་གྱི་ཆ་ཤས། ས་སྐྱིད་སོས་ཡག་གི་ཁ་མདོ་རུ། ཡབ་སེང་བློན་དང་། མ་ཡུམ་འགོག་མོ་གཉིས་ཀྱི་སྲས་སུ་ངོ་མཚར་བའི་རྟགས་དང་བཅས་འཁྲུངས།

ཁོང་སྐུ་ན་ཆུང་བའི་སྐབས་སུ་སྤྲུལ་པའི་ཚུལ་གྱིས་བདུད་དང་སྲུ་སྟེགས་མང་པོ་ཆམ་ལ་ཕབ་སྟེ་སྐུ་གསུང་ཐུགས་ཀྱི་མཛད་པ་མ་ངེས་པ་དག་བསྟན་ནས་འགྲོ་ལ་ཕན་བདེ་བསྒྲུབས། དགུང་ལོ་བརྒྱད་ཀྱི་སྟེང་ནས་མ་ཡུམ་དང་ལྷན་དུ་རྨ་སྨད་དུ་ཕེབས་ཏེ་མི་མིན་དྲེགས་པའི་སྡེ་ཚོགས་མང་པོ་དབང་དུ་བསྡུས་ནས་བཞུགས།

བར་སྐབས་སུ་འགྲོ་རྣམས་བདེ་བའི་ཆེད་དུ་སྐུ་གསུང་ཐུགས་ཀྱི་ཕྲིན་ལས་རྒྱ་ཆེར་མཛད་པའི་དུས་ལ་བབ་པ་ན། དཔའ་བོ་གླིང་གི་ཏ་རྒྱུག་རྒྱལ་འཛོམ་གི་གྲལ་དུ་ཞུགས་ནས་རྟེང་མའི་རྒྱལ་ཁ་བླངས། གསེར་གྱི་ཁྲི་ལ་འཁོད། ཉིན་དེ་ནས་ཐམས་ཅད་ལ་མཐུན་སྣང་དུ་གེ་སར་ནོར་བུ་དགྲ་འདུལ་སྐུ་དངོས་ཀྱི་རང་གཟུགས་བསྟན། མི་དང་མི་མིན་ཚོགས་ཀྱིས་གཙུག་ཏུ་བཀུར་ཏེ་ནག་ཕྱོགས་བདུད་དགྲ་འདུལ་བའི་རྟེན་འབྲེལ་གྱི་སྒོ་མ་ལུས་པར་འགྲིག་པར་གྱུར།

ཁྲ་མོ་གླིང་གི་རྗེ་བོར་བཞུགས། དཔའ་རྟུལ་ཕུ་ནུ་ཐམས་ཅད་ལ་ཞི་རྒྱས་དབང་དྲག་གི་ཕྲིན་ལས་སྒྲུབ་སྟངས་ཀྱི་དམག་བཀོད་མཛད་དེ་དགའ་སྐྱིད་ཀྱི་དཔལ་ལ་རོལ་ནས་བཞུགས།

བདུད་གླིང་།

དེ་ནས་ཡུན་རིང་མ་ལོན་པའི་བར་མཚམས་སུ་བྱང་ལ་ཐེབས་ཏེ་བདུད་ཀླུ་བཙན་མི་ཟན་བཏུལ། བདུད་ལུང་ཆོས་ལ་བསྒྱུར།

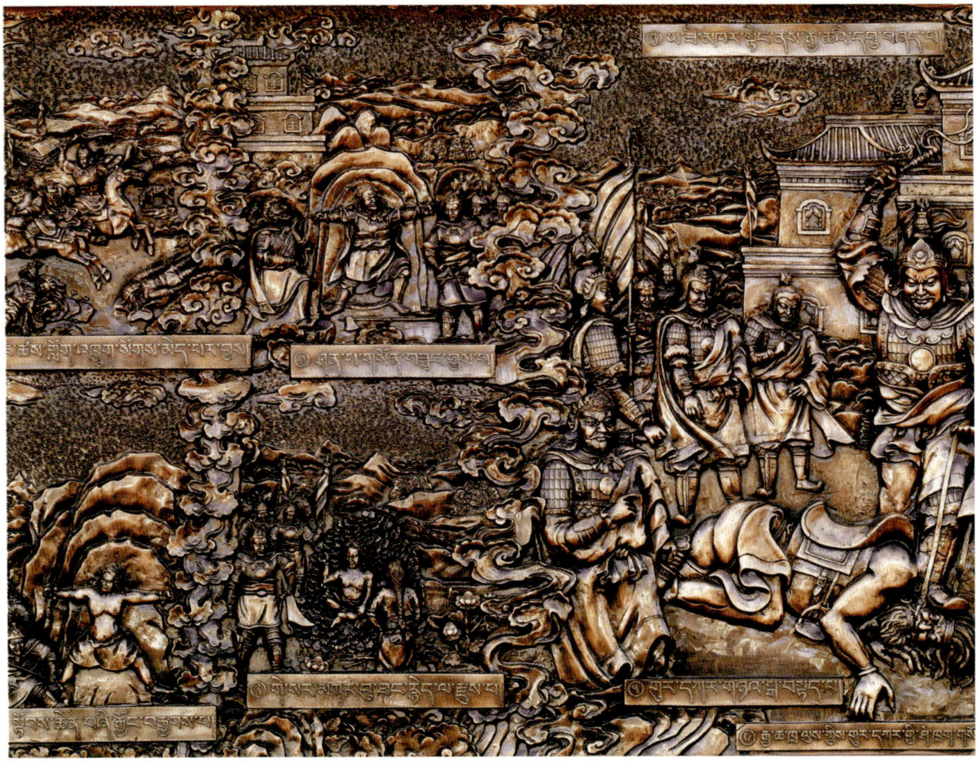

ཧོར་གླིང་།

སླར་གླིང་ཡུལ་དུ་ཕེབས་ཏེ་ཧོར་གྱི་བདུད་རྗེའི་དཔུང་ཚོགས་མ་ལུས་པ་མངོན་སྤྱོད་དྲག་པོའི་ལས་ལ་བརྟེན་ནས་རྩ་བརླག་བྱས།

འཇང་གླིང་།

དེ་ནས་རིམ་བཞིན། འཇང་དང་། མོན། སྟག་གཟིག་སོགས་རྫོང་ཆེན་རྫོང་ཆུང་ཐམས་ཅད་ཆམ་ལ་ཕབ། དཀར་ཕྱོགས་བསྟན་པའི་རྒྱལ་མཚན་བཙུགས། ལོངས་སྤྱོད་ནོར་གྱི་གཏེར་སྒོའི་རིགས་མང་པོ་ཕྱེས། བོད་གངས་ཅན་གྱི་ཡུལ་གྲུ་ཀུན་ཏུ་བདེ་སྐྱིད་ཀྱི་སྣང་བས་ཁྱབ་པར་མཛད།

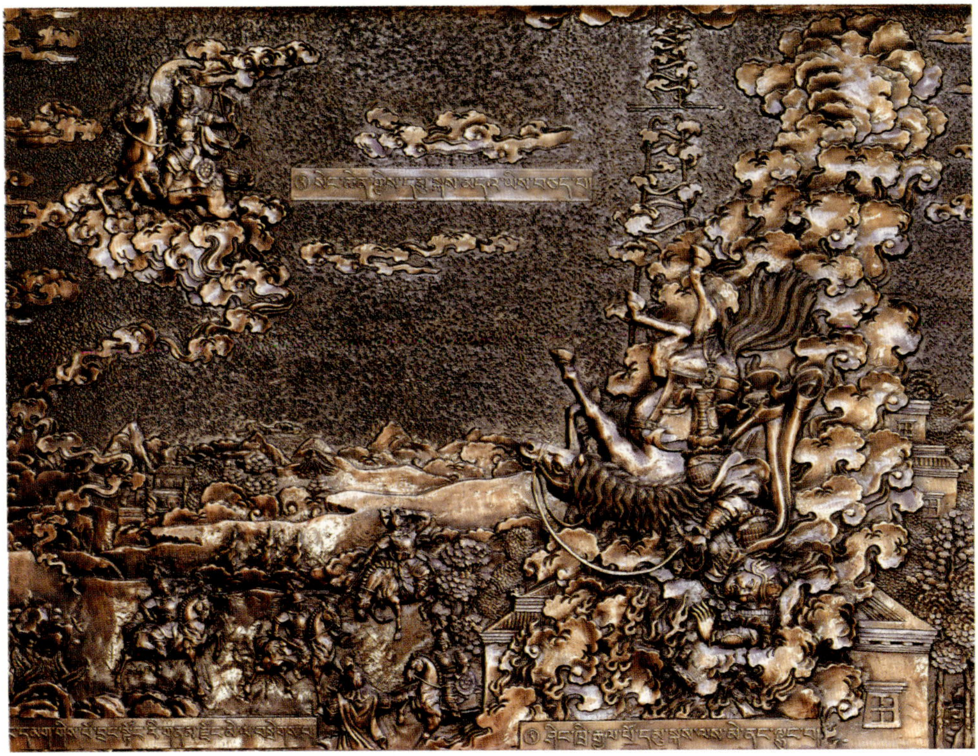

མོན་གླིང་།

སྐུ་ཚེ་སྟོད་དུ་རིག་འཛིན་གྱི་ཚོགས་གྲལ་དུ་ཕེབས་ཏེ། ཟབ་མོའི་ཆོས་ཚུལ་མང་པོ་མི་ཡུལ་དུ་སྤྱན་དྲངས། གླིང་ཡུལ་གསོས་པའི་ཡུལ་གྲུ་མང་པོའི་སྐྱེ་འགྲོ་རྣམས་ལ་ངེས་གསང་རྫོགས་པ་ཆེན་པོའི་སྨིན་གྲོལ་གྱི་ཆོས་འཁོར་རྒྱ་ཆེར་བསྐོར་ནས་འབྲེལ་ཚད་རིག་འཛིན་གྱི་ས་ལ་བཀོད། མ་ཟད་གནས་ཆེན་རྣམས་སུ་སྒྲུབ་པའི་སྙིང་པོ་ལ་སྦྱོར། མ་ཡུམ་འགོག་མོ་གསོས་པའི་དམྱལ་བའི་སེམས་ཅན་དུང་ཕྱུར་མང་པོ་དག་པའི་ཞིང་དུ་དྲངས།

མཐར་དགུང་གྲངས་བརྒྱད་ཅུ་རྩ་བརྒྱད་བཞེས་སྐབས་སུ་ཉིན་ཞིག་གླིང་པ་རྣམས་ལ་མཐོང་སྣང་མི་འདྲ་བ་སྣ་ཚོགས་བསྟན་ནས་རེ་ཞིག་བྱོན་སོང་ངོ་།།

དེ་ལྟར་ཐུན་མོང་ཡོངས་གྲགས་སུ་གེ་སར་སྐྱེས་བུ་ཆེན་པོའི་ཐུགས་རྗེ་བདག་རྐྱེན་ལས་བྱུང་བའི་མཛད་པ་འཕྲིན་ལས་ཀྱིས་གངས་ཅན་གྱི་ཡུལ་གྲུ་ཀུན་ཏུ་ཁྱབ་པ་ནས་བཟུང་སྐྱེ་འགྲོ་རྣམས་ལ་ཕྱར་ཡང་བདེ་སྐྱིད་ཀྱི་ཉི་མ་ཤར་བ་དང་། ད་ལྟའི་དུས་སུའང་གེ་སར་གྱི་མཛད་པ་ཕྲིན་ལས་ཐམས་ཅད་གླུ་དང་། གར་འཆམ། བྲོ་གཞས། རིག་གཞུང་དཔྱད་གླེང་། རིག་གནས་སློབ་སྦྱོང་། རྗེས་དྲན་འཚོགས་པ་སོགས་ཀྱིས་བརྒྱུད་འཛིན་དར་སྤེལ་གྱི་སྒོ་ནས་ཕྱར་ལས་དར་ཁྱབ་ཆེ་བ་དང་། དེ་ལ་བརྟེན་ནས་འཛམ་བུ་གླིང་གི་ཡུལ་གྲུ་ཀུན་ཏུ་བདེ་སྐྱིད་ཀྱི་སྣང་བ་འབྱུང་བཞིན་ཡོད་པ་སྨོས་ཅི་དགོས། དེ་ནི་བོད་ལ་འཛམ་གླིང་གེ་སར་སྐྱེས་བུ་ཞེས་ཕྱར་ནས་གསོལ་བའི་མཚན་གྱི་ཆེ་བ་མངོན་དུ་གྱུར་པའོ། །

མ་འོངས་པར་ཡང་གེ་སར་སྐྱེས་བུ་ཆེན་པོའི་སྐུ་གསུང་ཐུགས་ཀྱི་མཛད་པ་དང་འཕྲིན་ལས་འདི་དག་བརྒྱུད་འཛིན་དང་དར་སྤེལ་གྱིས། གངས་རིའི་ལྗོངས་ཙམ་མ་ཡིན་པར། འཛམ་གླིང་ནོར་འཛིན་སྣེག་མོའི་ཡུལ་གྲུ་ཀུན་ཏུ་ཁྱབ་པ་དང་། གེ་སར་སྐྱེས་བུ་ཆེན་པོའི་སྐུ་གསུང་ཐུགས་ཀྱི་ཡོན་ཏན་མཐའ་དག་སྐྱེ་འགྲོ་མཆོག་དམན་ཀུན་གྱི་ལུས་ངག་ཡིད་གསུམ་ལ་ཞུགས་པའམ་འདྲེས་པ་དང་། མ་ཟད་ཁོང་གི་ཐུགས་རྗེ་ཉི་མའི་འོད་ཀྱིས་དུས་འཁྲུགས་རྒྱུད་པའི་ནུན་པ་མཐའ་དག་དབྱིངས་སུ་བསལ་ཏེ་བདེ་སྐྱིད་རྫོགས་ལྡན་སྣང་བས་ཁྱབ་པར་གྱུར་ཅིག་ཅེས་སྨོན་པའོ། །

ཞེས་ཤེས་རབ་བཟང་པོས་བཀྲ་ཤིས་ཁྲི་གླིང་དུ་སྒྲུར་བ་དགེའོ། །

༄༅། །སེང་ཆེན་སྐྱེས་བུའི་རྟོགས་བརྗོད་ལས་བཞི་ལྷུན་གྲུབ་ཅེས་བྱ་བ་བཞུགས།

དྲང་སྲོང་གཉོད་སྦྱིན་དྲེགས་ལྡན་ལྷ་དང་ཀླུ། །
མཐུ་སྟོབས་རྫུ་འཕྲུལ་ཡངས་པ་དག་གིས་ཀྱང་། །
ཐོར་ཚུགས་གཡོ་བས་ཞབས་རྟུལ་ལ་བཏུད་པ། །
སེང་ཆེན་ནོར་བུ་དགྲ་འདུལ་རྒྱལ་གྱུར་ཅིག །

བསྟན་འགྲོའི་ཕན་བདེ་སྒྲུབ་པའི་རོལ་མོ་ཅན། །
སེང་ཆེན་སྐྱེས་བུའི་རྟོགས་བརྗོད་སྤྲིན་གྱི་སྒྲ། །
སྙིག་ལྡན་རྨ་བྱ་སྨྱོས་པའི་དབྱངས་དང་ལྷན། །
གཟུར་གནས་བློ་ལྡན་ཚོགས་ལ་ཟུར་ཙམ་སྒྲོ། །

འགྲོ་ཁམས་རྒུད་པའི་སྡུག་བསྔལ་བསལ་བའི་སླད། །
ཐུགས་བསྐྱེད་སྨོན་ལམ་དག་པའི་རྒྱལ་བ་རྣམས། །
ཞི་དང་དྲག་པོའི་ངོ་མཚར་སྣང་བའི་བརྙན། །
ཆུ་ཟླའི་གཟུགས་སུ་སྣང་བར་སུ་ཡིས་འགོག །

རིགས་གསུམ་པདྨའི་ཐུགས་རྗེ་སྒྱུ་མའི་འཕྲུལ། །
བདེ་སྐྱིད་ཕུན་ཚོགས་དག་པ་གསུམ་རྗེན་དུ། །
ཚངས་པའི་སྲས་གྱུར་ལྷ་ཕྲུག་ཐོས་པ་དགའ། །
ནག་ཕྱོགས་བདུད་སྡེ་འདུལ་ལ་སྨོན་ལམ་བཙན། །

རྒྱལ་རྣམས་བཀའ་བསྒོས་ལྷ་ཕྲུག་མི་ཡུལ་དུ། །
བདུད་སྡེ་འདུལ་ཕྱིར་འགྲོ་དགོས་གསུངས་པ་ན། །
དབུ་རྨོད་གདུལ་དཀའ་དགོངས་པས་ཐུགས་སྐྱོ་ནས། །
འགྲོན་མི་འདོད་པའི་ངང་ཚུལ་ཐེངས་དགུར་བསྟན། །

དུས་གསུམ་རྒྱལ་བའི་བཀའ་ཡིས་བསྐུལ་བ་ལྟར། །
མི་ཡུལ་འགྲོན་པར་ཐུགས་བསྐྱེད་སྨོན་ལམ་བཏབ། །
སྤྱོངས་གྲོགས་མཐུན་རྐྱེན་གང་དགོས་སྒྲུབ་པ་ལ། །
པདྨས་ཞལ་བཞེས་དབང་སྐུར་བྱིན་རླབས་མཛད། །

འཛམ་གླིང་ས་ཡི་ཡང་རྩེ་གངས་རིའི་ལྗོངས། །
རིགས་ཅུས་མི་འདྲ་སྣ་ཚོགས་བཀྲ་བ་ལས། །
སྨུག་པོ་ལྗོང་གི་རིགས་རྒྱུད་དཔའ་བོའི་སྡེ། །
མཐོང་བ་ཀུན་སྨོན་གླིང་དཀར་ཡུལ་དུ་ཆགས། །

ནམ་ཞིག་འགོག་གླིང་གཉིས་པོ་གཡུལ་འཁྲུག་བྱུང་། །
ཨ་ཁྲུས་བྱ་བཏང་འགོག་དམག་གཞན་དུ་བྲོས། །
ཀླུ་ནོར་བཀའ་སའི་འབྲི་མོ་ཕྱིར་བྲོས་ཤོར། །
འབྲི་མོའི་རྗེས་དེད་སྲུས་མོ་འགོག་ཡུལ་ལོག །

རྟེན་འབྲེལ་དུས་སྨིན་དཔའ་རྟུལ་རྣམས་དང་ཕྲད། །
སྨན་ཤར་ཁེར་འགྲོ་གླིང་དཀར་ཡུལ་དུ་ཁྲིད། །
ཡབ་ཆེན་སེང་བློན་སྐྱེས་བུས་ཁབ་ཏུ་བཞེས། །
རྒྱ་བཟའ་ལྷ་དཀར་སྒྲོན་མས་ཁྲོ་འཕྲིག་བྱས། །

འགོག་བཟའ་སྐྱོ་བཞིན་མཚོ་འགྲམ་གཉིད་དུ་ཡུར། །
རྨི་ལམ་བན་བུན་ཡབ་མཇལ་སེམས་གསོ་བྱུང་། །
ལྷ་སྲས་མངལ་དུ་ཞུགས་པའི་ཉིན་ནས་བཟུང་། །
ལུས་སེམས་བདེ་ཞིང་རྨི་ལྟས་བཟང་པོ་བྱུང་། །

རྒྱ་བཟའ་མ་དགའ་འགོག་མོ་ཁྲིམ་ནས་བསྐྲད། །
ནོར་རྫས་སྐལ་བ་གང་ངན་གང་སྡུག་བྱིན། །
འགྲོ་སའི་གནས་མེད་བྲག་སྐྱིབས་འོག་ཏུ་བསྡད། །
ལག་ཏུ་ནོར་མེད་ཉམ་ཆུང་དབུལ་པོའི་གཟུགས། །

འགོག་མོ་ཉམ་དམན་ཁེར་རྐྱང་ཕུད་ན་ཡང་། །
ཕྱོ་བར་སྨྱུམ་པའི་ལྷ་སྲས་ཐུགས་རྗེ་ཡིས། །
རྩ་གསུམ་ལྷ་ཡི་སྐྱོངས་གྲོགས་གཡེལ་བ་མེད། །
ཞེ་བའི་མཛད་པའི་ངོ་མཚར་སྲིད་ན་སྟན། །

གངས་ཅན་ས་ཡི་ཆར་གཏོགས་གླིང་གི་ཡུལ། །
ས་མིང་སྐྱིད་སོས་ཡག་གི་ཁ་མདོ་ཏུ། །
བྲག་དབྱིབས་མདའ་སྒྲོ་ཆུ་གཉིས་ཆབ་མ་རྡེབ། །
སྤང་གཉིས་བལ་སྟན་བྲག་སྤྲལ་འདྲ་བའི་ཞབས། །

རིགས་གསུམ་པདྨའི་སྒྱུ་འཕྲུལ་རྡོ་རྗེའི་གར། །
བསྟན་འགྲོའི་རྒུད་པ་སེལ་བའི་ཕྲིན་ལས་ཅན། །
རབ་བྱུང་དང་པོའི་ས་སྟག་རྒྱལ་ཟླ་བའི། །
ཡར་ཚེས་བཅོ་ལྔར་ལྷ་སྲས་ཇོ་རུ་བལྟམས། །

སློབ་དཔོན་ཆེན་པོ་པདྨས་སྐུ་ཁྲུས་གསོལ། །
མཆོད་པའི་ལྷ་མོས་མེ་ཏོག་ཆར་བ་ཕབ། །
དཔའ་རྟུལ་མང་པོས་ལྷ་སྲས་མཇལ་ཕྱག་ཕུལ། །
ཨ་ཁྱུས་རྒྱུས་མངའ་ཡོན་ནས་བྲེལ་ཟིང་བྱས། །

གང་སྐུ་འཁྲུངས་པའི་སྟན་གྲགས་དབྱར་གྱི་ཟ། །
གླིང་ཡུལ་སྟོད་སྨད་བར་གསུམ་ཀུན་ཏུ་གྲགས། །
འགོག་མོའི་ལྷ་སྲས་མཚན་ལ་ཛོ་རུ་ཞེས། །
ཕུ་བོ་འབུམ་པ་ཞལ་ལུ་དཀར་པོས་གསོལ། །

དཀར་ཕྱོགས་ལྷ་རྣམས་དགྱེས་ཏེ་བཞད་སྒྲ་སྟན། །
ནག་ཕྱོགས་བདུད་རིགས་མ་དགའ་ཀུ་ཅོ་འདོན། །
བདུད་ཀྱི་བྱ་ཐན་སྤྲུན་གསུམ་མདའ་ཡིས་བཏུལ། །
ངོ་མཚར་སྐུ་རྗེས་བྲག་རྫོའི་སྟེང་དུ་བཏོད། །

དུས་སྐབས་བདུད་ཀྱི་རུ་མཚོན་གཞོམ་པ་ལ། །
དཔའ་སྟེང་རྒྱལ་སྟག་ངར་མའི་གཤེས་ཀ་ཅན། །
ལྷ་ཕྲུག་ངང་ཡག་རྒྱལ་པོའི་རྣམ་འཕྲུལ་ཉིད། །
པ་གཅིག་སྤུན་མཆེད་ཕུ་བོ་ཞལ་དཀར་གྲགས། །

དུག་ལྔའི་རྟོག་པ་རགས་པས་ངན་བསྐུལ་ལྟར། །
སྒོམ་པ་ར་ཛས་ངན་ཐུགས་མཐུ་གཏད་ཀྱང་། །
བསྟན་དགྲ་ཁོ་རང་བསྒྲལ་བའི་མཐུན་འགྱུར་ལས། །
ལྷ་སྲས་དམ་པར་གནོད་པའི་སྐབས་མ་མཆིས། །

བྱིས་པ་གཞོན་ནུའི་རོལ་རྩེད་སྒྲ་ཚོགས་ཁྲོད། །
མ་ངེས་རྫུ་འཕྲུལ་བཀོད་པའི་སྣང་བརྙན་གྱིས། །
མཆོག་དམན་ཡིད་ཀྱི་དབང་པོ་འཁྲུགས་སོ་ཞེས། །
སྙན་པའི་གྲགས་པ་འཛིན་མའི་རྒྱན་དུ་འཕོས། །

མ་བུ་ཁེར་རྐྱང་སྤྲུལ་མགོ་མདའ་ཏུ་བཞུགས། །
བརྟུལ་ཞུགས་སྤྱོད་མཛད་མི་ལྷགས་སྦྲ་ཚོན་འཕེན། །
དད་དམ་གཙང་བའི་འདན་མ་སྔོན་མ་གཏོགས། །
དཔའ་རྟུལ་གཞན་རྣམས་ཕྱོགས་དེར་འགྲོ་མ་ཕོད། །

སྨིན་མོ་དམ་བཏགས་པོ་མཛོད་གྲོགས་སུ་བཀུག །
རི་དྭགས་རྫོན་པ་མི་འགའ་བཙོན་དུ་བཟུང་། །
གླིང་དཀར་མ་བདེ་རྒྱང་ཕུད་གྲོས་སུ་འཆམ། །
དགུང་ལོ་བརྒྱད་ཟིན་རྨ་སྨད་ཡུལ་དུ་གཤེགས། །

ཨ་བྲའི་ཤ་ཁྲག་བཟའ་བཏུང་ཚུལ་དུ་རོལ། །
ལྷ་འདྲེ་དྲེགས་པ་ཐམས་ཅད་ཆམ་ལ་ཕབ། །
དཀར་ཕྱོགས་ལྷ་ཡི་སྐྱོངས་གྲོགས་རྒྱུན་ཆད་མེད། །
མཐུན་སྣང་ཡ་མ་ཟུང་གིས་མཛད་པ་བསྟན། །

རྫུ་འཕྲུལ་མཐུ་ཡིས་གླིང་ཡུལ་ཁ་བ་ཕབ། །
འདན་མ་ལ་སོགས་རྨ་སྨད་ས་གཡར་ཕྱིན། །
གླིང་གི་དཔའ་རྟུལ་རྣམས་ལ་ས་བགོས་མཛད། །
རྒྱས་པའི་མཛད་པའི་དཔྱར་ཊ་མཁའ་ལ་ཁྱེར། །

དགུང་གྲངས་བཅུ་གཉིས་སོན་པའི་དུས་ཚེས་དགེར། །
ཁྲོ་ཐུང་མགོ་བསྐོར་རྟ་རྒྱུག་འགྲན་པར་བསྐུལ། །
གླིང་དཔའ་གྲོས་འཆམ་དུས་སུ་བཏབ་པའི་འོག །
འབྲུག་མོ་རྗེ་ཊུ་འབོད་སར་རྨ་སྨད་མངགས། །

རྗེ་ཊུས་མཁྱེན་ནས་ལམ་བར་བསུ་མར་ཕྱིན། །
སྤྲུལ་པའི་རོལ་བས་འབྲུག་མོའི་ཡིད་སེམས་བཀུག །
སྤྲ་ཁྲིམ་བཙོག་སྣང་འཆར་བ་སློ་བུར་སངས། །
རྟ་རྒྱུག་གཏན་འབེབས་ཚར་བའི་ལོ་རྒྱུས་ཞུས། །

འགོག་འབྲུག་གཉིས་ཀྱིས་ཡན་པའི་རྐྱང་རྒོད་བཟུང་། །
སྐུ་འཁོར་ཐམས་ཅད་སླར་ཡང་གླིང་ཡུལ་བསླེབས། །
རྐྱང་རྒོད་མཐོང་བས་ཐམས་ཅད་ངོ་མཚར་སྐྱེས། །
འབྲུག་མོས་རྟ་བཤད་རྟེན་འབྲེལ་བསྟོད་གླུ་བླངས། །

བཙན་ཕྱུག་འཇོམས་པ་ཁྲ་མོ་གླིང་དཀར་སྐྱེ། །
དཔའ་ལ་འགྲན་མེད་དཔའ་རྟུལ་ཕུ་ནུ་ཚོས། །
འབྲུག་མོའི་སྒྲ་བདག་ཕ་ནོར་རྒྱལ་ས་སོགས། །
འདོད་པའི་རྒྱན་ལ་འཛོག་པའི་གྲོས་ཐག་ཆོད། །

དེ་ནས་དབྱར་ཟླ་ར་བའི་ཚེས་བཞིའི་ཉིན། །
གླིང་གིས་ལྷ་བསང་སྤྲིན་དཀར་འཕྱུལ་བ་ཕུད། །
ལོ་རྒྱུས་དགོན་པའི་རྟ་རྒྱུག་འགྲན་སྡུར་བྱས། །
མགྱོགས་པའི་བང་ཁ་བྱ་ཁྲ་འཕུར་འཕུར་འདྲ། །

མཛེས་ལྡན་བུ་མོ་བདུན་ཡང་ལྷོད་མོར་ཞུགས། །
སེང་ལྷམ་འབྲུག་མོས་མི་རྗེས་རྟ་རྗེས་སྤྲད། །
ཐམས་ཅད་རྒྱལ་ཁའི་གནས་ལ་སྲེད་པས་བྲེལ། །
འོན་ཀྱང་ཇོ་རུས་རོལ་རྩེད་སྣ་ཚོགས་བསྟན། །

ལྷ་ཡི་སྐྱོངས་གྲོགས་རྟེན་འབྲེལ་ལྷན་དུ་འཛོམས། །
མགྱོགས་པའི་རྒྱལ་ཁ་ལྷ་སྲས་ཇོ་རུས་བླངས། །
དགྲ་ལྷའི་སྐྱེས་བུའི་རང་གཟུགས་ཇི་བཞིན་བསྟན། །
འཁོར་གསུམ་རྒྱན་སྤྲས་གསེར་གྱི་ཁྲི་ལ་འཁོད། །

གཉན་ཆེན་རྨ་རྒྱལ་ལ་སོགས་དྲེགས་པའི་ཚོགས། །
སྲོག་སྙིང་ཕུལ་ནས་ཐུན་དུ་ཁས་བླངས་མཛད། །
དཔའ་རྟུལ་མོ་སྨན་ཡོངས་ཀྱིས་སྒོ་གསུམ་ཕུལ། །
སེང་ལྷམ་འབྲུག་མོས་བདེ་སྟོང་གླུ་ཡིས་བསྟོད། །

གེ་སར་སྐྱེས་བུས་གླིང་ལ་དམག་བཀོད་བཞག །
ཆེ་འབྲིང་ཆུང་རྒྱུད་དཔོན་ལ་ཉེ་འབུམ་སོགས། །
འདན་མ་ལ་སོགས་ཕྱོགས་བཞིའི་དཔོན་དུ་བསྐོས། །
རྟེན་འབྲེལ་ལེགས་སྒྲིན་དགའ་སྟོན་ལྷ་དང་མཉམ། །

དཔའ་བོའི་མཚན་གཡོ་བདུད་དཔུང་བརླག་པའི་གཟེད། །
དམར་ཆེན་རལ་གྲིའི་འཕྲུལ་འཁོར་ལ་མཁས་པ། །
གླིང་དཀར་ལྷ་སྡེ་ཆགས་པའི་སྙིང་གི་བཅུད། །
ཕ་གཅིག་སྤུན་ཆུང་ནུ་བོ་རོང་ཚ་འབྲུངས། །

ནགས་ཕྱོགས་བདུད་དགྲ་འདུལ་བའི་དཔུང་གྲོགས་སུ། །
གླིང་དཀར་དཔའ་རྟུལ་སུམ་ཅུ་ཐོག་ལྟར་རྒོད། །
དམ་པའི་མི་བདུན་གཅིག་ལས་གཅིག་ཏུ་མཚར། །
ཁྲ་སླག་སྤྱང་གསུམ་ཟླ་མེད་འཆི་བདག་གཟུགས། །

དགྲ་ལྷ་ལྷེར་མའི་སྤྲིན་ཕུང་གཡོ་བའི་གནས། །
གླིང་ཡུལ་མཐོང་བ་ཀུན་སྨོན་གྲགས་པ་ཅ། །
སེང་ཆེན་སྐུ་དྲིན་བདེ་སྐྱིད་རྫོགས་ལྡན་འབར། །
དབང་གི་མཛད་པའི་ཕྲིན་ལས་གློག་ལྟར་སྒྱུར། །

དགུང་གྲངས་བཅོ་ལྔར་སོན་པའི་བར་མཚམས་སུ། །
ཐུགས་བསྐྱེད་དུས་བབ་མངོན་སྤྱོད་ཕྲིན་ལས་ཀྱིས། །
འཛམ་གླིང་ཡུལ་གྲུ་ཕན་བདེར་དགོད་པའི་ཕྱིར། །
དྲག་པོ་དམག་གི་སྐུར་བཞེངས་གཡུལ་དུ་ཞུགས། །

རྒྱ་འབྲུག་ལོ་ནས་ཡར་ཁམས་ཕྱོགས་སུ་ཕེབས། །
དྭངས་སྨན་རྨེ་བཟའ་ཏྲཱ་གེའི་སྤོངས་གྲོགས་ཀྱིས། །
ཀླུ་བཙན་བདུད་ཀྱི་རྒྱལ་མཚན་རྩེ་ནས་བསྒྲེལ། །
བདུད་ལུང་ཆོས་ལ་བསྒྱུར་བའི་གྲགས་པ་སྙན། །

སྡིག་ཅན་ཧོར་བདུད་འདུལ་ལ་སྙིང་རྗེ་རྗེས། །
ཐང་རྙེད་སྤྲུལ་ནས་དགྲ་སྙིང་ཐལ་བར་བརླགས། །
གུར་རྗེའི་མགོ་བོ་རྫོ་གཙོད་རལ་གྲིས་བྲེགས། །
དཀར་ཕྱོགས་ལྷ་ཡི་རྒྱལ་ཛ་རབ་ཏུ་བརྡུངས། །

མཐུ་སྟོབས་རྩ་འཕྲུལ་རྡོ་རྗེའི་མེ་དཔལ་གྱིས། །
ས་དམ་རྒྱལ་པོའི་སྙིང་ཤ་དུམ་བུར་གཏོར། །
གཡུ་ལྷ་ཐོག་འགྱུར་འཇང་གི་དཔོན་ལ་བསྒྲོས། །
འཇང་ཡུལ་དབང་བསྡུས་ཚྭ་མཚོ་གཡང་དུ་བཞག །

ཚངས་པའི་ལུང་ལྟར་གླིང་དམག་མོན་ཡུལ་ཆས། །
བདུད་དཔུང་ཐལ་གཏོར་གྲོང་ཁྱེར་རྡུལ་དུ་བསྲེགས། །
རྡོ་སྐྱུར་མདའ་མོས་ཤིང་ཁྲིའི་གཟུགས་ཕུང་གཏོར། །
མཛངས་མ་མེ་ཏོག་སྟག་རོང་ཚང་གིས་བསྲུས། །

ཨ་ཁྲུས་ཁྲུང་གཞོག་བརྐུས་པས་སྟག་གླིང་དཀྲུགས། །
སྟག་གཟིག་ཡུལ་གྱི་དཔོན་དམག་གླིང་གིས་བཅོམ། །
རིན་ཆེན་ནོར་གྱི་གཏེར་མཛོད་ཡངས་པོར་ཕྱེས། །
དགོས་འདོན་ནོར་གཡང་དབུ་ནག་རྒྱུན་དུ་བསྐྲུན། །

ཁ་ཆེ་གཡུ་རྫོང་གངས་དཀར་ཤེལ་གྱི་རྫོང་། །
གྲུ་གུའི་གོ་རྫོང་ཞང་ཞུང་བཏུལ་བས་མཚོན། །
རྫོང་ཆེན་བཅོ་བརྒྱད་རྫོང་ཆུང་ཉེར་ལྔ་སོགས། །
དབང་དུ་བསྡུར་བའི་སྙན་གྲགས་འཛམ་གླིང་ཁྱེར། །

ཁེངས་ལྡན་ལྷ་སྲིན་དྲེགས་པའི་སྙིང་གི་ཁམས། །
འཆི་མེད་རྣམ་དཀར་དགེ་ལ་མཚམས་སྦྱོར་དུ། །
གནམ་ལྕགས་རྡོ་རྗེ་ཚོན་གྱི་འཁྲུལ་འཁོར་གྱིས། །
ཐལ་བར་བརླགས་པའི་མཛད་པ་བགྲང་ཡས་སོ། །

བསྟན་འགྲོར་འཚེ་བའི་ལོག་སྨོན་བདུད་ཀྱི་སྡེ། །
མངོན་སྤྱོད་དྲག་པོ་དཔུང་གིས་རྩ་བརླག་བྱས། །
བདུད་ལུང་མ་ལུས་དཀར་པོའི་ཆོས་ལ་བསྒྱུར། །
འདོད་དགུ་གཡང་གི་གཏེར་སྒོ་སྣ་ཚོགས་ཕྱེས། །

གངས་ཅན་དག་པ་ལྷ་ཡི་དཀྱིལ་འཁོར་ན། །
དྲེགས་པའི་སྡེ་ཚོགས་མི་དང་མི་མིན་རིགས། །
དྲག་པོ་དམག་གིས་ཆམ་ལ་འབེབས་དུས་སུ། །
དཔའ་བོ་མཁའ་འགྲོའི་སྟོངས་གྲོགས་རྒྱུན་ཆད་མེད། །

ཁྱད་པར་གངས་ཅན་སྐྱབས་གཅིག་པད་འབྱུང་རྗེའི། །
ཐུགས་རྗེ་བྱིན་རླབས་འོད་ཀྱི་སྣང་བརྙན་གྱི། །
སྟོང་གྲོགས་གཡེལ་བ་མེད་པའི་རྗེན་འབྱུང་གིས། །
ལོག་སྨོན་བདུད་དགྲའི་གཤེད་ལ་ལྷག་ཏུ་ཇམ། །

ཐུན་མོང་ཐུན་མིན་རྫུ་འཕྲུལ་རོལ་རྩེད་ཀྱིས། །
བདུད་སྡེའི་རིགས་གྱུར་མིང་གི་ལྷག་མ་ཙམ། །
དོན་གྲུབ་དགྲ་ལྷ་ལྷེར་མའི་དམག་དཔུང་གི། །
དྲག་པོའི་མཛད་པའི་མཐུ་སྟོབས་འགྲན་ཟླ་བྲལ། །

མཁར་ཆེན་བསམ་འགྲུབ་ནོར་བུའི་ཕོ་བྲང་དུ། །
སྐུ་མཚམས་ཡུན་དུ་བཅད་ནས་བསྙེན་སྒྲུབ་མཛད། །
སྐལ་བ་བཟང་ལྡན་འདུས་པའི་འཁོར་ཚོགས་ལ། །
གསང་ཆེན་རྡོ་རྗེ་ཐེག་པའི་སྨིན་གྲོལ་གསུངས། །

རྒྱལ་བ་ཀུན་ཡུམ་ནེ་ནེའི་ལུང་བསྟན་བཞིན། །
མཁའ་འགྲོའི་གནས་ཡུལ་ཛ་ཡབ་དཔལ་རིར་བྱོན། །
པདྨའི་སྒྱུ་འཕྲུལ་ཕྱོགས་རྣམས་ཀུན་ཏུ་བཞུགས། །
སྲིན་ཡུལ་ཐེག་དགུའི་ཆོས་འཁོར་སྐོར་དང་མཇལ། །

དབུས་ཕྱོགས་པདྨ་འོད་ཀྱི་གཞལ་ཡས་ནས། །
ཡེ་ཤེས་དབྱིངས་ཀྱི་མཁའ་འགྲོ་མང་པོ་ཡིས། །
རྒྱལ་མཆོག་སྐུ་ལ་སྨེ་བརྩེགས་ཁྲུས་གསོལ་བས། །
གཡུལ་འགྱེད་སྒྲིབ་བྱང་སྐུ་ལ་བཀྲག་མདངས་འབར། །

གཞལ་ཡས་ཁང་དབུས་རིན་ཆེན་སྣ་ཚོགས་ཁྲི། །
སེང་གེ་ཆུ་བྲ་སོགས་ཀྱིས་བརྒྱན་པའི་སྟེང་། །
པདྨ་འབྱུང་གནས་གཟི་མདངས་ལམ་མེར་བཞུགས། །
འཁོར་དུ་རིག་འཛིན་འབུམ་གྱིས་བསྐོར་བར་མཇལ། །

གུ་རུས་གནས་གསུམ་འོད་ཟེར་དཀར་དམར་མཐིང་། །
རྒྱལ་མཆོག་སྐུ་ལ་ཐོག་པས་གཟི་མདངས་རྒྱས། །
ཁོང་ལ་བསྟོད་བསྔགས་དགྱེས་བརྩེ་ཚད་མེད་འོག །
མདོ་སྔགས་ཆོས་རྣམས་བུམ་པ་གང་བྱོར་སྩལ། །

གུ་རུས་རིགས་ལྔའི་ལྷ་ཚོགས་སྤྱན་དྲངས་ཏེ། །
རྒྱལ་མཆོག་རྗེ་ལ་ཡང་གསང་བླ་མེད་བསྟན། །
རིག་སྟོང་རྫོགས་པ་ཆེན་པོ་མངོན་གྱུར་ནས། །
དཔོན་སློབ་རྣམ་གཉིས་དགོངས་པ་དབྱེར་མེད་འདྲེས། །

ནམ་ཞིག་མཁའ་འགྲོའི་ཚོགས་ཀྱིས་སྐྱེལ་མ་མཛད། །
འཇའ་སྤྲིན་གསེབ་ནས་སླར་ཡང་བོད་ཁམས་བྱོན། །
ཕོ་བྲང་མཁའ་ནས་འཇའ་འོད་མེ་ཏོག་འཐོར། །
དཔའ་རྩལ་དྭངས་སྨན་ཚོགས་ཀྱིས་བསུ་བ་བྱས། །

ཕྱོགས་མཚམས་ཀུན་ནས་འདུས་པའི་འཁོར་ཚོགས་ལ།།
སྟོན་འགྲོ་ནས་བཟུང་ཕྱི་ནང་གསང་བའི་སྐོར།།
ཡང་གསང་བླ་མེད་ཆོས་འཁོར་རྒྱ་ཆེར་བསྐོར།།
འབྲེལ་ཚད་རིག་འཛིན་པོ་མོའི་ཚོགས་གྲལ་བཀོད།།

རྒྱ་གར་ཕྱིན་ནས་ཚེ་ཡི་སྒྲུབ་པར་བཞུགས།།
ཤུལ་དུ་མ་ཡུམ་གྲོངས་ནས་དགྱེལ་བར་སྐྱེས།།
རྒྱལ་མཆོག་མི་ཧྥ་གཉིས་པོ་ར་མདར་ཕྱིན།།
སེམས་ཅན་དུང་ཕྱུར་མང་པོ་དག་ཞིང་དྲངས།།

རྒྱལ་མཆོག་དགུང་ལོ་གྱ་བརྒྱད་བཞེས་པ་སྟེ།།
རབ་བྱུང་གཉིས་པའི་ཤིང་སྤྲུལ་ཚེས་པའི་ལོར།།
མ་ཚོགས་རིག་འཛིན་མཁའ་འགྲོའི་བསུ་མར་བཅས།།
མཆོག་གི་མཛད་པ་འོག་མིན་མཁའ་སྤྱོད་ཕྱིན།།

ཚངས་དབང་མེས་པོས་འགྲན་བྲལ་སེང་ཆེན་རྗེའི།།
མཐུ་སྟོབས་ནུས་པ་ཉི་ཟླའི་འོད་སྣང་གིས།།
བདུད་སྡེའི་གཡོ་འཕྲུལ་སྲིན་བུའི་མེ་འོད་དག།
བསྣུབས་པའི་དགེ་མཚན་ཡངས་པོ་ཀུན་ཏུ་འཕྲོ།།

འབྱུང་འགྲུགས་ལོག་སྨོན་དུས་ཀྱི་རྟ་མཆོན་དང་། །
ལྷན་ཅིག་བསྟན་འགྲོ་ཉམས་དམར་གྱུར་པའི་དུས། །
ཁྱེད་ཀྱི་ཐུགས་རྗེ་ནུས་པའི་ཕྱིན་ལས་ཀྱིས། །
ཕན་བདེའི་དགའ་སྟོན་མཐའ་དབུས་ཀུན་དུ་རྒྱས། །

བདག་ཀུང་འདི་ནས་སྐྱེ་བའི་ཕྲེང་བ་ཀུན། །
སེང་ཆེན་སྐྱེས་བུའི་ཐུགས་རྗེ་བྱིན་རླབས་དང་། །
འབྲལ་མེད་གསང་ཆེན་ལམ་མཆོག་མཐར་ཕྱིན་ནས། །
སྒྲིབ་བྲལ་གདོད་མའི་དབྱིངས་སུ་གྲོལ་གྱུར་ཅིག །

དེ་ལྟར་དད་གསུམ་འདབ་སྟོང་གཡོ་བ་ལས། །
བྱུང་བའི་རྟོགས་བརྗོད་ལས་བཞི་ལྷུན་གྲུབ་འདི། །
རྒྱལ་བླའི་མར་ངོའི་ཚེས་བཅུའི་དུས་བཟང་ཉིན། །
རྫོགས་པར་སྦྱར་བས་ས་གསུམ་དགེ་གྱུར་ཅིག །

ཅེས་རབ་རྒྱུན་ཆུ་ཡོས་ལོའི་ཧོར་ཟླ་བཅུ་གཉིས་པའི་ཚེས་ཉེར་ལྔ་མ་ཚོགས་མཁའ་འགྲོའི་དུས་ཆེན་ཉིན་གེ་སར་སྐྱེས་བུའི་ཁྲུ་བོ་མ་བཞི་དཔོན་པོ་ཁྲོ་ཐུང་གི་གདན་ས། རང་གནས་བཀྲ་ཤིས་ཁྲི་གླིང་དུ་ཤེས་རབ་བཟང་པོས་རྫོགས་པར་སྦྱར་བ་དགེའོ། །

2022ལོའི་ཟླ་2ཚེས་26ལའོ།། །།

༄༅། །སྐུ་རྗེ་དོན་འགྲུབ་ལྷེར་མ་དཀར་པོའི་རྟོགས་པ་ཞུང་དུར་བརྗོད་པ་སྣང་སྲིད་དབང་དུ་སྡུད་པའི་འཕྲུལ་ཞགས།

སྣང་མཐའི་ཐུགས་ཀའི་ཧྲཱི་ཡིག་འོད་ཀྱི་ཞགས། །
ཀློ་ནུབ་འོ་མའི་མཚོ་གླིང་ཉེར་འཁྱོས་པས། །
པད་སྡོང་རྩེ་ན་རྫུས་སྐྱེས་མཚན་དཔེར་བཞད། །
རང་བྱུང་སྤྲུལ་པའི་སྐུ་ལ་དང་བས་འདུད། །

གང་གི་གསང་གསུམ་གསང་བའི་ཀློས་གར་ལས་བཞི་རབ་འབྱམས་མངའ་བརྙེས་པ། །
སྣ་ཚོགས་འགྲོ་ལ་བརྩེ་བས་དམ་འབྲུད་ཐབས་ཤེས་མདའ་གཞུའི་ཕྱག་རྒྱ་ངོམ། །
ཉོན་མོངས་དགྲ་སྡེ་ཕྱེ་མར་བཏགས་ལ་མི་འཇིགས་གདོང་ལྔའི་གད་རྒྱངས་ཅན། །
དགྲ་ལྷའི་ཐོལ་འཆང་རྩ་གསུམ་ཀུན་འདུས་སེང་ཆེན་མི་ཡི་ཉི་མ་རྒྱལ། །

བརྗིད་ཆགས་སྐུ་ཡི་གཟི་མདངས་ལམས་སེ་ལམ། །
འགག་མེད་གསུང་གི་བཞད་སྒྲ་ཆེམས་སེ་ཆེམ། །
བདེ་སྟོང་ཐུགས་ཀྱི་དགོངས་པ་ཏ་ལ་ལ། །
སེང་ཆེན་བླ་མས་བྱིན་རླབས་དེང་སྩོལ་ཅིག །

ཆད་བྱུང་ཐུགས་བསྐྱེད་སྨོན་ལམ་མཐུ་ཡིས་ཡལ་ག་མཛེས་ལྡན་མངལ་རྒྱ་ལས། །
མཐོང་བ་ཀུན་སྨོན་གླིང་དཀར་ཡུལ་དུ་མཚན་དཔེའི་མེ་ཏོག་གསར་དུ་བཞད། །
ཛོ་རུ་ཞེས་པའི་མཚན་གྱི་ཅོད་པན་ཕུ་བོ་རྒྱ་ཚས་ཆེད་དུ་གསོལ། །
མི་ཟད་དགེ་ལེགས་སྣང་བ་དཀར་པོའི་གྲགས་པའི་སྤྲིངས་ཡིག་ཕྱོགས་སུ་འཕུར། །

སྣང་དང་མི་སྣང་ལོག་སྨོན་ཁྲོ་ཚོགས་ཀྱིས། །
བསྟན་འགྲོའི་བདེ་སྐྱིད་ཆང་ནས་བརླག་པའི་ཚེ། །
ངལ་བ་བརྒྱ་ཕྲག་ལྷུར་བླངས་གཞན་ཕན་ཆེད། །
སྐུ་ཚོགས་ཐབས་མཁས་མཛད་པས་མིང་མེད་བྱས། །

དེ་ཡང་ཡར་ཁམས་བྱང་མའི་རི་བརྒྱུད་རྩེར། །
དུག་རླངས་ནག་པོའི་མུན་པ་དགུང་ནས་འཐིབ། །
ཀླུ་བཙན་རྒྱལ་པོས་འཇིགས་རུང་ངན་སྤྱོད་དག །
འགྲོ་བའི་ཚེ་སྲོག་གཤེད་དུ་ཕབ་པ་ན། །

སྐུ་ཚོགས་དགྲ་བླའི་སྐུ་ཆས་སྤྲས་ཏེ་སྒྱུར་མགྱོགས་འགྲོས་ལྡན་རླུང་ཤུགས་ཅན། །
ཆིབས་ཆེན་རྐྱང་རྒོད་ཕེར་པོ་ལ་བཅིབས་ཁྲོ་བོ་བགེགས་ལ་ཆས་པ་བཞིན། །
ཡར་ཁམས་བྱང་མའི་རི་གླིང་ཁུལ་ནས་རྨེ་བཟའ་འབུམ་སྐྱིད་གྲོགས་སུ་བཀུག །
ཐབས་ཤེས་མདའ་གཞུའི་ཕྱག་རྒྱའི་རྩེ་ནས་ཀླུ་བཙན་རྣམ་ཤེས་དག་ཞིང་དྲངས། །

བདུད་ཡུལ་ཐུགས་རྗེ་ཆེན་པོའི་སྨིན་དབང་བསྐུར།།
སྡུག་གི་ན་བུན་མ་ལུས་སངས་པར་བྱས།།
ཀུན་ཀྱང་བདེ་དགུའི་དཔལ་ལ་ལོངས་སུ་སྤྱོད།།
ཡར་ཁམས་བྱང་དུ་དགེ་ལེགས་འདབ་བརྒྱ་གྲོལ།།

གུར་དཀར་སེམས་པ་ཆགས་པའི་ཆང་གིས་བཟི།།
སེང་ལྷམ་མཛེས་སྡུག་ཉིན་མཚན་ཡིད་ལ་བྱས།།
ངན་གཡོའི་བྱ་བས་ཧོར་གླིང་ཁྲག་ལྷར་དཀྲུགས།།
གླིང་དཀར་ཕུ་ནུའི་གཅེས་སྲོག་ཐང་དུ་བརྡབས།།

སེང་ཆེན་ཐུགས་སྐྱོའི་སྨུག་སྤྲིན་མཆེད་ཞོར་གཡག་ལའི་ཉག་གར་སླེབ་པའི་ཚེ།།
མཆུ་སྡེར་རྡོ་བའི་རྒྱ་ཁྲ་ཧོར་པ་གློ་བུར་ཕྲག་གཡས་བབ་པ་ན།།
ཀྱེ་ཧུད་ཧོར་གྱི་བྱ་ཐན་འདེས་ཀྱང་ངེད་ཅག་གླིང་དཀར་བརྙས་སྙམ་སྟེ།།
ཤིན་ཏུ་ཁྲོ་བའི་ཉམས་དང་བཅས་ཏེ་སྐྱེན་པོའི་མདའ་རྒྱལ་ཛམ་པ་ན།།

ཆིབས་ཆེན་རྐྱང་ལུས་སྒྱུར་མཆོང་ཐེངས་གཅིག་ངང་།།
འདི་ནི་ཧོར་བྱ་མ་རེད་རྒྱ་ཚ་སྟེ།།
ཕུ་བོས་རྒྱ་ཁྲའི་ལུས་རྟེན་བླངས་པ་རེད།།
སྐྱེན་པོའི་མདའ་སྣེར་སྐྱུར་བར་ཕོད་དམ་སྨྲས།།

དེའི་ཚེ་རྒྱ་ཁྲ་མདའ་གཞུར་སྐྱུག་ནས་ནམ་མཁའི་མཐོངས་སུ་ལྡིང་སྐོར་བྱས། །
རེ་ཆགས་འཁྲིང་ཞེན་སེང་ཆེན་ལ་ཧོར་ས་ཕྱོགས་གཞན་དུ་འཕུར་མ་སྤྲོབས། །
ཁྲ་ལུས་བླངས་པའི་ལོ་རྒྱུས་སྐྱོ་མོ་བར་སྣང་ཁམས་སུ་མགུར་མ་འཐེན། །
གཅེན་གཅུང་ཟུང་གི་མིག་ཆུའི་ཐིགས་པ་མཐའ་མེད་གཙང་པོའི་ཀློང་དུ་འདྲེས། །

དེ་ནས་གསེར་ཞུ་ཅན་སྤྲུལ་དགུ་དབང་བསྒྱུར། །
འཇོམ་པ་སྤྱན་གསུམ་སྤྲུལ་ནས་སྤྲེལ་འཁྲུག་བཀྲུགས། །
སྐར་ཆེན་སྤྲུལ་ནས་ཧོར་གྱི་རྩ་ར་བཀང་། །
ཞོགས་པར་ཛ་ལོའི་ཕུང་པོར་ཐང་ལྡེད་རྫུས། །

ཆུ་གླང་རོག་པོ་སྐོག་ནས་བཏུལ་ཏེ་གཅེས་ཕྲུག་ཨ་རྒྱུས་ཤིང་རྟེར་སྐྱོན། །
ཧོར་གྱི་བླ་ཤིང་ཐང་དུ་བསྐྱིལ་ཅིང་ལན་མེད་ཤེད་ཆེན་ས་རུ་བརྡབས། །
དགུ་ཀྲོད་ཆང་ལྷ་ཛ་འོག་སྲས་ཏེ་གླང་པོ་ཁྲ་འབར་ཐྲག་ངོར་བརྒྱངས། །
གུར་དཀར་བླ་སྟག་ཐབས་ཀྱིས་བཏུལ་ནས་སྟོབས་ཆེན་ཁྲག་གི་ཚེ་འབར་བསྐྱུབས། །

སེམས་ཅན་གནོད་འཚེའི་ལས་ལ་ཆེས་སྤྲོ་བའི། །
གཡོ་སྒྱུ་སྟོང་གི་སྣ་འདྲེན་གུར་དཀར་དཔོན། །
བཏབ་པ་ལན་མེད་སོ་ཁར་རྨམ་ཤེས་སྤར། །
ཧོར་ཡུལ་ལུང་པར་བདེ་སྐྱིད་ཉི་གཞོན་བསྐྲུན། །

ས་དམ་སྙིང་ལ་བཙོས་མེད་གདོན་ཆེན་ཟེབས། །
ཚྭ་མཚོ་ཕྱུག་མོར་དུག་གི་ཐ་ཆླབས་འཕྱུར། །
བདེ་སྐྱིད་ཉི་གཞོན་ནུབ་རིའི་ལ་ཁར་བརྒལ། །
འཇང་ཡུལ་ལུང་པར་མུན་ནག་སྤྲིན་གྱིས་བཙོམ། །

ཆེབས་ཆེན་རྐྱང་བུས་འགྱུར་འགྲོས་ཤིག་གིས་བྱུར་ལྷ་དཔོན་པོ་མཚོ་རུ་གཡུགས། །
ས་དམ་ལྷོ་བར་སེང་ཆེན་སྤྲུལ་པས་མི་འཇིགས་དཔའ་བོའི་ཐོལ་གླུ་གྱེར། །
འཇང་གི་རྒྱལ་པོ་ཁོང་ཁྲོས་མྱོས་ཏེ་རང་གིས་རང་ལ་མཚོན་ཆ་བསྣུན། །
ཐ་མའི་གཅེས་སྲོག་རང་གིས་བཀླགས་ཏེ་སེང་ཆེན་རྗེ་ཡིས་ལམ་སྟོན་གནང་། །

སྲས་ཆུང་གཡུ་ལྷ་ཡབ་ཀྱི་ཁྲི་ཁར་བཀོད། །
སྤེ་ཤོག་ཉེར་བདུན་དགའ་སྤྲོའི་ཡོ་ལང་རྒྱས། །
མི་རེའི་ཁོང་ན་སྐྱིད་པའི་དགོད་སྒྲ་རེ། །
འཇང་རི་སྨུག་པོའི་མཛེས་སྡུག་ཆླ་ན་མཐོ། །

ཤིང་ཁྲིའི་ལོག་སློན་འཇིགས་རུང་ཐེག་སྤྱོད་རྩུབ། །
སྐུ་ལྷ་ཐོག་རྒྱལ་འདོད་ཇམ་མྱོས་ཆུས་བཟི། །
ཉམ་ཐག་འགྲོ་བའི་ཚེ་སྲོག་རྩེད་ཆས་བྱས། །
ག་ནེ་མོན་ཡུལ་མི་དགེའི་སྨུག་སྤྲིན་འཕྱུར། །

སེང་ཆེན་སྙིང་རྗེའི་ཉི་མའི་འོད་ཞགས་གུ་ནེ་གཡེར་མོ་ཐང་དུ་འཁྲོས།།
མོན་རྒྱལ་ཤིང་ཁྲི་ཕྲག་དོག་གིས་སྨྱོས་རྗེ་ངར་མཚོན་ཆས་གླིང་དམག་དཀྲུགས།།
ལོག་སྨོན་བཏབ་སྟེ་ནམ་མཁར་བྲོས་ཀྱང་སེང་ཆེན་ལྷ་མདས་དམུ་སྐས་གཏོར།།
ཤིང་ཁྲིའི་རྣམ་ཤེས་སྦྲང་བུ་འདྲ་བོ་དག་པའི་ཞིང་དུ་ལམ་སྟོན་གནང་།།

ཐུགས་བརྩེའི་སྤྲིན་ལས་བླང་དོར་གྲུ་ཆར་བསྙིལ།།
མཆོག་དམན་ཀུན་ལ་བདེ་སྐྱིད་སྨྱུ་གུ་བསྐྲུན།།
སྟག་ལྷ་ཁྲི་དཀར་མོན་གྱི་དཔོན་དུ་བསྐོས།།
མོན་ཡུལ་ལུང་པར་སྐྱེ་བཞིའི་རྒྱལ་མཚན་བཙུགས།།

སྟག་གཟིག་ཡུལ་གྱི་ནོར་གཡང་ཕབ་ཅིང་ཨ་རག་ཡུལ་གྱི་གཟི་མཛོད་ཕྱེས།།
ཁ་ཆེའི་ཡུལ་གྱི་གཡུ་མཛོད་བླངས་ནས་གྲུ་གུ་ཡུལ་གྱི་གོ་མཛོད་བཞེས།།
བྱེ་རི་ཡུལ་གྱི་བྱུར་མཛོད་དྲངས་ཏེ་མི་ནུབ་ཡུལ་གྱི་དར་མཛོད་སོགས།།
ལུས་ཅན་འགྲོ་བའི་འདི་ཕྱིའི་དོན་དུ་ཐབས་ཆེན་མཛད་པས་སྐྱུ་ཆེ་བསྐྱལ།།

ཐ་མར་རྫ་རྒྱལ་ལྷ་རིའི་ཉེ་འདབས་སུ།།
ཁྲེགས་ཐོད་ཟུང་འཇུག་རྫོགས་ཆེན་ཉེ་ལམ་ལ།།
གཅིག་ཏུ་གཞོལ་ཏེ་ནང་གསལ་འབུམ་སྐུའི་ཀློང་།།
མངོན་འཚང་རྒྱས་ནས་དགོངས་པ་ཞི་དབྱིངས་གཏད།།

དེ་ལྟར་རྣམ་བཞིའི་ཕྲིན་ལས་རྒྱ་མཚོར་ཚུར་མཐོང་ཀུན་རྟོག་འཇིག་རྩེ་ཡིས། །
ཅུང་ཟད་བླངས་པའི་རྟོགས་པ་བརྗོད་པ་སྣང་སྲིད་དབང་དུ་སྡུད་པའི་ཚུལ། །
རྨད་བྱུང་ཐུགས་བསྐྱེད་འཕྲུལ་གྱིས་ཉེར་དྲངས་ཕྲིན་ལས་དབང་གི་ཞགས་པ་འདི། །
སྐལ་བཟང་གདུལ་བྱའི་བསོད་ནམས་དཔལ་དུ་དེང་འདིར་ཁུགས་པས་ཤིན་ཏུ་སྤྲོ། །

ཁྱད་མཚན་ཤས་ཙམ་ཐོབ་པའི་རྟེན་འབྱུང་རེ། །
རྣམ་དག་རྒྱལ་བསྟན་ལུང་རྟོགས་རིན་ཆེན་གདུགས། །
གྱིན་དུ་འདེགས་པའི་ཤེད་མོང་གྱུར་པ་འདི། །
མཚུངས་བྲལ་ཐུགས་བསྐྱེད་གཞན་ལས་ལྷག་མིན་ནམ། །

འདི་ན་ཅུང་ཞིག་འབད་པའི་རྣམ་དཀར་དག །
སེང་ཆེན་མི་ཡི་ཉི་མའི་ཐུགས་བསྐྱེད་དང་། །
ཉེ་བར་འགྲོགས་ཏེ་མར་གྱུར་འགྲོ་བ་ཀུན། །
ཕུན་ཚོགས་སྡེ་བཞིའི་དཔལ་ལ་དབང་བྱེད་ཤོག །

ཅེས་པ་འདི་ནི་མཚན་ལྡན་གྱི་བ་དན་ཕྱོགས་ཀུན་དུ་གཡོ་བའི་ངེས་པ་དོན་གྱི་དགེ་བའི་བཤེས་གཉེན། མཁན་ཆེན་བླ་མ་རྡོ་རྗེ་འཆང་ཤེས་རབ་བཟང་པོ་མཆོག་གིས་བཀའ་ལུང་མི་ཧྲག་གི་ཅོད་པན་གཙུག་ཏུ་ཐོབ་པའི་རྟེན་འབྱུང་གི་རྒྱུ་ལ་བརྟེན་ནས། མངྒ་ལ་ཤུ་རས་བོད་རབ་བྱུང་བཅུ་བདུན་པའི་ཆུ་མོ་ཡོས་ཀྱི་ལོའི་ཟླ་༧ཚེས་༢ཉིན་བྲིས་པས་ཕྱོགས་དུས་ཀུན་ཏུ་བཀྲ་ཤིས་པར་གྱུར་ཅིག །

༄༅། །གླིང་རྗེ་གེ་སར་སྐྱེས་བུའི་ཁྲ་བོ་སྟག་རོང་དཔོན་པོའི་རྟོགས་བརྗོད་དགྲ་ལྷ་དགྱེས་པའི་བཞད་སྒྲ་ཞེས་བྱ་བ།

ཡེ་ཤེས་མེ་དཔུང་འབར་བའི་ཀློང་དཀྱིལ་དུ། །
རབ་འཇིགས་ཁྲག་འཐུང་སྤྱི་གཙུག་རྟ་སྐད་འཚེར། །
སྲིད་གསུམ་གཅིག་ཆར་དངངས་པའི་ཧེ་རུ་ཀ། །
རྟ་མགྲིན་དབང་གི་སྤྲུལ་འཕྲུལ་ཁྲོ་ཐུང་རྒྱལ། །

འཇིག་རྟེན་འདི་སྣང་སྒྱུ་མའི་གྲོང་ཁྱེར་དུ། །
རྣལ་འབྱོར་མཐུ་ལྡན་ཨ་ཁུ་ཁྲོ་ཐུང་གིས། །
ངོ་མཚར་སྤྲུལ་པའི་རོལ་རྩེད་འབུམ་བསྒྱུར་བ། །
ཕལ་རྣམས་བློ་ཆུང་ཡོལ་གོར་ཅི་ལ་ཤོང་། །

འོན་ཀྱང་གང་གི་ལེགས་བྱས་མཛད་པ་སོགས། །
ཚད་ལྡན་ངག་གི་རྒྱུན་དང་གླིང་སྒྲུང་ལས། །
རྣམ་པར་བཤད་པའི་ངོ་མཚར་ལོ་རྒྱུས་ཕྲེང་། །
ཟུར་ཙམ་བརྗོད་པའི་ཚུལ་འདིས་སྤྲོ་བར་བརྟས། །

གང་གི་ཡོན་ཏན་རྒྱུད་དྲུག་དབྱངས་ཀྱི་རྒྱུན། །
རྫུང་བའི་སོར་མོའི་འདུ་བྱེད་གཡོ་བ་ལས། །
གླིང་དཀར་རྗེ་སློན་དཔུང་གི་མཛོད་རྗེས་ལ། །
ཡ་མཚན་དད་པའི་འདབ་སྟོང་དལ་གྱིས་གཡོ། །

སྨུག་པོ་ལྗོང་གི་རིགས་རྒྱུད་ཆོས་འཕེན་ཡབ། །
དགའ་བཟའ་ལྷ་མོ་གཉིས་ཀྱི་འཕྲུལ་སྲས་སུ། །
འཁྲུངས་པའི་ངོ་མཚར་གཏམ་གྱི་སྙན་པ་ནི། །
འཛམ་གླིང་ས་ཡི་རྒྱན་དུ་གྲགས་པ་སྙན། །

དེ་ཚེ་མེ་རི་འབར་བའི་གཞལ་ཡས་ནས། །
ཡི་དམ་ཁྲོ་བོ་རྟ་མགྲིན་དབང་གི་རྒྱལ། །
བྱོན་ནས་དབུ་ལ་སྲིད་གསུམ་མེ་ལོང་བཞག །
དབང་བསྐུར་བྱིན་རླབས་བསྟུགས་པའི་མེ་ཏོག་བརྩེགས། །

རྡོ་རྗེ་སྲིན་འཛིན་མ་དང་རླུང་ལྷ་མ། །
དབང་འཛིན་པདྨ་མ་དང་དྲག་འཛིན་མ། །
སྤེ་བཞིས་བསྲུངས་ཤིང་བདེ་བའི་ནུ་ཞོས་གསོས། །
མ་བཞི་ཁྲོ་ཕྲུང་ཞེས་པའི་མཚན་དུ་ཆགས། །

མཐུ་སྟོབས་རྩེ་འཕྲུལ་ནམ་མཁའི་ཐོག་ལྟར་སྒྱུར། །
མངོན་ཤེས་ལུང་བསྟན་དྲི་མེད་སྟོན་ཟླའི་གྲོགས། །
དྲན་འཕྲུལ་མོད་པ་དབྱར་གྱི་འཇའ་ཚོན་བཞིན། །
སྲིད་འཁོར་ཡོངས་སྐྱོད་ཐུགས་ཀྱི་དཔྱིད་དུ་མཛེས། །

དཔའ་སྙིང་སྟག་མོ་ཁྲོས་པའི་རྩལ་ཤུགས་ཀྱིས། །
ཀུན་ཀྱང་འཇིགས་གནས་སྲིན་ཆན་ཁེ་ཚེ་རལ། །
ཚོན་མེད་སོ་དང་སེན་མོས་གསོན་ལྷགས་བཤུས། །
ལྷ་ལམ་བསྐྱལ་བའི་དཔའ་རྟགས་སྲིད་ན་སྟན། །

དཔའ་སྙིང་གཡུ་འབྲུག་འཁྲུག་པའི་མཐུ་རྩལ་གྱིས། །
གཏང་མ་སྐད་གྲགས་ཚད་པའི་དཔའ་རྟགས་སུ། །
སྲིན་པོའི་གོ་ཚོན་རྒྱན་དུ་བླངས་པ་ཡང་། །
སྐུ་ཚེའི་རྣམ་ཐར་གླིང་བའི་དཔལ་དུ་གྲུབ། །

སྲེ་བཞིའི་དཔལ་ཡོན་འཁྱིལ་བའི་ཡུལ་གྲུ་སྟེ། །
སྲེ་དགེའི་ཡིད་ལྷུང་སྨད་ཀྱི་ནོར་འཛིན་སྒེག།
གདན་ས་མཛད་ནས་ཕྲིན་ལས་རྒྱས་པའི་ཚུལ། །
ས་འདིའི་སྐྱོད་བཅུད་ཁམས་སུ་ལྷང་ལྷང་སྟན། །

ས་ཆེན་བདེ་སྐྱིད་བསྐྱུན་པའི་ཐུགས་བསྐྱེད་ཡངས། །
དཔའ་སྙིང་གཅིག་ལས་གཅིག་མཚར་འཕྲུལ་སྲས་མང་། །
བཙན་ཕྱུག་འཕེན་གསུམ་འཛོམས་པའི་སྟག་རོང་ཕྱོགས། །
སུམ་རྩེན་ལྷ་ཡུལ་དཔལ་དང་མཉམ་པར་བྱས། །

རང་བྱུང་ཁམས་ཀྱིས་ཕྱུག་པའི་རི་ཆུ་ལུང་། །
ཁྲིད་མཚན་སྙན་འཛེབས་རོལ་མོས་འཁྲུད་པ་ཡང་། །
གནས་འདི་ཡུན་གྱིས་བདག་གིར་ཡོངས་བཞེས་པའི། །
འཁྲུལ་མེད་དན་རྟགས་དཔྱོད་ལྡན་ཡིད་ཀྱི་རྒྱན། །

སྨུག་ནག་ཞལ་ལ་རྒས་གཉེར་རྫུན་བག་གཡོ། །
སྤྲ་ལྡེ་གཏམ་གྱིས་གཞན་ཡིད་དབང་མེད་འཁྲོག །
ཉམས་འགྱུར་ལུས་ཀྱིས་གློས་གར་ཅི་ཡང་རྩེན། །
གད་མོའི་སྤྲུ་རྩལ་བསྐྱུན་ལ་ཐུགས་རེག་ཇོ། །

མཐོང་སྨོན་གླིང་དཀར་ཡུལ་གྱི་མི་རྒན་རྒྱ། །
སྐྱུ་མཁར་སྙིང་རྫོང་ནང་གི་སྒྲུབ་བརྩོན་པ། །
འཁོར་གསུམ་སྐྱུ་ལ་སྤྲས་པའི་དཔའ་བོ་ནི། །
ངན་སྔགས་མཐུ་ལྡན་ཁྲུ་བོ་ཁྲོ་རྒྱལ་གྲགས། །

ལྷ་གྲུས་ཇོ་ཏུས་ཐུགས་རྒྱུད་བསྐུལ་བ་ལྟར། །
སེང་ལྷམ་འབྲུག་མོ་ལྷ་ཡི་མེ་ཏོག་ཚོམ། །
གླིང་དཀར་ཕུ་ནུའི་མངའ་ཐང་ཡོངས་སྐྱོང་ནོར། །
འདོ་དྲུག་ཏ་པོའི་བང་རྩལ་རྒྱན་དུ་བཞག །

ཏ་རྒྱུག་དུས་སྟོན་ངོ་མཚར་སྣང་བརྙན་གྱིས། །
སེང་ཆེན་རྗེ་དང་གླིང་དཀར་དཔལ་རྟུལ་དཔུང་། །
དཀར་ཕྱོགས་ལྷ་ཡི་དབུ་འཕང་མཁའ་ལ་བསྟོད། །
ནགས་ཕྱོགས་བདུད་དགྲ་འདུལ་བའི་རྟེན་འབྲེལ་སྨིན། །

རབ་དཀར་ས་འཛིན་ཡངས་པའི་དཀྱིལ་འཁོར་ན། །
སྐྱེ་འགྲོའི་བདེ་སྐྱིད་འཕྲོག་པའི་མི་སྲུན་རིགས། །
འདུལ་བའི་གཤེད་གྱུར་སྟག་རོང་ཁྲོ་རྒྱལ་དཔོན། །
ལྷ་ནས་བསྐོས་པར་དཔྱོད་ལྡན་སུ་ཞིག་ཚོམ། །

ཧོར་གླིང་གཡུལ་འཁྲུག་བྱེད་པའི་ཇ་དྲག་འོག །
ཕྱི་ནང་ལོག་པར་བྱེད་པའི་འཐབ་རྟུས་ཀྱིས། །
སྣང་ཚུལ་བྱ་ཉེས་བསྒྲུན་པའི་སྣང་བརྙན་དེས། །
མང་པོའི་སེམས་ཀྱི་ཞེན་ཆགས་ལྷེ་བར་བྱས། །

ཁྲོ་རྒྱལ་ཁྲོས་པའི་དཔའ་གླུ་ཐར་ཐོར་རེས། །
སེང་ཆེན་སྐྱེས་བུས་བདུད་དགྲ་འདུལ་བའི་ཕྱིར། །
ཐུགས་རྒྱུད་ཡང་ཡང་བསྐུལ་བ་བྱུས་སོ་ཞེས། །
གྲགས་པའི་བ་དན་ནོར་འཛིན་མཐོངས་ན་གཡོ། །

དགའ་སྤྲུག་སེམས་ཀྱི་ཚོར་བའི་ཟ་ལྒོང་དུ། །
ལས་ཀྱིས་བསྒོས་པའི་ཆུང་མ་གསེར་མཚོ་མར། །
གཤེ་གཤེ་གཏོང་བའི་གཏམ་རྒྱུད་གཅིག་དང་གཉིས། །
སྟག་མོའི་ངར་སྐད་སྒྲོག་ལྟར་དཔའ་སྙིང་རྒོད། །

གུ་ནེ་མོན་དང་གླིང་དཀར་གཡུལ་འགྱེད་སྐབས། །
འཛིགས་རུང་ལྷ་སྟག་ཁྲོས་པའི་སྤྱན་ནས་བྲོས། །
གྲིན་པོའི་རལ་གྲི་མདའ་གཞུ་ཐང་ལ་གཡུགས། །
དབུ་ཞྭ་དབུ་ནས་ལྷུང་ཉེན་སྤར་སྐད་ཤོར། །

ནོར་གཡང་གཏེར་གྱི་མངའ་བདག་སྟག་གཟིག་གི། །
ཆིབས་པ་ཁྱུང་གཤོག་འདོ་བའི་རྟེར་སོན་པ། །
སྒྱུ་མའི་འཕྲུལ་གྱིས་གླིང་དཀར་རྒྱན་དུ་བླངས། །
སྟག་གཟིག་ནོར་གཡང་ཕབ་པའི་སྒོ་འཕར་ཕྱེས། །

སྟག་གླིང་གཡུལ་འབྲུག་བྱེད་པའི་བར་མཚམས་སུ། །
ར་རྩེ་མི་འབར་འཛིགས་པའི་འབྲོང་ལ་སྦྲུལ། །
གཡུལ་དུ་བརྒྱུགས་ནས་ལས་དམག་ཁྲག་བཞིན་དཀྲུགས། །
གོང་རྗེ་མི་རྟ་གཉིས་པོ་ར་རྩེར་བསྐྱོན། །

མི་ནུབ་ཤེད་ཆེན་རི་བོ་དཔུང་ཁུར་གྱིས། །
གླིང་སྐར་སྟེང་དུ་རི་བོ་འཕེན་བརྩམས་ཚེ། །
ཁྱེད་ཕྱག་ཐིག་འཛུབ་འཕྲུལ་གྱི་འཁོར་ལོ་ཡིས། །
རི་བོ་ཕྱིར་ཟློག་ཤེད་ཆེན་གཤེན་ཡུལ་བསྐྱལ། །

འདན་མ་སྤྲིན་ནག་བདུད་ཀྱིས་བཟུང་ཉིན་མོ། །
ཁྱེད་ཐུགས་དཔའ་སྙིང་མ་ཞུམ་ར་མདར་རྒྱུག །
བཀའ་སློན་འདན་མ་བྱང་ཁྲའི་སྐུ་སྲོག་བསྐྱབས། །
སྲིན་ནག་སྲོག་དམར་གྱི་ཆུང་ངར་ལ་དྲངས། །

གྲུ་གུའི་གོ་གཡང་ལེན་པའི་གཡུལ་ངོ་ནས། །
ངེས་དང་མ་ངེས་མཐུ་སྟོབས་རྫུ་འཕྲུལ་བསྟན། །
ཐོག་རྒོད་རྒྱལ་པོའི་ཟླ་བྱ་གོ་བོ་བསད། །
གོ་གྲི་གླིང་དཀར་དཔའ་བོའི་རྒྱན་དུ་བླངས། །

སྲིད་གསུམ་ཅིག་ཆར་གནོམ་པའི་རྡོ་རྗེའི་མཚོན།།
རྙོ་དཔལ་ཟེ་ར་འཚུབ་པའི་གནམ་ལྕགས་ཕུར།།
འཇིགས་རྩམ་ཕྱག་གིས་གདེངས་པའི་སྟངས་སྟབས་ཀྱིས།།
བདུད་སྲིན་དམ་སྲིའི་སྲོག་སྙིང་རྨེག་མེད་རློག།

ཤུ་སྡིགས་དྲེགས་ལྡན་དག་དང་མཐུ་རྩལ་འགྲན།།
ངན་སྔགས་སྦྱོར་བས་ཀུན་ཀྱང་ཕམ་པར་བྱས།།
རྫུ་འཕྲུལ་མཐུ་ཡིས་དམུ་རྒོད་མང་པོ་བཏུལ།།
དཔའ་རྟགས་འཛམ་གླིང་མཐོངས་ན་ད་དུང་བརྗིད།།

མཁྱེན་ཐུགས་མི་ཡོང་དྭངས་མའི་ངོས་ཡངས་སུ།།
མ་འོང་འགྲོ་བའི་བདེ་སྡུག་འགོག་མེད་འཆར།།
ལུགས་གཉིས་ནོར་བུའི་རྒྱལ་མཚན་རྨ་མེད་པ།།
མཁའ་ལ་སྒྲེང་བའི་མཛད་པ་སྲིད་ན་མཛེས།།

གླིང་དཀར་ལྷ་སྡེའི་བདེ་སྐྱིད་རོལ་མོ་སྙན།།
ཐབས་མཁས་མཛད་པའི་ཕྱག་སོར་སློམ་པ་ཡིས།།
དཀྱིལ་བའི་མིང་དང་དོན་མཐུན་སྒྲུབ་པའི་ཁར།།
མ་ངེས་མཛད་པའི་སྣང་བརྙན་ཅི་ཡང་བསྟན།།

ལང་ཚོའི་འཁྲི་ཤིང་གཞོན་པའི་དུས་ཉིད་ནས། །
དཔའ་སྙིང་སྟག་མོ་ཁྲོས་པའི་གཤིས་ཀ་ཡོད། །
མཐུ་སྟོབས་རྫུ་འཕྲུལ་དགྲ་དཔུང་འཇོམས་པའི་གཤེད། །
དཔའ་ཐུལ་ཕལ་གྱིས་འགྲན་ཟླ་ཡོང་སྲིད་དམ། །

སྙིགས་ལྔའི་མི་སྲུན་གདུལ་དཀའི་འགྲོ་རྣམས་ཀྱིས། །
རང་བཞིན་ངན་པའི་དཔུང་ཚོགས་བཤམས་པའི་དུས། །
ཞི་རྒྱས་དབང་དྲག་མཆོག་གི་མཛད་པ་ཡིས། །
ཕན་བདེའི་ཕྲིན་ལས་བསིལ་ལྗོངས་ཞིང་དུ་དྲངས། །

ས་འདིར་ཁྱེད་ཀྱི་མཛད་རྗེས་གསར་བའི་ཚོན། །
མཐུན་སྣང་གྲུབ་པ་མི་རབས་ཕྱི་མའི་རྒྱུན། །
དབྱར་གསུམ་དུས་ཀྱི་དཔལ་ཡོན་རྒྱས་པ་བཞིན། །
སྟོད་བཅུད་ཁམས་སུ་ཐུབ་པའི་གོ་སྐབས་དབེན། །

རེ་ཞིག་ཞིང་འདིའི་འགྲོ་དོན་རྫོགས་མཚམས་སུ། །
ཐུགས་ཀྱི་དགོངས་པ་དབྱིངས་སུ་གཤེགས་པའི་དུས། །
དམྱལ་བའི་སེམས་ཅན་གྲངས་མེད་དག་ཞིང་བཀོད། །
ངོ་མཚར་གྲུབ་པའི་ཆེ་བ་ལྷག་ཏུ་མངོན། །

དུས་ཀྱི་མཐའ་འདིར་བསྟན་འགྲོའི་བདེ་སྐྱིད་དཔུང་། །
ཉམས་དམར་གྱུར་པའི་ཚུལ་འདི་ཐུགས་ཀྱིས་དགོངས། །
བརྩེ་བས་གཟིགས་ལ་བར་ཆད་ཀུན་བསལ་ནས། །
རྫོགས་ལྡན་སྣང་བས་ས་ཆེན་འགེངས་པར་མཛོད། །

ངོ་མཚར་ཁྲོ་རྒྱལ་དཔའ་བོའི་རྣམ་པར་ཐར། །
སྣན་འཇེབས་ངག་གི་རོལ་མོའི་དཔལ་དང་ལྡན། །
སོར་མོའི་འདུ་བྱེད་གཡོ་བའི་མཐུ་ལས་གྲུབ། །
དགེ་དེས་འགྲོ་རྣམས་བདེ་ལ་རེག་གྱུར་ཅིག །

ཅེས་པའང་བཀའ་དྲིན་མཚུངས་མེད་མཁན་ཆེན་ཤེས་རབ་བཟང་པོས་ཁྲོ་ཐུང་རྟོགས་བརྗོད་བསྡུས་པ་ཞིག་བྲིས་ཞེས་བཀའ་གསུང་གསེར་གྱི་ཅོད་པན་སྤྱི་བོར་སྒྲལ་བ་དང་འབྲེལ་ཚེ་དབང་དངོས་གྲུབ་ཏུ་འབོད་པས་རབ་རྒྱན་ཆུ་ཡོས་ལོའི་ཟླ་༥པའི་ཚེས་༢ཉིན་རྫོགས་པར་སྦྱར་བ་དགེའོ། །

༄༅། །ནུ་བོ་རོང་ཚ་གན་འཕེན་དམར་ལེབ་ཀྱི་རྟོགས་པ་ཤས་ཙམ་བརྗོད་པ་བྱུ་རུ་དམར་པོའི་ཕྲ་ཚོམ་ཞེས་བྱ་བ།

རྒྱལ་ཀུན་མཁྱེན་རབ་མི་ཤིགས་རྡོ་རྗེའི་ཁམས། །
མཐོང་གྲོལ་མཚན་དཔེའི་སྐུ་རུ་ཉེར་སྨིན་པ། །
དམར་སེར་སྤྲོ་སངས་རལ་གྲིའི་འཁྲི་ཤིང་ཅན། །
རྗེ་བཙུན་བརྟན་པའི་འཁོར་ལོ་དང་བས་བསྟེན། །

མཐིང་སྔོན་རིན་ཆེན་བཻ་ཌཱུར་རྒྱུད་མང་གང་། །
འཇམ་མཉེན་ཕྱག་སོར་གྱིས་བསྐུལ་རྟེན་འབྱུང་ལས། །
ཆོས་ཀུན་དབྱངས་སུ་ཕབ་མཛད་རི་དྭགས་མིག །
ཚངས་སྲས་ལྷ་མོ་མགྲིན་པའི་རྒྱན་དུ་འབོད། །

སེང་ཆེན་སྐྱེས་བུའི་ལས་བཞི་སྒྲུབ་པའི་གྲོགས། །
སྐྱུ་ཡི་གཙུང་པོའི་ཚུལ་དུ་ཉེར་ཕེབས་པ། །
རབ་དམར་མཚལ་གྱི་ཐིག་ལེའི་ཞལ་རས་ཅན། །
ནུ་བོ་རོང་ཚ་གན་འཕེན་དམར་ལེབ་གྲགས། །

དེ་ཡང་ཡབ་ཆེན་སེང་སློན་ཟུར་མིག་མདས། །
རོང་བཟའི་དམར་ཆུང་སེམས་པ་ཆེས་རྨས་ཏེ། །
ལས་སྨོན་ཐབས་ཤེས་ཕྱུག་རྒྱའི་རོལ་རྩེད་ལས། །
མཚན་དཔེའི་ལང་ཚོའི་འདབ་མ་གསར་དུ་བཞད། །

སེང་ཆེན་རྗེ་ཡི་ཐུགས་ཀྱི་འཕར་རྩ་དང་། །
ཞལ་ལུ་དཀར་པོའི་སེམས་ཀྱི་རྟེན་ཕུར་དང་། །
གླིང་གི་གཅེས་ཕྲུག་བཅུ་གསུམ་ཡ་གྱལ་ཏེ། །
རྩལ་དྲུག་ནང་ནས་རྫོགས་པའི་ཁྱུང་ཕྲུག་ཅིག །

དགྱེས་ཞལ་བྱུ་རུ་དམར་པོའི་རང་མདངས་དགོད། །
རབ་དཀར་དུང་གི་སོ་ཞོས་ཀུན་ནས་མཛེས། །
འགྲོ་ལ་བརྩེ་བའི་ཐུགས་གཤིས་ལྷན་སྐྱེས་གྲུབ། །
དྲུག་ཅུ་རྩ་བཞིའི་སྒྱུ་རྩལ་ཡོང་དུ་ཆུབ། །

ཐང་དཀར་གཡོག་གུར་ཕུབ་འདྲའི་རི་བོའི་ཞོལ། །
ཚ་ལྟེམ་སྣང་ཞེས་ཡིད་འོང་ཉམས་དགའ་བ། །
དཔྱོད་པ་ཀུན་རྫོགས་ནོར་གྱི་བློ་གྲོས་མའི། །
ཕང་བར་སྐྱུ་མཁར་བྱུ་རུ་ལྷ་རྩེ་བཞེངས། །

ཆུང་ཆུང་བྱིས་པའི་ན་ཚོད་མ་འདས་ཀྱང་།།
སྲ་མཁྲེགས་བྲག་རྫོའི་གསེབ་ནས་ནད་ཀྱི་གཉེན།།
ངོ་མཚར་སྨན་གྱི་ཆུ་ཚན་གཏེར་དུ་བཞེས།།
ཡ་མཚན་གྲུབ་པའི་མཛད་པ་རྨད་བྱུང་ངོམ།།

ཚེ་སྔོན་ལོག་པའི་སྨྱོས་ཆུ་མང་བཏུང་སྟོབས།།
འགྲོ་ལ་འཚེ་བའི་མ་རུང་གདོན་འདྲེའི་རིགས།།
ཀླུན་རྨོངས་དུད་འགྲོ་ཕག་པའི་ཤ་ཚུགས་ཅན།།
མཐུ་སྟོབས་མངོན་སྤྱོད་དྲག་པོས་རྡུལ་དུ་བརླགས།།

གཞོན་པའི་ལང་ཚོ་ད་རུང་མ་སྨིན་ཡང་།།
རྒྱ་སྟག་དམར་པོའི་དཔའ་སྙིང་ཁོང་དུ་དགོད།།
མི་མཐུན་དགྲ་སྡེ་ཐམས་ཅད་དཔའ་བཀོང་ཞིང་།།
ལོག་འདྲེན་རྩད་ནས་འཇོམས་པའི་མཛད་པ་སྐྱོང་།།

བསམ་ནག་མཐེབ་དྲུག་སྐྱེན་པོའི་མདའ་སྡེ་རུ།།
སྣང་ཆུང་གཡུ་སྟག་ཤོར་བའི་སྐྱོ་སྣང་དང་།།
ཨ་ནུ་གཟིག་འཕེན་འདས་པའི་ཕྱུག་ཡུས་ཀྱིས།།
སྐུ་སྲོག་ཕངས་མེད་གཏོང་བར་དམ་བཅའ་མཛད།།

ཁྲབ་དཀར་གངས་རི་ཐོག་ཐུབ་སྐུ་ལ་བགོས། །
རྨོག་དཀར་དུང་ཕོར་རྩེ་གསུམ་དབུ་ལ་གསོལ། །
རལ་གྲི་དམར་ཆེན་བྱང་མ་གློ་ལ་བཏགས། །
འཁོར་གསུམ་དགྲ་དར་ཚུབས་སེ་ཧོར་དུ་ཆས། །

བཅུ་གསུམ་ལོ་ལས་ན་ཚོད་མ་རྫོགས་ཀྱང་། །
དགྱེས་ཞལ་དུང་ལྷར་མཚལ་གྱིས་རྒྱན་འདྲ་ཞིག །
ཆིབས་ཆེན་རྨ་བྱ་མདོངས་ཅན་ཡང་སྟེང་ན། །
དཔའ་བོ་གཡུལ་དུ་ཆས་པའི་བརྟུལ་ཞུགས་བཞེས། །

ལྟ་བས་མི་བཟོད་ཤིན་ཏུ་གཏིང་ཟབ་ཅིང་། །
ཕལ་བའི་སྐྱེ་བོས་བགྲོད་པ་ཆེས་དཀའ་བའི། །
རྨ་ཆུ་རིང་མོ་བརྒལ་ཏེ་ཧོར་སྣར་འགྲམ། །
རང་ལོ་བཅུ་གསུམ་སོན་པའི་ཕོ་རྒོད་ཅིག །

ཕྱི་ལྟར་ལང་ཚོའི་ན་ཚོད་ཆེས་ཕྲ་ཡང་། །
ཀློང་གི་ཆོས་འཕེན་ནུས་ལས་མཆེད་པའི་ཕྱིར། །
དཔའ་བོའི་རྩལ་དྲུག་ནང་ནས་རྒྱས་ཡོད་ཅེས། །
དགྲ་མགོ་ཟིལ་གྱིས་ནོན་པའི་གད་རྒྱངས་བསྒྲགས། །

མཐོ་ལ་གུར་དཀར་དམན་ལ་ཧྲ་རྫི་ཡན།།
འབུམ་ཚོ་བཅུ་གཉིས་འཛིགས་སྐྲག་བྲེད་ཤ་ཐོན།།
འཐབ་པའི་དཔའ་ཞུམ་བྲོས་སའི་ལམ་མ་རྙེད།།
ཁྲོ་བོ་བགེགས་ཀྱི་སྙིང་དུ་ཆས་འདྲ་མཛད།།

ཆང་ལྷ་སྨུག་པོ་སྟོབས་ཆེན་ཁྲ་འབར་སོགས།།
པླ་ཐུར་རྩེ་གྲས་ཡོངས་ཀྱིས་གདོང་བཀག་ཀྱང་།།
མ་ཁོག་གླག་མོ་དཀྱུང་ནས་འཕྱུར་བ་བཞིན།།
ཧོར་གྱི་སྐར་ཆེན་ཁྲ་མོ་ཁྲག་ལྷར་དཀྲུག།

རྨ་བྱ་མདོངས་ཅན་སྨུར་མགྱོགས་གོམ་འགྲོས་ཞོར།།
ཤར་སྒོར་ཤན་པ་སློག་འཁྱུག་ཐོག་དམར་དང་།།
ནུབ་སྒོར་ཤན་པ་སེར་རྐོད་སྟོང་ཐུབ་སོགས།།
རལ་གྲི་དམར་ཆེན་བྱང་མའི་སོ་ཁར་བརྐྱལ།།

ལས་ཀུར་ཐམས་ཅད་རལ་གྲིས་ཕྱེད་བཤགས་བཏང་།།
ཛ་ཐབ་ཆང་ཐབ་ཡོད་ཚོད་རྨང་ནས་བསྒྱེལ།།
དགྲ་སྐེ་སྟོན་དུས་སྐེ་མ་བྲེགས་བྲེགས་བྱས།།
དམར་ཆེན་བྱང་མའི་སོ་ཁར་ཁྲག་ཞག་ཆགས།།

ངན་དགུའི་ཕྱུགས་འདྲེན་གྱུར་དཀར་རྒྱལ་པོ་ཡི། །
གསོན་སྙིང་དམར་པོ་ཐང་དུ་མ་བླངས་ན། །
དེ་རིང་གླིང་ཡུལ་ཕྱོགས་སུ་མི་ལོག་སྙམ། །
མགྱོགས་པའི་བང་སྟེ་གདོན་འདྲེའི་གྱུར་ལ་གཏད། །

དེ་ཚེའི་ཆང་ལྷའི་ཞགས་པ་དཔུང་གཡོན་ཐེབས། །
ཁྲ་འབར་ཞག་པ་དཔུང་པ་གཡས་སུ་ཐེབས། །
འབལ་ཆེན་ཞགས་པ་སོག་པའི་དཀྱིལ་ཐེབས་ཀྱང་། །
རལ་གྲིས་ཞགས་བཅད་འབལ་ཆེན་རྒྱུ་མ་འཐེན། །

འོན་ཀྱང་སྐྱུ་ཡི་ན་ཚོད་ཕྲ་བ་དང་། །
འཐབ་འཁྲུག་ཁྲག་གི་འཁོར་ལོས་ངལ་དུབ་པས། །
དམུ་རྒོད་ཤན་པ་ལྷ་ཡི་དཔུང་རུབ་འོག །
ནུ་བོ་བྱུ་རུའི་མེ་ཏོག་སད་ཀྱིས་བཅོམ། །

ཞལ་ལུ་དཀར་པོས་ཐུགས་སྐྱོའི་སྤྱན་ཆབ་བཤིལ། །
གཅེན་གཅུང་དུར་ས་མཉམ་དུ་འདེབས་དགོངས་ཏེ། །
རྗེ་ངར་ཡ་ཟེ་སྐར་ཕྲན་སྐེད་ལ་དྲངས། །
སྤུར་མགྱོགས་རྒྱ་བྱ་སོག་དཀར་འོག་ཏུ་བཅིབས། །

འོན་ཀྱང་བཀའ་སློན་འདན་མ་བྱང་ཁྲ་སོགས། །
ཐུགས་སྣང་འོ་ཆུ་འདྲེས་འདྲའི་དཔའ་ཐུལ་ཚོས། །
ཁྲིད་ཉིད་མ་ཕེབས་ཁྲི་ལ་བཞུགས་རོགས་ཞེས། །
གུས་ཕྱག་བཙལ་ཏེ་ཕེབས་པར་གསོལ་བཏབ་པོ། །

ཉིན་ཞིག་ཁུ་བོ་རོང་ཚ་ཁྲ་རྒན་མཆོག །
ངར་གོད་དོམ་ནག་ཁྲག་གིས་སྨྱོས་པ་བཞིན། །
ཆིབས་ཆེན་ཐོག་ཏུ་སྒ་འགྱུར་ལན་གསུམ་བྱས། །
ཧོར་སྡེ་ལུང་པར་ཁྲག་གིས་མཚོ་མོ་བསྐྱིལ། །

དེ་ནས་རྒྱལ་མཆོག་མི་ཡི་ཉི་མ་གང་། །
ཡར་ཁམས་བྱང་ནས་ཧོར་གྱི་ཡུལ་དུ་ཕེབས། །
ལྷ་ཚོགས་ཐབས་ཀྱིས་ཧོར་སྡེ་རྟུལ་དུ་བརླགས། །
མཐའ་དག་སྐྱེ་དགུར་བདེ་སྐྱིད་སྣང་བ་བསྐྲུན། །

དཔའ་གོད་ནུ་བོ་གཉན་འཕེན་དམར་ལེབ་མཆོག །
སྐབས་རེ་རྟལ་འགྲོར་ལན་རེ་རབ་བྱུང་ཚུལ། །
གཅིག་ཏུ་མ་ངེས་ལྷ་ཚོགས་ཟློས་གར་གྱིས། །
སྐུ་ཡི་ཕྲེང་བས་གནས་འདི་མ་བཏང་གྲགས། །

དུས་མཐའ་འདིར་ཡང་བསྟན་སྲོག་མཐུད་པ་ལ།།
ཕྲིན་ལས་རྣམ་བཞིའི་སྙན་པའི་གྲགས་དཀར་ཅན།།
བདུད་སྡེ་ཟིལ་གནོན་དྲེགས་པ་ཡོངས་ཀྱི་གཉེན།།
མཚན་དཔེའི་མེ་ཏོག་ལྗོངས་འདིར་བཞད་འདི་ཟློ།།

དཀར་མིན་ལས་ལ་གཅིག་ཏུ་བྲེལ་བ་ཡི།།
ཆུ་ཤིན་རྒྱལ་མཚན་འཛིན་པའི་སྡེ་རིས་དག །
མི་སྲུན་ཀློལ་ངན་རང་གཉེད་རང་ཐབ་སྟེ།།
རྫོགས་ལྡན་གསར་པའི་དགའ་སྟོན་སྒྱུར་དུ་སྐྱོལ།།

འདི་ན་དགའ་སྐྱོ་སྤྲེལ་མའི་ཚོར་སྣང་དང་།།
སྙན་འཛེབས་ངག་རིག་བདུད་རྩི་འཕྱུར་དང་ལྡན།།
རྟོགས་བརྗོད་བྱུ་རུ་དམར་པོའི་མགུལ་རྒྱན་འདི།།
སོར་མོས་གར་དུ་བསྒྱུར་བའི་སྐལ་བཟང་ཐོབ།།

དེ་ལྟར་དོན་འགྲུབ་ལྷེར་མའི་སྐྱེས་བུ་ཡི།།
ཐུགས་ཀྱི་གཙུང་པོ་རོང་ཚ་དམར་ལེབ་ཀྱི།།
རྣམ་པར་ཐར་པ་སྙིང་བའི་དགེ་འབྲས་ཀྱིས།།
རྒྱལ་བསྟན་མི་ནུབ་སྲིད་མཐར་བརྟན་གྱུར་ཅིག །

གཉན་ཆེན་ཐང་ལྷའི་ཐང་ཁ།

ཅེས་པ་འདི་ནི་སེང་ཆེན་མི་ཡི་ཉི་མའི་ནུ་བོ། གླིང་གཅེས་ཕྲུག་བཅུ་གསུམ་གྱི་ཡ་གྱལ། རོང་ཚ་གན་འཕེན་དམར་ལེབ་ཀྱི་རྣམ་ཐར་རྒྱ་མཚོ་ལས། ཆུ་ཐིགས་ཙམ་ཞིག་མཆན་ལ་ཤྲ་རས་ཆུ་ཡོས་ལོའི་ས་ག་ཟླ་བའི་ཚེས་བཅོ་ལྔའི་ཉིན་བྲིས་པའོ། །

图书在版编目（CIP）数据

错阿山水觅遗踪：格萨尔史诗主要人物历史遗迹：藏文 / 扎西持林《格萨尔》文化传承与保护示范基地编著. -- 北京：中国藏学出版社, 2024. 7.

ISBN 978-7-5211-0534-6

Ⅰ. K281.4

中国国家版本馆CIP数据核字第2024L0K309号

错阿山水觅遗踪 ——格萨尔史诗主要人物历史遗迹

扎西持林《格萨尔》文化传承与保护示范基地 编著

责任编辑： 聪博

出版发行： 中国藏学出版社

印　　刷： 北京广益印刷有限公司

开　　本： 787mm×1092mm　1/16

印　　数： 1-5000册

印　　张： 14

版　　次： 2024年7月第1版

印　　次： 2024年7月第1次印刷

书　　号： ISBN 978-7-5211-0534-6

定　　价： 68.00元

༄༅། །གླིང་དཔའ་ཐྲུལ་དྭངས་སྨན་གྱི་རྗེས་ཤུལ་དངོས་བྲིས།

བཀྲ་ཤིས་ཁྲི་གླིང་གེ་སར་ཞིབ་འཇུག་ལྟེ་གནས་ཀྱིས་
བརྩམས་ཤིང་བསྒྲིགས།

རྩོམ་སྒྲིག་འགན་འཁུར་པ། ཚངས་པོ།

པར་སྐྲུན་འགྲེམ་སྤེལ། ཀྲུང་གོའི་བོད་རིག་པ་དཔེ་སྐྲུན་ཁང་།
པར་འདེབས། པེ་ཅིན་ཀོང་དབྱི་པར་འདེབས་ཚད་ཡོད་ཀྲུང་སི།
དེབ་ཚད། 787mm×1092mm 1/16
དཔར་ཤོག 14 དཔར་གྲངས། 5000
པར་གཞི། 2024ལོའི་ཟླ་7པར་པར་གཞི་དང་པོ་བསྒྲིགས།
དཔར་ཐེངས། 2024ལོའི་ཟླ་7པར་དཔར་ཐེངས་དང་པོ་བཏབ།
དཔེ་རྟགས། ISBN 978-7-5211-0534-6
རིན་གོང་སྒོར། 68.00